中国建筑业统计年鉴

CHINA STATISTICAL YEARBOOK ON CONSTRUCTION

国家统计局固定资产投资统计司 编

Compiled by the Department of Investment and Construction Statistics, National Bureau of Statistics

2005

中国统计出版社
China Statistics Press

（京）新登字 041 号

图书在版编目（CIP）数据

中国建筑业统计年鉴—2005/国家统计局固定资产投资统计司编．
—北京：中国统计出版社，2006.9
ISBN 7－5037－5060－X

Ⅰ．中…
Ⅱ．国…
Ⅲ．建筑业－统计资料－中国－2005－年鉴
Ⅳ．F246.9－66

中国版本图书馆 CIP 数据核字（2006）第 109285 号

中国建筑业统计年鉴－2005

作　　者/国家统计局固定资产投资统计司
责任编辑/王立群
装帧设计/艺编广告
出版发行/中国统计出版社
通信地址/北京市西城区月坛南街 57 号　邮政编码/100826
办公地址/北京市丰台区西三环南路甲 6 号
电　　话/邮购（010）63376907　书店（010）68783172
印　　刷/河北天普润印刷厂
经　　销/新华书店
开　　本/787×1092mm　1/16
字　　数/460 千字
印　　张/21.75
版　　别/2006 年 10 月第 1 版
版　　次/2006 年 10 月第 1 次印刷
书　　号/ISBN 7－5037－5060－X/F·2387
定　　价/105.00 元

《中国建筑业统计年鉴－2005》

编　委　会

Editorial Board

说　　明

《中国建筑业统计年鉴－2005》是一部全面反映中国建筑业发展情况的权威资料。本书收集了全国和各省、自治区、直辖市2004年度有关建筑业发展方面的统计数据。

《中国建筑业统计年鉴－2005》资料直接由2004年第一次全国经济普查建筑业普查表基层数据库加工形成。为保证本年鉴数据与历史数据的可比性,2005年建筑业统计年鉴的范围是具有资质等级的所有独立核算的建筑业企业。具体包括:总承包建筑业企业、专业承包建筑业企业和劳务分包建筑业企业。

本年鉴资料分为五个部分:一、综合;二、按经济类型分组的建筑业企业;三、中央和地方建筑业企业;四、按资质等级分组的建筑业企业;五、各行业建筑业企业。每部分资料的编排,根据制度和实际工作要求,既有按经济类型的分组,又有按行业的分组。在各分组中又分别设置了反映建筑业总产值、各种用途的房屋建筑竣工面积、技术装备、实收资本、资产和负债、利润和税金等方面情况的表式。

使用本年鉴资料时请注意以下几点:

1. 本年鉴资料的统计数据,除第四部分以外,均不包括劳务分包建筑业企业数据。

2. 本年鉴资料各项相加不等于总计均由于四舍五入的缘故。

3. 本年鉴资料由国家统计局固定资产投资统计司编印并负责解释。

咨询电话:68782618

邮箱:tzjzc_gj@ stats. gov. cn

由于编辑时间比较仓促,本书难免会存在一些不妥之处,欢迎广大读者批评指正。

目　　录

一、综　　合

二、按经济类型分组的建筑业企业

四、按资质等级分组的建筑业企业

五、各行业建筑业企业

一、综　　合

历年建筑业企业概况

年　　份	总　　计	国有企业	集体企业	港澳台商投资企业	外商投资企业	其　　他
企业单位数(个)						
1985	11150	3385	7765			
1989	13106	3927	9179			
1990	13327	4275	9052			
1995	24133	7531	15348	329	312	613
1996	41364	9109	29044	417	388	2406
1997	44017	9650	29872	491	454	3550
1998	45634	9458	28410	629	337	6800
1999	47234	9394	27197	664	341	9638
2000	47518	9030	24756	635	319	12778
2001	45893	8264	19096	622	274	17637
2002	47820	7536	13177	632	279	26196
2003	48688	6638	10425	535	287	30803
2004	59018	6513	8959	511	386	42649
从业人员(万人)						
1985	911.5	576.7	334.8			
1989	1004.8	614.7	390.1			
1990	1010.7	621.0	389.7			
1995	1497.9	824.3	631.9	5.0	5.4	31.3
1996	2121.9	855.9	1171.4	8.7	8.6	77.3
1997	2101.5	828.6	1148.2	8.2	9.6	106.9
1998	2030.0	738.4	1057.3	9.3	5.1	219.9
1999	2020.1	690.6	993.1	11.5	6.1	318.9
2000	1994.3	635.6	887.5	8.2	4.4	458.6
2001	2110.7	590.7	739.9	7.7	4.3	768.1
2002	2245.2	543.8	579.2	7.4	4.5	1110.4
2003	2414.3	524.3	505.6	7.0	6.0	1371.3
2004	2500.3	467.4	386.4	6.8	8.1	1631.6
建筑业总产值(亿元)						
1985	675.10	474.51	200.59			
1989	1282.98	878.57	404.41			
1990	1345.01	935.19	409.82			
1995	5793.75	3670.25	1899.47	33.60	33.19	157.24
1996	8282.25	4160.21	3695.68	46.85	50.51	329.00
1997	9126.48	4526.52	3925.81	63.72	70.49	539.94
1998	10061.99	4571.44	4012.01	91.94	62.52	1324.08
1999	11152.86	4861.38	4081.79	91.97	64.43	2053.29
2000	12497.60	5053.79	4035.84	99.18	67.49	3241.30
2001	15361.56	5362.81	3775.89	102.55	73.06	6047.25
2002	18527.18	5582.86	3338.50	113.87	91.38	9400.57
2003	23083.87	6060.23	3270.73	123.71	129.39	13499.81
2004	29021.45	7325.61	2756.12	137.03	202.46	18600.23

注:1. 本表1980年至1992年数据为全民和集体所有制建筑业企业数据;1993年至1995年数据为各种经济成分的建制镇以上建筑业企业数据;1996年至2001年数据为资质等级(旧资质)四级及四级以上建筑业企业数据;2002年及以后数据为所有具有资质等级的施工总承包、专业承包建筑业企业(不含劳务分包建筑业企业)数据。因此存在着与以前各年不可比因素,以下各表同。

2. 从业人员数1993年至1997年为年平均人数。

各地区历年建筑业总产值

单位:万元

地区	1999	2000	2001	2002	2003	2004
全国总计	**111528640**	**124975961**	**153615626**	**185271753**	**230838663**	**290214510**
北京	6814102	7274774	8879099	10550535	12698521	16569591
天津	2227406	2380991	2886808	4061628	5208402	6537068
河北	4321432	4921005	6145010	7111712	7799313	10040393
山西	2397739	2393974	3114390	4469457	5401279	7125750
内蒙古	1168732	1367309	1782561	2200194	2576575	3545091
辽宁	4893444	5980933	7611747	8393428	10170794	12451481
吉林	1713517	2391840	2740726	2926017	3469281	4111106
黑龙江	2996115	3340903	3723204	4079097	4401878	5159832
上海	5683036	6223565	7215808	8222730	11958034	16888002
江苏	13299853	15388416	18218039	21995164	27949354	36556163
浙江	11282810	13837658	17684490	22829906	31272779	38956437
安徽	2773364	3028240	4215500	5282183	6227073	7887558
福建	2511292	2711420	3690460	4026874	5493441	6716323
江西	1022296	1164115	1691530	2450718	3593356	4617693
山东	7672600	8170949	9842204	11511730	14813618	19690062
河南	3169845	3573425	4524908	5367328	6345217	8171347
湖北	3990201	4541767	5290240	6365491	8729958	11121338
湖南	3338963	3544202	4897879	5955616	8188402	10278915
广东	8719500	8919834	11320549	13417808	15163242	19008399
广西	1491385	1509158	1802891	2211684	2818466	3286644
海南	333933	302139	353453	415089	394053	585834
重庆	3175927	3486579	4368169	5006543	5862095	6902774
四川	6495237	7138102	8228676	10725229	12253374	13093829
贵州	966508	1090571	1502008	1811244	2122907	2554529
云南	3114900	3092645	3439350	3582375	3967957	4482520
西藏	134958	168178	186832	216949	293427	290802
陕西	2183009	2423046	2797388	3465727	4404362	5230766
甘肃	1187695	1251202	1473057	1923798	2236860	2938853
青海	396528	447162	542130	733550	747325	886406
宁夏	482827	562352	703722	839121	1080546	1111913
新疆	1569486	2349506	2742800	3122828	3196774	3417093

各地区历年建筑业增加值

单位:万元

地　　区	1999	2000	2001	2002	2003	2004
全国总计	**30222586**	**33410864**	**40235718**	**38224156**	**46547067**	**56157837**
北　　京	1809631	1861649	2215886	1710390	1945971	2254726
天　　津	599298	596889	665186	638907	795963	962170
河　　北	1176002	1255840	1595275	1495270	1688931	2090625
山　　西	623871	659211	775992	784804	951478	1181453
内 蒙 古	387728	415530	530331	508817	666669	951318
辽　　宁	1458714	1650483	2013803	1731074	1968475	2350859
吉　　林	477403	648043	828044	573885	622364	773526
黑 龙 江	838384	901381	1012242	855445	959828	1056119
上　　海	1224694	1381463	1432718	1414863	2153664	2555131
江　　苏	3212848	3700633	4346794	4387544	5609752	7182840
浙　　江	2861430	3521692	4368676	4672740	6342032	7570554
安　　徽	783765	837832	1195204	1185951	1359808	1642821
福　　建	662526	710129	954305	815704	1063081	1352426
江　　西	303880	324209	448780	553425	739617	896632
山　　东	2162466	2269464	2740505	2579653	3157332	4431309
河　　南	915452	1006563	1184251	1070946	1273423	1757295
湖　　北	1208960	1346062	1438777	1423250	1914661	2031426
湖　　南	909667	965511	1307676	1279692	1724388	2127828
广　　东	2492533	2509568	3212604	2932624	3281041	3951611
广　　西	463926	495053	536363	524687	611761	702543
海　　南	77185	68036	78689	89284	88847	125703
重　　庆	870648	912266	1207981	1139108	1287202	1523812
四　　川	1855648	2073881	2442159	2528302	2678743	2678796
贵　　州	276657	313945	411845	411619	486887	524574
云　　南	857556	819742	884943	761495	791021	840071
西　　藏	40991	45811	42524	58839	66508	74479
陕　　西	557333	591203	683851	622949	697852	812929
甘　　肃	388427	402912	459363	483668	549941	638115
青　　海	137154	162241	161192	150146	158293	173105
宁　　夏	145697	173888	204157	191314	249257	276254
新　　疆	442113	789737	855600	647761	662277	666786

注:1.2002 年数据调整后,与 2001 数据不可比;2.从 2004 年起,建筑业增加按新的核算方法核算。

各地区历年建筑业企业利税总额

单位:万元

地　　区	1999	2000	2001	2002	2003	2004
全国总计	**4944082**	**5792206**	**7934252**	**9697797**	**12785260**	**16554384**
北　　京	341341	385714	465129	584471	699460	931362
天　　津	80172	96435	121086	191909	249833	323474
河　　北	207616	224663	416927	381119	451764	606942
山　　西	72317	93678	119342	178827	226472	315410
内 蒙 古	51242	58719	81525	113728	148628	261704
辽　　宁	183582	255827	388175	406326	513813	695685
吉　　林	54198	88242	136570	128794	155079	177521
黑 龙 江	109410	134863	168938	176265	232212	223541
上　　海	278825	342818	386166	480415	800563	1226833
江　　苏	443934	585377	740637	936746	1301495	1795798
浙　　江	571252	740235	1009064	1284708	1776998	2175151
安　　徽	105523	126076	217112	275184	331071	433945
福　　建	120981	141997	236135	231295	306800	388138
江　　西	37586	44866	72464	134489	192964	217852
山　　东	416839	419264	561028	666717	876677	1253724
河　　南	132961	148742	202791	245271	297621	468077
湖　　北	190966	216898	278040	390134	547484	667822
湖　　南	121018	153028	255126	319042	451023	610514
广　　东	522531	543688	800994	888679	1143533	1437161
广　　西	63830	64151	85386	125653	151935	165677
海　　南	17655	14801	19191	30539	30446	49380
重　　庆	133598	152870	236729	262773	329589	401924
四　　川	268304	318422	415125	569936	662847	678693
贵　　州	32956	47008	71097	95505	115146	130300
云　　南	154874	160638	159381	167754	214679	235271
西　　藏	8358	12805	16876	26030	31152	26312
陕　　西	67403	84901	111932	144683	177073	236011
甘　　肃	61307	67918	71882	103144	114195	161628
青　　海	8921	18312	25542	36704	35963	32344
宁　　夏	19804	29994	35175	37429	49889	51892
新　　疆	64778	19257	28688	83528	168856	174299

各地区历年建筑业企业劳动生产率

按建筑业增加值计算　　　　单位:万元

地　　区	1999	2000	2001	2002	2003	2004
全国总计	**14451**	**15929**	**17621**	**15715**	**17476**	**20887**
北　　京	21900	22553	26435	19100	19916	20180
天　　津	20875	21765	25736	18562	22475	25232
河　　北	12360	13070	15023	13352	15169	18347
山　　西	15071	16824	18118	13638	15705	20040
内 蒙 古	11753	11913	13509	12029	15802	23827
辽　　宁	13948	15062	16867	14737	15966	19910
吉　　林	13355	16594	21197	13709	13900	18141
黑 龙 江	13462	13991	15559	13157	14835	16745
上　　海	21488	24375	23565	23005	27720	25671
江　　苏	14540	16793	18823	17455	20185	23517
浙　　江	19013	21228	23593	23291	25842	27910
安　　徽	11195	11738	13259	13375	14501	17982
福　　建	16826	17061	22417	19102	20956	23762
江　　西	10455	11240	13428	13089	14578	16720
山　　东	12615	12517	13555	12522	12943	18562
河　　南	11656	12766	13628	11577	13257	17613
湖　　北	14105	16268	17315	15535	17932	19852
湖　　南	11787	12697	14987	14337	15700	18870
广　　东	17523	19829	22559	19978	22056	25699
广　　西	13273	15308	15449	14606	16816	20351
海　　南	12660	11868	11821	12685	12482	17301
重　　庆	11656	12859	14526	13636	15246	18571
四　　川	11589	13118	14223	12897	13062	16022
贵　　州	12296	14311	16162	15169	16548	18819
云　　南	14653	15531	16089	14717	13803	16920
西　　藏	16375	17105	16676	19987	16593	24731
陕　　西	13599	14559	15160	13090	14769	18886
甘　　肃	11203	11701	12594	10998	11520	14364
青　　海	13505	15348	15508	12325	12930	16489
宁　　夏	11699	13895	15211	13036	14177	17650
新　　疆	15660	25209	26411	17966	19854	21197

注:2002 年建筑业企业劳动生产率数据随建筑业增加值数据作相应调整。

各地区历年建筑业企业利润总额

单位:万元

地　　区	1999	2000	2001	2002	2003	2004
全国总计	**1547982**	**1920635**	**2943904**	**3703532**	**5198716**	**7192468**
北　　京	135595	163561	187424	251894	299739	379578
天　　津	21991	27993	37517	73614	97029	125943
河　　北	62006	67370	126382	146051	180629	246200
山　　西	－882	－514	17683	37332	47523	78450
内 蒙 古	13076	14561	19053	40988	55627	127165
辽　　宁	30962	66730	148186	127030	165123	293520
吉　　林	790	17339	36912	29628	23497	42391
黑 龙 江	23741	31070	53572	45741	54530	44850
上　　海	141889	184252	191779	235432	409236	668703
江　　苏	121082	206569	258129	353159	547982	820677
浙　　江	235308	318850	458497	606604	832163	997326
安　　徽	15904	28127	72552	90671	110443	152987
福　　建	25773	25831	89109	91740	115820	157343
江　　西	3395	6157	15635	40478	58418	73777
山　　东	176337	182235	262288	312306	410531	647971
河　　南	37901	31281	58802	75985	94049	191762
湖　　北	51890	58425	88285	129633	190795	284090
湖　　南	17230	43938	86497	111240	154992	255705
广　　东	199092	203926	373276	373902	571518	689142
广　　西	13227	9147	22519	43171	47095	48715
海　　南	6439	3907	6709	14339	14343	30235
重　　庆	41582	49310	90786	99587	137489	180833
四　　川	76014	100995	150604	213687	259289	276323
贵　　州	1775	9855	17334	25997	45525	43502
云　　南	53070	58350	46654	46553	80134	90420
西　　藏	5033	7385	11402	14307	18879	17795
陕　　西	5799	14497	24786	34906	46895	69938
甘　　肃	16917	19977	19906	22434	33042	68473
青　　海	－3873	3812	5249	13780	13601	6063
宁　　夏	5559	13722	13863	12354	15575	16779
新　　疆	13359	－48022	－47485	－11011	67205	65813

按经济类型划分的建筑业企业主要经济指标

指　　标		合　　计	内资企业	#国有	#集体
企业个数	（个）	59018	58121	6513	8959
从业人员	（万人）	2500.28	2485.35	467.36	386.40
自有固定资产原价	（亿元）	7148.84	7074.46	2364.08	762.64
自有固定资产净价	（亿元）	4844.55	4796.22	1498.11	538.77
自有施工机械设备年末总台数	（万台）	846.64	839.16	148.51	152.66
自有施工机械设备年末净值	（亿元）	2324.52	2305.99	603.79	261.96
自有施工机械设备年末总功率	（万千瓦）	14584.05	14519.80	3513.53	2122.74
建筑业总产值	（亿元）	29021.45	28681.96	7325.61	2756.12
建筑业增加值	（亿元）	5615.78			
#本年固定资产折旧	（亿元）	380.38	376.17	124.89	32.10
主营业务应付工资	（亿元）	3026.53	3000.44	639.20	365.02
主营业务应付福利费	（亿元）	312.7	310.70	72.94	35.18
工程结算税金及附加	（亿元）	894.10	885.42	234.92	84.94
管理费用中的税金	（亿元）	42.09	41.62	10.09	5.77
住房公积金及住房补贴	（亿元）	55.50	55.18	33.85	2.12
房屋建筑施工面积	（万平方米）	310985.71	309108.94	52397.94	42858.27
房屋建筑竣工面积	（万平方米）	147364.04	146600.10	20552.46	23393.34
利润总额	（亿元）	719.25	708.46	94.96	70.61
税金总额	（亿元）	936.19	927.04	245.02	90.71
劳动生产率					
按总产值计算	（元/人）	107942	107515	135168	72707
按增加值计算	（元/人）	20887			
技术装备率	（元/人）	9297	9278	12919	6780
动力装备率	（千瓦/人）	5.8	5.8	7.5	5.5
房屋建筑面积竣工率	（%）	47.4	47.4	39.2	54.6
产值利润率	（%）	2.5	2.5	1.3	2.6
产值利税率	（%）	5.7	5.7	4.6	5.9

续表

指　　标		港澳台商投资企业	#港澳台商独资企业	外商投资企业	#外商独资企业
企业个数	（个）	511	58	386	49
从业人员	（万人）	6.81	0.45	8.12	0.63
自有固定资产原价	（亿元）	33.76	2.32	40.62	2.07
自有固定资产净价	（亿元）	20.81	2.17	27.52	1.30
自有施工机械设备年末总台数	（万台）	3.85	0.11	3.62	0.10
自有施工机械设备年末净值	（亿元）	6.66	0.24	11.88	0.64
自有施工机械设备年末总功率	（万千瓦）	31.87	1.21	32.38	0.68
建筑业总产值	（亿元）	137.03	6.99	202.46	28.44
建筑业增加值	（亿元）				
#本年固定资产折旧	（亿元）	1.78	0.15	2.42	0.15
主营业务应付工资	（亿元）	9.66	0.53	16.43	2.14
主营业务应付福利费	（亿元）	0.62	0.03	1.39	0.03
工程结算税金及附加	（亿元）	3.69	0.26	5.00	0.95
管理费用中的税金	（亿元）	0.30	0.17	0.17	0.02
住房公积金及住房补贴	（亿元）	0.16	0.01	0.16	0.04
房屋建筑施工面积	（万平方米）	537.03	21.74	1339.74	98.97
房屋建筑竣工面积	（万平方米）	219.98	12.05	543.96	44.93
利润总额	（亿元）	3.15	-0.09	7.64	0.31
税金总额	（亿元）	3.99	0.43	5.16	0.97
劳动生产率					
按总产值计算	（元/人）	147899	130058	249324	374524
按增加值计算	（元/人）				
技术装备率	（元/人）	9775	5473	14630	10235
动力装备率	（千瓦/人）	4.7	2.7	4.0	1.1
房屋建筑面积竣工率	（%）	41.0	55.4	40.6	45.4
产值利润率	（%）	2.3		3.8	1.1
产值利税率	（%）	5.2	4.8	6.3	4.5

建筑业企业主要经济指标完成情况

指　　标	计量单位	2004 年	2003 年	2004 年比 2003 年增减(%)
建筑业总产值	亿元	29021.5	23083.9	25.7
建筑业增加值	亿元	5615.8	4654.7	20.6
#本年提取的固定资产折旧	亿元	380.4	332.8	14.3
主营业务应付工资	亿元	3026.5	2484.3	21.8
主营业务应付福利费	亿元	312.7	273.3	14.4
工程结算税金及附加	亿元	894.1	720.3	24.1
管理费用中的税金	亿元	42.1	38.4	9.7
住房公积金及住房补贴	亿元	55.5		
房屋建筑施工面积	万平方米	310985.7	259377.1	19.9
房屋建筑竣工面积	万平方米	147364.0	122827.6	20.0
年末自有施工机械设备净值	亿元	2324.5	2404.0	-3.3
年末自有施工机械设备总功率	万千瓦	14584.1	11712.4	24.5
实收资本	亿元	7774.7	6540.8	18.9
资产合计	亿元	28564.6	23541.9	21.3
#流动资产	亿元	20326.6	16603.4	22.4
固定资产	亿元	5549.5	5144.7	7.9
负债合计	亿元	18240.5	14992.4	21.7
#流动负债	亿元	17231.0	14181.3	21.5
长期负债	亿元	1009.5	811.1	24.5
资产负债率	%	63.9	63.7	
税金总额	亿元	936.2	758.7	23.4
利润总额	亿元	719.2	519.9	38.3
按建筑业总产值计算的劳动生产率	元/人	107942	86666	
按建筑业增加值计算的劳动生产率	元/人	20887	17476	
房屋建筑面积竣工率	%	47.4	47.4	
技术装备率	元/人	9297	9957	
动力装备率	千瓦/人	5.8	4.9	
产值利税率	%	5.7	5.5	
产值利润率	%	2.5	2.3	
人均利税	元/人	6157	4800	
建筑业企业个数	个	59018	48688	21.2
计算建筑业劳动生产率的平均人数	万人	2688.6	2663.5	0.9

各地区建筑业企业签订合同情况

单位:万元

地区	合同总额	上年结转合同额	本年新签合同额
全国总计	**461991704**	**160566897**	**301424807**
北京	32885883	12468385	20417498
天津	11138462	3744902	7393560
河北	14909997	4820552	10089445
山西	12413811	4043234	8370577
内蒙古	4830461	1761351	3069110
辽宁	17982848	5428503	12554345
吉林	6669148	2253034	4416114
黑龙江	6627594	1959982	4667612
上海	32758380	13055408	19702972
江苏	46576634	13335686	33240947
浙江	63402382	23516304	39886078
安徽	11678168	3209789	8468379
福建	10537498	3809138	6728361
江西	7099842	2387149	4712693
山东	26025715	8195654	17830061
河南	13186109	4554632	8631477
湖北	18835481	5375788	13459693
湖南	17008133	5957172	11050961
广东	35680150	14913792	20766358
广西	5500670	2233878	3266791
海南	909497	389149	520348
重庆	9992622	3404231	6588392
四川	20527147	7049137	13478010
贵州	4359466	1923784	2435682
云南	7663565	2524569	5138995
西藏	395849	139901	255948
陕西	10357649	4132609	6225040
甘肃	4069819	1450034	2619785
青海	1732697	739565	993131
宁夏	1510528	438499	1072030
新疆	4725501	1351086	3374415

各地区建筑业企业承包工程完成情况

单位:万元

地　　区	直接从建设单位承揽工程完成的产值	自行完成施工产值	分包出去工程的产值	从建设单位以外承揽工程完成的产值
全国总计	**285865987**	**276063175**	**9802811**	**14151335**
北　京	16594093	15777436	816657	792155
天　津	6635876	6228937	406940	308131
河　北	9945119	9857789	87330	182603
山　西	7128221	6924151	204070	201599
内蒙古	3491275	3480611	10664	64480
辽　宁	12273962	12088412	185550	363069
吉　林	4064133	4046819	17314	64287
黑龙江	5157544	5083221	74324	76611
上　海	16828134	14445850	2382284	2442152
江　苏	34174514	33238861	935653	3317301
浙　江	37936208	37515633	420576	1440804
安　徽	7741870	7589821	152049	297736
福　建	6593941	6518191	75750	198132
江　西	4614500	4504714	109787	112980
山　东	19380179	19044750	335430	645312
河　南	8027437	7854457	172980	316890
湖　北	11275876	10725726	550149	395611
湖　南	10027603	9944886	82717	334029
广　东	19805573	17794004	2011569	1214395
广　西	3145187	3127837	17350	158806
海　南	580172	577327	2845	8507
重　庆	6861553	6658357	203196	244418
四　川	12829824	12634121	195703	459708
贵　州	2553982	2529403	24580	25127
云　南	4409434	4379076	30359	103444
西　藏	288908	285133	3774	5669
陕　西	5194100	5082331	111769	148435
甘　肃	2896135	2831944	64191	106910
青　海	880149	843926	36223	42480
宁　夏	1109557	1094796	14761	17118
新　疆	3420927	3354657	66270	62436

各地区建筑业总产值和竣工产值

单位:万元

地区	建筑业总产值	#装饰装修产值	#在外省完成的产值	按构成分组			竣工产值
				建筑工程产值	安装工程产值	其他产值	
全国总计	**290214510**	**18117723**	**66956255**	**245366970**	**33169823**	**11677718**	**202663728**
北京	16569591	2969414	3732665	14380278	1819396	369917	10705675
天津	6537068	258188	1970724	5286785	997378	252904	3962917
河北	10040393	322894	2970913	8183303	1233048	624041	6864121
山西	7125750	231849	2269510	6038744	746327	340679	3583999
内蒙古	3545091	81261	199065	2949369	502804	92918	2631560
辽宁	12451481	829790	2353415	10102084	1991819	357578	8478317
吉林	4111106	125437	1062728	3416128	584507	110471	2535968
黑龙江	5159832	296914	782995	4010869	969770	179193	4060431
上海	16888002	1770293	2552593	13277286	2583577	1027140	11404584
江苏	36556163	1829207	12036844	32319642	3329888	906633	28462131
浙江	38956437	2312832	13460064	34000437	3721473	1234527	26544092
安徽	7887558	422731	1924481	6662449	859638	365472	5371734
福建	6716323	416387	1406957	5772662	720472	223190	4665706
江西	4617693	184463	776744	3915358	422527	279808	3491073
山东	19690062	1085668	2316871	16149765	2703617	836679	13510746
河南	8171347	328642	2209287	6749146	1090482	331720	5385018
湖北	11121338	489379	3137965	9267430	1003737	850171	7030814
湖南	10278915	381815	2426910	8665730	828452	784733	6891318
广东	19008399	2114941	2111931	15958116	2364799	685483	14756873
广西	3286644	208434	220243	2830903	372171	83570	2355424
海南	585834	66146	52064	468978	68336	48520	366967
重庆	6902774	346108	693947	6018257	608842	275676	4683281
四川	13093829	515200	3070957	11049111	1369248	675470	10202163
贵州	2554529	37483	436981	2113473	356051	85005	1738848
云南	4482520	176384	354771	3930619	412621	139279	3180215
西藏	290802	6873	1024	266987	13554	10261	238032
陕西	5230766	76270	1524939	4712973	365591	152203	3244471
甘肃	2938853	92784	460640	2352125	461904	124824	2221299
青海	886406	17593	176812	724674	132328	29403	551898
宁夏	1111913	28023	65812	956622	138957	16335	963136
新疆	3417093	94321	195406	2836668	396509	183916	2580918

各地区建筑业企业房屋建筑面积

地　区	房屋建筑施工面积（万平方米）	#本　年新开工	#实行投标承包面积	#本年新开工	房屋建筑竣工面积（万平方米）	房屋建筑面积竣工率（%）
全国总计	**310985.7**	**179448.6**	**243704.4**	**146728.6**	**147364.0**	**47.4**
北　京	14424.4	6272.9	12480.7	5682.1	5257.7	36.5
天　津	3506.4	1922.6	3034.1	1619.7	1618.7	46.2
河　北	11169.2	6991.7	8881.4	6073.7	5836.6	52.3
山　西	3926.0	2278.6	2937.2	1812.6	1525.6	38.9
内蒙古	2561.8	1734.6	1930.6	1450.2	1603.6	62.6
辽　宁	8805.6	5896.1	7356.8	4918.4	4751.2	54.0
吉　林	2822.9	1897.9	2559.7	1730.3	1749.9	62.0
黑龙江	3777.5	2348.4	3068.1	1986.2	2414.1	63.9
上　海	11518.7	7306.9	8114.9	5006.8	4557.0	39.6
江　苏	43174.2	26800.3	36227.1	22924.0	21760.4	50.4
浙　江	50982.4	28687.2	42149.3	23735.0	20380.5	40.0
安　徽	8370.7	5267.4	6528.3	4363.0	4758.5	56.8
福　建	7587.2	4044.2	5033.9	2854.5	3587.1	47.3
江　西	6210.4	3802.0	5073.4	3301.2	3400.0	54.7
山　东	21640.4	13243.3	16009.6	10618.8	11263.0	52.0
河　南	9086.5	5057.2	7532.2	4479.1	4186.9	46.1
湖　北	11772.3	7292.1	8863.6	5919.5	6647.1	56.5
湖　南	12523.0	7303.5	10048.4	6242.5	6250.7	49.9
广　东	26480.4	12085.6	17572.4	8209.9	9834.6	37.1
广　西	4709.7	2583.8	3568.1	2049.5	1955.9	41.5
海　南	677.7	350.7	521.3	276.5	302.4	44.6
重　庆	10184.5	5876.0	7429.0	4859.8	5167.7	50.7
四　川	15897.0	9622.6	11357.0	7549.2	8838.0	55.6
贵　州	2891.8	1300.2	2271.7	1154.9	1251.2	43.3
云　南	4293.4	2662.4	3159.3	2042.5	2503.2	58.3
西　藏	183.3	142.7	121.1	103.7	146.2	79.8
陕　西	4289.7	2255.9	3489.0	1889.9	1884.3	43.9
甘　肃	3149.5	1757.8	2615.3	1520.5	1606.0	51.0
青　海	438.3	251.0	332.0	183.7	263.3	60.1
宁　夏	1118.7	621.4	1012.2	557.7	579.4	51.8
新　疆	2812.3	1791.5	2426.8	1613.2	1483.3	52.7

各地区按主要用途分的建筑业企业房屋建筑竣工面积

单位:万平方米

地　　区	合　　计	厂房、仓库	住宅	办公用房	批发和零售用房	住宿和餐饮用房
全国总计	**147364.0**	**26176.3**	**81859.4**	**12933.3**	**3802.8**	**2345.6**
北　京	5257.7	511.4	3409.9	533.3	130.3	35.4
天　津	1618.7	395.1	745.7	97.5	76.4	7.1
河　北	5836.6	654.0	3729.5	462.7	141.3	70.1
山　西	1525.6	236.9	832.1	155.8	49.3	33.5
内蒙古	1603.6	154.9	841.0	242.2	56.4	38.4
辽　宁	4751.2	686.8	2993.4	343.7	126.4	75.7
吉　林	1749.9	212.4	1095.1	129.9	32.5	22.5
黑龙江	2414.1	248.2	1460.6	170.7	60.2	25.4
上　海	4557.0	1580.9	2087.7	313.9	69.8	31.7
江　苏	21760.4	4638.5	11793.7	1851.4	514.3	297.7
浙　江	20380.5	5769.4	9419.1	1889.2	466.4	350.8
安　徽	4758.5	648.6	2674.7	412.7	144.6	93.9
福　建	3587.1	802.6	1972.0	248.9	37.4	46.1
江　西	3400.0	282.3	2137.6	316.2	107.2	49.6
山　东	11263.0	2165.8	6453.3	879.0	309.5	163.5
河　南	4186.9	548.6	2369.2	443.0	120.8	70.4
湖　北	6647.1	1014.2	3714.9	583.9	71.1	74.6
湖　南	6250.7	589.7	3445.1	787.7	240.7	130.4
广　东	9834.6	2646.1	4691.8	785.1	185.1	157.1
广　西	1955.9	147.4	1229.8	204.8	32.0	44.2
海　南	302.4	14.6	167.7	20.1	3.8	5.6
重　庆	5167.7	484.4	3522.6	351.4	203.2	66.3
四　川	8838.0	930.9	5552.9	667.2	301.0	207.5
贵　州	1251.2	109.8	699.1	115.6	20.2	21.0
云　南	2503.2	274.0	1186.8	305.0	98.6	82.7
西　藏	146.2	9.2	62.0	35.1	1.0	6.0
陕　西	1884.3	142.0	1176.2	199.9	23.6	60.5
甘　肃	1606.0	123.0	1014.2	153.8	40.0	24.1
青　海	263.3	18.0	177.8	33.2	6.1	4.8
宁　夏	579.4	39.2	370.2	63.5	28.9	9.6
新　疆	1483.3	97.4	833.2	136.7	104.7	39.4

续表

单位:万平方米

地区	居民服务业用房	教育用房	文化、体育和娱乐用房	卫生医疗用房	科研用房	其他用房
全国总计	**2340.3**	**8675.9**	**1693.8**	**1437.2**	**482.4**	**5617.1**
北京	58.5	196.6	58.7	47.0	34.8	241.7
天津	26.5	79.0	30.5	29.5	10.6	120.8
河北	132.7	332.8	65.6	45.1	4.3	198.5
山西	21.2	100.7	13.5	12.8	7.2	62.5
内蒙古	27.8	113.9	24.1	19.2	0.8	84.9
辽宁	65.7	250.8	39.7	21.0	7.8	140.1
吉林	19.3	94.7	20.6	17.4	1.5	103.9
黑龙江	61.3	164.9	39.6	43.0	1.4	138.7
上海	17.5	168.2	46.6	61.8	9.9	169.0
江苏	387.3	1157.4	222.9	209.1	64.3	623.7
浙江	310.8	1084.6	260.1	177.6	89.4	563.1
安徽	122.9	401.5	50.0	44.0	9.6	155.9
福建	73.9	192.0	43.6	33.5	10.9	126.2
江西	64.5	231.5	30.7	35.2	4.6	140.5
山东	170.8	571.5	81.1	59.8	31.4	377.4
河南	48.1	337.4	53.8	57.7	11.4	126.3
湖北	67.8	441.5	80.5	91.6	33.5	473.4
湖南	107.7	491.1	78.0	89.3	8.6	282.2
广东	137.7	552.9	123.7	37.6	62.2	455.3
广西	20.3	140.1	32.8	20.3	3.0	81.3
海南	9.5	20.7	7.2	6.1	0.7	46.4
重庆	71.3	222.1	67.2	20.3	18.4	140.4
四川	115.8	533.6	94.1	87.0	17.8	330.3
贵州	33.8	137.7	23.3	29.6	4.2	56.8
云南	45.5	239.6	34.1	54.7	9.9	172.4
西藏	4.7	13.0	2.1	1.1	0.3	11.6
陕西	22.9	158.9	20.4	19.1	14.4	46.4
甘肃	35.7	118.2	17.0	29.1	5.5	45.4
青海	1.9	6.7	2.0	1.2	0.3	11.3
宁夏	8.6	29.7	8.5	5.3	0.2	15.6
新疆	48.3	92.3	21.7	31.1	3.4	75.1

各地区按主要用途分的建筑业企业房屋建筑竣工价值

单位:万元

地区	合计	厂房、仓库	住宅	办公用房	批发和零售用房	住宿和餐饮用房
全国总计	**114307228**	**19342894**	**60108485**	**11795934**	**3005177**	**1994788**
北京	6668647	652610	3890282	889339	175111	60276
天津	1620389	344530	615199	141081	94400	6962
河北	4317538	608792	2493551	405374	103985	57145
山西	1184781	228368	566730	140949	32552	30441
内蒙古	1212621	147640	578106	193107	43631	28587
辽宁	3831007	613859	2212004	318583	121251	72462
吉林	1375354	240166	739849	107409	21384	17466
黑龙江	2092750	251281	1147374	167644	53102	23680
上海	4680061	1406940	2116934	413260	67646	31811
江苏	17323190	3333817	9108165	1659786	400361	306669
浙江	16973751	3736067	8069019	1884172	401088	339538
安徽	2967728	431985	1607778	286286	91211	53064
福建	2809378	547527	1523380	224924	32697	36737
江西	1779969	160387	1049340	168897	59120	29436
山东	8152152	1513776	4445741	733322	237106	124522
河南	2628579	371278	1388364	337137	75823	44311
湖北	4337058	676514	2232636	458980	40202	45834
湖南	4399071	435198	2231424	682878	158549	94289
广东	8269082	1794375	4012364	748435	153200	134497
广西	1330869	99757	779503	165107	21337	50147
海南	253301	12329	154458	20261	2372	5096
重庆	3327787	374432	2112298	268215	153256	45008
四川	5429014	674094	3152973	462425	202233	143172
贵州	733470	86049	360721	74212	17517	15426
云南	1799628	186084	844864	242806	82169	56990
西藏	132508	9955	50949	36537	858	5997
陕西	1560287	123345	905475	210224	17439	62985
甘肃	1191410	121028	688230	128910	30171	20782
青海	209662	17132	132710	30633	5705	4220
宁夏	429359	34582	245651	58022	23377	10557
新疆	1286825	108998	652413	137023	86326	36688

续表 单位:万平方米

地区	居民服务业用房	教育用房	文化、体育和娱乐用房	卫生医疗用房	科研用房	其他用房
全国总计	**1941890**	**7242075**	**1769783**	**1361260**	**557672**	**5187269**
北京	75030	327141	106827	84947	53537	353548
天津	35904	101168	52749	52395	24616	151385
河北	112008	251231	56513	39245	12350	177343
山西	15743	75883	12003	11897	8940	61276
内蒙古	25826	92232	22504	18995	796	61198
辽宁	59996	224924	38613	23976	5904	139435
吉林	19159	84168	22020	13050	1172	109513
黑龙江	72062	160205	42404	42104	1137	131758
上海	22282	217910	95932	93387	14569	199390
江苏	342734	1023020	220098	180932	72667	674941
浙江	288053	1080762	319447	208559	107078	539969
安徽	77050	253134	36844	31914	5234	93229
福建	69091	154343	47307	38482	9569	125322
江西	42209	136355	20356	19781	3080	91008
山东	135993	477694	78728	43701	33639	327932
河南	26674	219201	43708	32735	8879	80470
湖北	46085	299101	67386	73266	36082	360972
湖南	75089	358209	66778	69114	6487	221058
广东	109840	554055	144330	40119	75238	502629
广西	12941	88478	28346	19575	4588	61090
海南	6271	17400	7159	4758	1219	21979
重庆	45826	138210	49625	18129	9574	113215
四川	72054	336939	69736	60930	22776	231683
贵州	23204	66983	15435	21759	2946	49218
云南	30824	169078	27822	41644	5107	112241
西藏	3585	11692	2901	1252	547	8234
陕西	22662	120853	22121	17092	15955	42138
甘肃	23360	81993	14613	20139	9393	52791
青海	1517	4449	1783	1060	189	10265
宁夏	6564	24303	8120	5088	173	12924
新疆	42254	90962	27577	31235	4231	69119

各地区建筑业企业施工机械设备情况

地　　区	年末自有施工机械设备总台数（台）	年末自有施工机械设备总功率（千瓦）	年末自有施工机械设备净值（万元）	技术装备率（元/人）	动力装备率（千瓦/人）
全国总计	**8466386**	**145840503**	**23245244**	**9297**	**5.8**
北　　京	301573	4816528	752200	13047	8.4
天　　津	100833	2500579	621503	25659	10.3
河　　北	479072	6514005	989809	8796	5.8
山　　西	212202	3837203	637221	11105	6.7
内 蒙 古	98762	2933526	320464	11548	10.6
辽　　宁	273098	6061957	1127784	11306	6.1
吉　　林	109357	2353994	394559	11902	7.1
黑 龙 江	188208	4437981	712957	15182	9.5
上　　海	179268	2937017	804364	11126	4.1
江　　苏	740250	11637712	2267891	7884	4.0
浙　　江	645073	8370330	1808813	6801	3.1
安　　徽	348638	4500817	689986	7515	4.9
福　　建	188406	2777158	458432	8481	5.1
江　　西	156426	2344805	417914	7101	4.0
山　　东	624166	19179416	1608184	7193	8.6
河　　南	450132	5587237	1037803	9684	5.2
湖　　北	441866	6615788	1163782	10867	6.2
湖　　南	415760	5946728	924825	8018	5.2
广　　东	735081	15119585	1611083	10629	10.0
广　　西	199917	2538951	327574	9368	7.3
海　　南	21919	563498	74056	10404	7.9
重　　庆	200968	2846017	632541	7298	3.3
四　　川	455994	6529478	1304786	7910	4.0
贵　　州	75234	1225572	239685	8006	4.1
云　　南	209806	3024930	603840	11693	5.9
西　　藏	12896	300485	56450	15287	8.1
陕　　西	181952	2963121	492416	11258	6.8
甘　　肃	229821	3489955	501184	10871	7.6
青　　海	48156	968377	145422	15608	10.4
宁　　夏	43057	879658	160071	19275	10.6
新　　疆	98495	2038095	357647	18788	10.7

各地区建筑业企业建筑材料消耗情况

地　区	钢材（吨）	木材（立方米）	水泥（吨）	玻璃（重量箱）	玻璃（平方米）	铝材（吨）
全国总计	**147599378**	**69913087**	**621580876**	**58610035**	**322731402**	**12975779**
北　京	7540453	1857881	14308367	2194093	6970219	87027
天　津	2427651	494376	7770209	849621	5560970	1666519
河　北	5838109	1594591	21999720	1187255	16381629	239825
山　西	5766733	921533	10426408	398681	2257761	85445
内蒙古	1306138	545262	7881661	336737	3981309	18940
辽　宁	4993768	2284967	22719665	2191643	11845662	131603
吉　林	5714620	1677456	17121833	196384	2697007	65464
黑龙江	2425503	1829820	10537962	1087803	24343361	83192
上　海	6822489	1697254	15401729	1193492	6444934	1133428
江　苏	17176219	5354967	72850624	11755245	33885582	2135532
浙　江	21237228	10987218	111020075	15811794	67275541	1692253
安　徽	3519509	1567606	16162933	646863	7139146	262789
福　建	3325206	2359612	11068050	1000268	6624292	380058
江　西	2203600	2168929	12248074	403744	4892165	73278
山　东	6915857	3498988	34102661	2204332	19338900	451439
河　南	3468611	1987258	21070048	1524183	9796230	569033
湖　北	5693287	3280372	24818402	719810	7930163	806228
湖　南	7725895	8037975	59707735	1899867	17722937	679456
广　东	10114082	6645525	32527687	4414431	17159057	880376
广　西	5329249	3086539	10634022	1053848	4920005	326690
海　南	328954	413028	967695	154116	471395	107822
重　庆	3313845	1634079	17096477	1308101	10335106	344068
四　川	4996828	2145259	25846324	3443076	16305271	179284
贵　州	1693892	540421	6109376	532541	2792108	181216
云　南	2237848	583135	8386087	497835	4776711	72668
西　藏	81720	141725	320418	10764	208108	2528
陕　西	2174650	1229829	8477865	590097	3542688	48441
甘　肃	1392032	463841	6027559	316206	2077229	173130
青　海	304449	99425	1296432	56771	636108	16952
宁　夏	471755	159673	2113543	248292	1093268	40027
新　疆	1059198	624543	10561235	382142	3326540	41068

各地区建筑业企业主要生产效益指标

地　区	建筑业企业个数（个）	计算建筑业劳动生产率的平均人数（人）	按总产值计算的劳动生产率（元/人）	人均竣工产值（元/人）	人均施工面积（平方米/人）	人均竣工面积（平方米/人）
全国总计	**59018**	**26886030**	**107942**	**75379**	**115.7**	**54.8**
北　京	2545	1117297	148301	95818	129.1	47.1
天　津	1151	381335	171426	103922	91.9	42.4
河　北	2099	1139492	88113	60238	98.0	51.2
山　西	1490	589542	120869	60793	66.6	25.9
内蒙古	664	399266	88790	65910	64.2	40.2
辽　宁	2985	1180745	105454	71805	74.6	40.2
吉　林	996	426403	96414	59474	66.2	41.0
黑龙江	1815	630696	81812	64380	59.9	38.3
上　海	2611	995338	169671	114580	115.7	45.8
江　苏	5173	3054373	119685	93185	141.4	71.2
浙　江	3741	2712481	143619	97859	188.0	75.1
安　徽	1917	913589	86336	58798	91.6	52.1
福　建	1601	569154	118005	81976	133.3	63.0
江　西	1263	536269	86108	65099	115.8	63.4
山　东	5377	2387355	82476	56593	90.6	47.2
河　南	2422	997749	81898	53972	91.1	42.0
湖　北	2296	1023299	108681	68707	115.0	65.0
湖　南	1881	1127603	91157	61115	111.1	55.4
广　东	3951	1537659	123619	95970	172.2	64.0
广　西	997	345207	95208	68232	136.4	56.7
海　南	154	72656	80631	50507	93.3	41.6
重　庆	2346	820516	84127	57077	124.1	63.0
四　川	3853	1671926	78316	61020	95.1	52.9
贵　州	613	278748	91643	62381	103.7	44.9
云　南	1572	496482	90286	64055	86.5	50.4
西　藏	141	30116	96561	79038	60.9	48.6
陕　西	826	430438	121522	75376	99.7	43.8
甘　肃	914	444233	66156	50003	70.9	36.2
青　海	378	104982	84434	52571	41.7	25.1
宁　夏	461	156520	71040	61534	71.5	37.0
新　疆	785	314561	108631	82048	89.4	47.2

各地区建筑业企业营业额

单位:万元

地　区	企业营业额	在境外完成的营业额	企业总产值	#建筑业总产值
全国总计	**348309879**	**5701377**	**342608502**	**290214510**
北　京	19646818	1990516	17656303	16569591
天　津	7657043	182390	7474653	6537068
河　北	10582117	145168	10436949	10040393
山　西	7545701	57409	7488292	7125750
内蒙古	3691403	17665	3673739	3545091
辽　宁	12851700	129008	12722692	12451481
吉　林	4340945	52938	4288007	4111106
黑龙江	5533951	47249	5486702	5159832
上　海	20035132	136994	19898138	16888002
江　苏	39176791	893394	38283397	36556163
浙　江	40041581	205243	39836339	38956437
安　徽	8569169	147998	8421171	7887558
福　建	7503145	248751	7254394	6716323
江　西	4864330	46841	4817489	4617693
山　东	53577763	263936	53313826	19690062
河　南	8764322	117433	8646889	8171347
湖　北	12538891	197216	12341676	11121338
湖　南	12611159	202001	12409158	10278915
广　东	21649368	141073	21508295	19008399
广　西	3653064	15058	3638006	3286644
海　南	590792	80	590712	585834
重　庆	7278150	9818	7268332	6902774
四　川	13661404	256252	13405152	13093829
贵　州	2656186	5650	2650536	2554529
云　南	4745707	43702	4702005	4482520
西　藏	311927	2361	309566	290802
陕　西	5485279	93524	5391756	5230766
甘　肃	3099602	30731	3068871	2938853
青　海	921752	170	921582	886406
宁　夏	1170674	9308	1161365	1111913
新　疆	3554016	11503	3542514	3417093

各地区建筑业企业资产构成

单位:万元

地　　区	资产合计	#流动资产小计	#长期投资	#固定资产小计	#无形及递延资产
全国总计	**285646246**	**203265734**	**19470648**	**55495119**	**6190649**
北　京	28564340	19342905	6341232	2488264	271168
天　津	6601823	4796481	331990	1328808	85894
河　北	9459441	6425463	267291	2413022	296149
山　西	7916052	5277814	624760	1885806	93874
内蒙古	3013141	2018352	72804	825379	86020
辽　宁	11248567	8008780	359784	2592277	265330
吉　林	4616913	3369512	129801	1000439	98875
黑龙江	6743974	4548989	329132	1760846	92630
上　海	20238882	15309759	1945559	2579750	275562
江　苏	27449949	21729618	934206	4269548	442090
浙　江	21987709	17306968	1072829	3256881	260567
安　徽	6798908	4669126	157065	1651988	301671
福　建	6345042	4811156	316241	1111762	89082
江　西	4173544	2734670	179383	1081920	163444
山　东	20342745	14865658	694647	4056389	660315
河　南	8206814	5311041	244752	2334855	268221
湖　北	10685958	6631605	796757	2765169	439456
湖　南	7542573	4905431	246704	2100128	244234
广　东	25531935	19234813	1433643	4275370	429646
广　西	4064943	2551776	415298	982380	109373
海　南	697679	447256	32639	189477	27829
重　庆	6169953	4301406	255561	1433780	154868
四　川	13566709	8757116	1182112	3144433	429533
贵　州	2708139	1942350	94963	571569	85544
云　南	5411556	3457842	361419	1428396	147234
西　藏	469117	236922	35437	177096	17816
陕　西	5353673	3792655	245362	1202167	93596
甘　肃	3468552	2247429	81936	1076248	48924
青　海	1092706	678773	39461	341665	19063
宁　夏	1399993	934403	76159	356279	29799
新　疆	3774915	2619664	171721	813030	162844

各地区建筑业企业流动资产、无形及递延资产

单位:万元

地　　区	流动资产	#存货	无形及递延资产	#无形资产
全国总计	**203265734**	**52691493**	**6190649**	**5520472**
北　京	19342905	4706624	271168	190449
天　津	4796481	1092831	85894	76235
河　北	6425463	1460810	296149	284332
山　西	5277814	882833	93874	88499
内蒙古	2018352	393827	86020	81814
辽　宁	8008780	1623406	265330	237571
吉　林	3369512	438428	98875	88861
黑龙江	4548989	875774	92630	82146
上　海	15309759	4395522	275562	216804
江　苏	21729618	7248149	442090	401751
浙　江	17306968	5387694	260567	232312
安　徽	4669126	1037441	301671	281038
福　建	4811156	1526040	89082	76666
江　西	2734670	747414	163444	148213
山　东	14865658	3264500	660315	582836
河　南	5311041	1387716	268221	248863
湖　北	6631605	1435287	439456	394944
湖　南	4905431	1092621	244234	225663
广　东	19234813	6051789	429646	360911
广　西	2551776	621597	109373	97935
海　南	447256	93456	27829	26911
重　庆	4301406	1419422	154868	139124
四　川	8757116	2295961	429533	399660
贵　州	1942350	364228	85544	81166
云　南	3457842	784206	147234	136879
西　藏	236922	38784	17816	16598
陕　西	3792655	775404	93596	81108
甘　肃	2247429	442923	48924	46350
青　海	678773	203573	19063	17091
宁　夏	934403	235291	29799	28955
新　疆	2619664	367942	162844	148789

各地区建筑业企业固定资产情况

单位:万元

地　　区	固定资产 小　　计	固定资产 原　　价	#生产经营用	固定资产 折　　旧	#本年折旧	在建工程
全国总计	**55495119**	**71488491**	**53812383**	**23042906**	**3803787**	**5470159**
北　　京	2488264	3444563	2596539	1258054	207658	265357
天　　津	1328808	1905044	1461041	687699	106707	96667
河　　北	2413022	3136215	2393599	978623	164130	185714
山　　西	1885806	2447732	1845115	707267	141174	104226
内 蒙 古	825379	1037390	863694	314874	57525	68873
辽　　宁	2592277	3749912	3013069	1264707	181371	86571
吉　　林	1000439	1401180	967720	467654	78720	43913
黑 龙 江	1760846	2305225	1899292	674340	103703	97862
上　　海	2579750	3731935	2324865	1467540	196648	258393
江　　苏	4269548	5621795	4433435	1901127	314147	418293
浙　　江	3256881	4157713	3480103	1246311	247064	206090
安　　徽	1651988	2031921	1539261	612989	101288	194079
福　　建	1111762	1368834	1048925	444391	63374	109389
江　　西	1081920	1321846	954236	381298	52065	75050
山　　东	4056389	5135892	3882088	1652268	297164	393524
河　　南	2334855	2796993	2032840	796227	168721	264223
湖　　北	2765169	3588865	2300582	1095541	170243	208251
湖　　南	2100128	2674177	1958179	860993	138157	226258
广　　东	4275370	5093076	3943001	1813711	261849	882989
广　　西	982380	1090879	823563	304617	42457	181790
海　　南	189477	165156	104876	32851	4828	44106
重　　庆	1433780	1718007	1377262	482529	83513	169244
四　　川	3144433	3944115	2852930	1242790	217171	361434
贵　　州	571569	712584	515873	218014	38986	53666
云　　南	1428396	1828415	1392380	572303	91980	137695
西　　藏	177096	188539	129604	46809	18308	19966
陕　　西	1202167	1562541	1200133	488366	83212	93572
甘　　肃	1076248	1327981	991979	377678	55856	93063
青　　海	341665	445275	273791	143982	27256	30760
宁　　夏	356279	473555	370685	136590	26000	14208
新　　疆	813030	1081135	841727	370767	62515	84935

各地区建筑业企业负债及所有者权益

单位:万元

地　　区	负债合计	流动负债	长期负债	所有者权益	#实收资本
全国总计	**182404791**	**172309803**	**10094988**	**103239617**	**77746956**
北　　京	18534282	16692563	1841719	10028220	6877985
天　　津	4709172	4432011	277161	1892651	1518547
河　　北	5608520	5204327	404193	3850921	2923164
山　　西	5366254	4877253	489002	2549798	2321915
内 蒙 古	1793571	1650694	142877	1219570	932652
辽　　宁	6832760	6616442	216318	4415808	3495460
吉　　林	3247185	3152544	94642	1369728	1181527
黑 龙 江	3971281	3768441	202841	2772692	2470335
上　　海	13432313	12718762	713551	6806568	3899438
江　　苏	19318520	18795407	523113	8131428	5882433
浙　　江	14682624	14260128	422497	7305085	4920035
安　　徽	4216847	3989094	227753	2582061	2087456
福　　建	3911136	3813412	97724	2433907	2081562
江　　西	2503348	2353992	149356	1670196	1421507
山　　东	13267649	12682964	584685	7075096	5340181
河　　南	4834661	4622032	212629	3372153	2924031
湖　　北	6050428	5587502	462926	4635530	3425953
湖　　南	4337304	4004996	332309	3205269	2618128
广　　东	17277460	16384872	892589	8254475	5528087
广　　西	2353287	2070493	282794	1711656	1298811
海　　南	396618	334191	62427	301061	224614
重　　庆	3178944	2971818	207127	2991009	2533813
四　　川	7527089	7100184	426905	6039620	4621972
贵　　州	1786501	1665829	120672	921638	740613
云　　南	3238337	2988484	249854	2173219	1851149
西　　藏	157241	142342	14899	311877	246340
陕　　西	3695236	3506699	188538	1658437	1377417
甘　　肃	2058073	1958491	99582	1410479	1199987
青　　海	634171	608858	25314	458535	406926
宁　　夏	876832	851724	25109	523161	478932
新　　疆	2607145	2503257	103888	1167770	915989

各地区建筑业企业实收资本

单位:万元

地　区	合　计	国家资本	集体资本	法人资本	个人资本	港澳台资本	外商资本
全国总计	**77746956**	**18674314**	**8044020**	**23111614**	**27191773**	**377500**	**347735**
北　京	6877985	3517687	272538	2001669	989965	51092	45032
天　津	1518547	323708	132162	738229	297357	15395	11696
河　北	2923164	613086	279793	841204	1185868	2456	756
山　西	2321915	965823	118702	788203	439824	8211	1152
内蒙古	932652	197792	95797	86285	552510		268
辽　宁	3495460	1086932	452417	615483	1288245	10919	41464
吉　林	1181527	496597	83621	315776	275828	3056	6650
黑龙江	2470335	679935	212915	669189	897639	5098	5559
上　海	3899438	705841	309194	1442154	1279700	72062	90488
江　苏	5882433	711423	449580	1720015	2930717	41357	29341
浙　江	4920035	266552	294251	1233619	3107789	9352	8473
安　徽	2087456	518627	278504	670160	610829	5409	3927
福　建	2081562	317880	194501	443419	1084920	25132	15710
江　西	1421507	451119	245607	383648	330328	8071	2734
山　东	5340181	806491	879117	1655345	1958096	19315	21817
河　南	2924031	735200	364889	884663	923742	13562	1975
湖　北	3425953	734568	342876	1368331	955645	8782	15750
湖　南	2618128	666604	449240	755708	735196	9373	2007
广　东	5528087	994213	683101	2191555	1585872	52216	21130
广　西	1298811	498961	252904	309388	234032	1490	2037
海　南	224614	53448	24426	80721	53947		12073
重　庆	2533813	258018	216325	684621	1369367	2576	2906
四　川	4621972	1119301	487050	1025367	1983523	3596	3135
贵　州	740613	363596	118948	95367	160716	1987	
云　南	1851149	326711	261160	583386	679141	716	35
西　藏	246340	61933	25865	104978	53034	530	
陕　西	1377417	379631	198761	527487	271414		125
甘　肃	1199987	315340	179609	374487	325436	3676	1438
青　海	406926	143755	32556	137964	91999	596	56
宁　夏	478932	140140	23526	101883	213323	60	
新　疆	915989	223404	84087	281310	325771	1416	

各地区建筑业企业收入情况

单位:万元

地　　区	工程结算收　　入	工程结算成　　本	工程结算税金及附加	工程结算利　　润	经营费用	其他业务收　　入	#其他业务利　　润
全国总计	**274775122**	**244326338**	**8941034**	**19950842**	**1556909**	**6154754**	**1028953**
北　　京	18569465	16539161	538286	1369455	122564	468583	86958
天　　津	6786075	6105847	188495	471533	20201	166213	16395
河　　北	9675716	8502615	341114	759147	72840	216424	24693
山　　西	7311464	6559461	227820	472487	51696	132265	27620
内 蒙 古	3365729	2926390	121698	307093	10548	50674	9546
辽　　宁	11807153	10463468	384887	912626	46171	277659	42947
吉　　林	4034839	3607080	129071	276766	21923	55320	13079
黑 龙 江	5241338	4671491	170937	374827	24083	69600	7509
上　　海	19232678	17247177	545323	1333562	106617	499313	89500
江　　苏	27846939	24750679	938869	2011392	145998	717035	106098
浙　　江	33076013	29922077	1138361	1950561	65014	397663	64911
安　　徽	7534146	6657816	265401	569307	41623	217021	22466
福　　建	6319292	5683398	222131	394960	18803	100908	26957
江　　西	4066161	3635267	135792	280357	14744	58390	10664
山　　东	17639447	15375478	562440	1543432	158097	585887	79044
河　　南	7924987	7028735	259353	600678	36222	148010	23158
湖　　北	11004925	9670366	361670	874919	97970	348902	49364
湖　　南	9552876	8486108	335313	683171	48284	112476	26682
广　　东	21533921	19046853	717155	1639704	130210	521314	120669
广　　西	3103317	2780453	110271	199750	12843	83119	19070
海　　南	543735	466779	18592	49700	8664	964	569
重　　庆	6302513	5603213	212111	462191	24998	122508	17792
四　　川	12058100	10648780	381906	939576	87839	272353	43833
贵　　州	2565900	2299559	83172	155223	27946	52460	14767
云　　南	4242823	3740330	137333	327288	37872	89937	16221
西　　藏	279604	236406	7512	28146	7541	4957	821
陕　　西	5103464	4535786	157714	338705	71258	148976	21237
甘　　肃	2891257	2552278	87773	232426	18780	66450	14587
青　　海	818130	729881	24750	58897	4602	16090	4398
宁　　夏	1089951	973196	33509	79254	3992	34871	5909
新　　疆	3253164	2880211	102277	253710	16967	118413	21491

各地区建筑业企业费用情况

单位:万元

地区	管理费用	#税金	#财产保险费	#差旅费	#工会经费	财务费用	#利息支出
全国总计	**13093912**	**420881**	**113657**	**591533**	**191407**	**1323730**	**942474**
北京	1113752	13499	4238	46045	8745	129159	108866
天津	346360	9037	1635	14018	3664	21952	16923
河北	517717	19628	3866	18864	7472	45302	32521
山西	392785	9140	2336	24952	5916	30647	25758
内蒙古	167666	12841	2218	6531	2333	22772	17379
辽宁	631410	17279	4790	23864	12069	41742	25888
吉林	236429	6060	1267	10446	2770	16841	14977
黑龙江	313175	7755	1725	14311	4215	29123	19149
上海	871662	12807	3678	32657	8811	34678	35101
江苏	1215901	36252	10419	55236	20369	102553	64888
浙江	908792	39464	10648	58800	14161	138649	114923
安徽	408840	15557	3728	16683	15870	34313	22408
福建	254541	8663	1588	11142	2946	17114	13626
江西	203550	8282	2328	9611	2544	18232	12387
山东	870830	43312	10959	36714	13364	122652	84353
河南	408356	16962	4473	18898	5522	39707	24055
湖北	594463	22062	8500	27591	9756	65767	38089
湖南	416899	19496	5207	20902	5769	54925	32889
广东	1035500	30864	7473	35275	11930	106782	60711
广西	162425	6691	1016	6952	2319	10584	6588
海南	19250	553	18	1043	115	1008	486
重庆	276725	8980	2987	14008	3740	32880	23198
四川	648334	20464	8541	34601	12693	84459	52996
贵州	114280	3626	1043	5398	1565	9916	7769
云南	226399	7518	2040	11034	3309	29040	21299
西藏	12682	1006	133	785	162	1247	559
陕西	253750	8358	2633	13448	3226	32322	24137
甘肃	164844	5382	1636	6896	1945	19074	14518
青海	50817	1531	619	2308	677	4108	2669
宁夏	58057	1604	271	2385	817	8391	6752
新疆	197721	6208	1647	10136	2614	17795	16612

各地区建筑业企业利润及税金情况

单位：万元

地区	利润总额	#应交所得税	税金总额	工程结算税金及附加	管理费用中的税金
全国总计	**7192468**	**1920046**	**9361916**	**8941034**	**420881**
北京	379578	97141	551785	538286	13499
天津	125943	47958	197532	188495	9037
河北	246200	77941	360742	341114	19628
山西	78450	23799	236960	227820	9140
内蒙古	127165	20641	134539	121698	12841
辽宁	293520	108701	402166	384887	17279
吉林	42391	17718	135131	129071	6060
黑龙江	44850	30248	178692	170937	7755
上海	668703	103280	558130	545323	12807
江苏	820677	242727	975121	938869	36252
浙江	997326	291488	1177825	1138361	39464
安徽	152987	38118	280958	265401	15557
福建	157343	45651	230795	222131	8663
江西	73777	23232	144074	135792	8282
山东	647971	166188	605752	562440	43312
河南	191762	40405	276315	259353	16962
湖北	284090	70020	383732	361670	22062
湖南	255705	58696	354809	335313	19496
广东	689142	173796	748019	717155	30864
广西	48715	16552	116961	110271	6691
海南	30235	6778	19145	18592	553
重庆	180833	50951	221091	212111	8980
四川	276323	70046	402370	381906	20464
贵州	43502	10761	86798	83172	3626
云南	90420	24465	144851	137333	7518
西藏	17795	2354	8518	7512	1006
陕西	69938	17242	166073	157714	8358
甘肃	68473	17149	93155	87773	5382
青海	6063	2021	26281	24750	1531
宁夏	16779	5643	35113	33509	1604
新疆	65813	18338	108485	102277	6208

各地区建筑业企业应收工程款及企业亏损情况

地　　区	应收工程款（万元）	#竣工工程	企业个数（个）	#亏损企业	亏损企业的比重（%）
全国总计	**53642543**	**30404392**	**59018**	**12777**	**21.6**
北　京	4845831	2142859	2545	766	30.1
天　津	1371757	612132	1151	338	29.4
河　北	2561388	1592724	2099	356	17.0
山　西	1708373	890345	1490	348	23.4
内蒙古	899053	625490	664	90	13.6
辽　宁	1891761	1050568	2985	739	24.8
吉　林	1539384	872138	996	289	29.0
黑龙江	1425602	903243	1815	597	32.9
上　海	2767753	1364030	2611	381	14.6
江　苏	4924393	2958260	5173	879	17.0
浙　江	2823153	1571273	3741	366	9.8
安　徽	1525537	942874	1917	400	20.9
福　建	1053722	622085	1601	349	21.8
江　西	452943	252115	1263	256	20.3
山　东	5417091	3269831	5377	1040	19.3
河　南	1073513	604185	2422	742	30.6
湖　北	2313242	1362830	2296	376	16.4
湖　南	1628711	855332	1881	294	15.6
广　东	4123314	2296669	3951	721	18.2
广　西	619482	362830	997	273	27.4
海　南	81490	60043	154	42	27.3
重　庆	1034015	625470	2346	593	25.3
四　川	2228820	1307912	3853	893	23.2
贵　州	394217	207523	613	200	32.6
云　南	1224231	814896	1572	430	27.4
西　藏	86156	52720	141	12	8.5
陕　西	1003008	507056	826	168	20.3
甘　肃	955595	567251	914	221	24.2
青　海	188210	97448	378	140	37.0
宁　夏	321703	200619	461	148	32.1
新　疆	1159097	811644	785	330	42.0

各地区建筑业企业主要经济效益指标

地　区	产　值 利润率 （%）	产　值 利税率 （%）	资　本 利润率 （%）	资　本 利税率 （%）	人均 利润 （元/人）	人均 利税 （元/人）	资　产 负债率 （%）
全国总计	**2.5**	**5.7**	**9.3**	**21.3**	**2675**	**6157**	**63.9**
北　京	2.3	5.6	5.5	13.5	3397	8336	64.9
天　津	1.9	4.9	8.3	21.3	3303	8483	71.3
河　北	2.5	6.0	8.4	20.8	2161	5326	59.3
山　西	1.1	4.4	3.4	13.6	1331	5350	67.8
内蒙古	3.6	7.4	13.6	28.1	3185	6555	59.5
辽　宁	2.4	5.6	8.4	19.9	2486	5892	60.7
吉　林	1.0	4.3	3.6	15.0	994	4163	70.3
黑龙江	0.9	4.3	1.8	9.0	711	3544	58.9
上　海	4.0	7.3	17.1	31.5	6718	12326	66.4
江　苏	2.2	4.9	14.0	30.5	2687	5879	70.4
浙　江	2.6	5.6	20.3	44.2	3677	8019	66.8
安　徽	1.9	5.5	7.3	20.8	1675	4750	62.0
福　建	2.3	5.8	7.6	18.6	2765	6820	61.6
江　西	1.6	4.7	5.2	15.3	1376	4062	60.0
山　东	3.3	6.4	12.1	23.5	2714	5252	65.2
河　南	2.3	5.7	6.6	16.0	1922	4691	58.9
湖　北	2.6	6.0	8.3	19.5	2776	6526	56.6
湖　南	2.5	5.9	9.8	23.3	2268	5414	57.5
广　东	3.6	7.6	12.5	26.0	4482	9346	67.7
广　西	1.5	5.0	3.8	12.8	1411	4799	57.9
海　南	5.2	8.4	13.5	22.0	4161	6796	56.8
重　庆	2.6	5.8	7.1	15.9	2204	4898	51.5
四　川	2.1	5.2	6.0	14.7	1653	4059	55.5
贵　州	1.7	5.1	5.9	17.6	1561	4674	66.0
云　南	2.0	5.2	4.9	12.7	1821	4739	59.8
西　藏	6.1	9.0	7.2	10.7	5909	8737	33.5
陕　西	1.3	4.5	5.1	17.1	1625	5483	69.0
甘　肃	2.3	5.5	5.7	13.5	1541	3638	59.3
青　海	0.7	3.6	1.5	7.9	578	3081	58.0
宁　夏	1.5	4.7	3.5	10.8	1072	3315	62.6
新　疆	1.9	5.1	7.2	19.0	2092	5541	69.1

二、按经济类型分组的建筑业企业

各地区国有建筑业企业签订合同情况

单位:万元

地区	合同总额	上年结转合同额	本年新签合同额
全国总计	**136084743**	**50267318**	**85817426**
北京	13463009	4751783	8711226
天津	4516288	1519495	2996793
河北	5485583	1919780	3565804
山西	5385314	1262685	4122629
内蒙古	643602	414416	229186
辽宁	5387142	1745232	3641910
吉林	4059472	1580057	2479415
黑龙江	1788498	510216	1278283
上海	7154813	2611048	4543765
江苏	6836181	2402286	4433896
浙江	3587079	1786350	1800729
安徽	3413158	1063002	2350156
福建	2981333	1269736	1711597
江西	2634725	921665	1713060
山东	6867407	2408964	4458443
河南	5059239	1910035	3149204
湖北	5998603	1772961	4225643
湖南	7344264	2688275	4655989
广东	13645572	5622699	8022873
广西	3014124	1403033	1611091
海南	484192	225857	258335
重庆	1758067	601697	1156370
四川	8535405	3114677	5420728
贵州	3158452	1428569	1729883
云南	2592570	1087173	1505397
西藏	70083	19207	50876
陕西	5608312	2481777	3126535
甘肃	1365378	589771	775606
青海	1208456	537909	670547
宁夏	568746	193195	375551
新疆	1469679	423771	1045909

各地区国有建筑业企业承包工程完成情况

单位:万元

地　　区	直接从建设单位承揽工程完成的产值	自行完成施工产值	分包出去工程的产值	从建设单位以外承揽工程完成的产值
全国总计	**74890546**	**69992830**	**4897716**	**3263246**
北　京	5718966	5424528	294438	234608
天　津	2722918	2479350	243568	78875
河　北	3341284	3330749	10536	40288
山　西	3004075	2846360	157715	123579
内蒙古	378716	378716		3049
辽　宁	3534599	3379239	155359	169497
吉　林	2053973	2045899	8074	31644
黑龙江	1407357	1355450	51907	15692
上　海	3650446	2974639	675808	394124
江　苏	4746014	4268691	477323	197117
浙　江	1787978	1630184	157794	153800
安　徽	2156516	2056683	99833	80335
福　建	1735431	1682496	52935	120731
江　西	1593580	1515937	77642	50101
山　东	4290070	4082087	207983	116363
河　南	2842378	2734194	108184	106224
湖　北	3667691	3495491	172200	169425
湖　南	3627551	3575308	52242	84602
广　东	6717008	5355737	1361271	532351
广　西	1558931	1555982	2949	93096
海　南	243933	242970	964	205
重　庆	1128902	991766	137136	57672
四　川	4308469	4176824	131645	206680
贵　州	1695393	1680220	15173	13803
云　南	1325195	1314898	10297	47992
西　藏	49829	49829		
陕　西	2779223	2697378	81845	79754
甘　肃	1021345	967371	53973	31608
青　海	492803	465170	27633	1490
宁　夏	365252	351282	13970	6817
新　疆	944722	887400	57322	21725

各地区国有建筑业总产值和竣工产值

单位:万元

地　　区	建筑业总产值	#装饰装修产　　值	#在外省完成的产值	按构成分组			竣工产值
				建筑工程产　　值	安装工程产　　值	其他产值	
全国总计	**73256076**	**2409065**	**21160042**	**60076961**	**10369038**	**2810077**	**46309034**
北　　京	5659136	677898	1942388	4919015	633415	106706	3190833
天　　津	2558226	49154	1145295	2162175	329582	66468	1556903
河　　北	3371037	53997	1497119	2578091	591086	201860	1763456
山　　西	2969939	60011	658432	2482750	388189	99000	1462765
内 蒙 古	381765	1649	25726	325642	39148	16976	200334
辽　　宁	3548736	81016	886599	2648991	725570	174174	2250758
吉　　林	2077542	24718	837077	1928475	116466	32601	1084772
黑 龙 江	1371141	38500	274082	848557	474336	48249	1042318
上　　海	3368763	155578	1162418	2610832	537290	220641	2352386
江　　苏	4465808	66884	1269546	3535220	762986	167602	3157080
浙　　江	1783984	12386	165939	1265064	403125	115795	1186014
安　　徽	2137019	65945	669741	1789003	290116	57900	1357427
福　　建	1803227	76658	301182	1696254	79415	27559	1186037
江　　西	1566038	44255	316802	1305744	214838	45456	1095852
山　　东	4198451	144282	967928	3292053	755723	150675	2639444
河　　南	2840418	42110	938241	2152924	574691	112804	1849685
湖　　北	3664916	46071	1545577	3032535	377449	254931	2180205
湖　　南	3659911	71665	1464757	3055638	446480	157793	2115342
广　　东	5888088	369298	969201	5196361	542508	149219	4535461
广　　西	1649077	102991	150680	1453323	161991	33763	1134001
海　　南	243175	3733	7779	230238	9664	3273	165461
重　　庆	1049438	50178	266473	877733	127444	44261	620233
四　　川	4383504	86924	1726799	3472986	628410	282108	2408011
贵　　州	1694023	10674	303089	1362444	282815	48764	1177995
云　　南	1362890	11126	288738	1206033	131573	25284	932884
西　　藏	49829	1171		43129	2168	4532	47913
陕　　西	2777132	29510	796971	2476548	213586	86997	1637577
甘　　肃	998980	19605	236143	745521	223627	29832	821879
青　　海	466660	481	174605	357974	100999	7686	233246
宁　　夏	358100	442	26411	270125	79463	8511	290748
新　　疆	909125	10155	144304	755582	124885	28657	632014

各地区国有建筑业企业房屋建筑面积

地区	房屋建筑施工面积（万平方米）	#本年新开工	#实行投标承包面积	#本年新开工	房屋建筑竣工面积（万平方米）	房屋建筑面积竣工率（%）
全国总计	**52397.9**	**25959.8**	**43752.6**	**22510.6**	**20552.5**	**39.2**
北京	4924.1	2283.3	4534.6	2212.5	1532.4	31.1
天津	1221.3	600.0	1027.5	460.6	474.8	38.9
河北	1799.5	864.5	1629.8	738.5	696.4	38.7
山西	1689.6	890.3	1294.1	680.4	502.4	29.7
内蒙古	32.8	26.7	27.1	23.3	25.4	77.4
辽宁	1308.5	639.3	1199.6	606.5	519.9	39.7
吉林	1257.0	754.2	1195.2	716.6	721.4	57.4
黑龙江	580.9	365.5	492.2	318.5	404.7	69.7
上海	2003.7	928.0	1722.5	788.6	635.9	31.7
江苏	2887.3	1623.8	2176.1	1243.3	1274.4	44.1
浙江	576.9	295.8	447.5	214.7	152.5	26.4
安徽	1574.6	833.9	1385.4	752.3	669.6	42.5
福建	1587.7	726.8	1189.8	579.3	657.8	41.4
江西	1361.8	737.7	1172.4	620.4	626.3	46.0
山东	3013.1	1461.2	2366.7	1227.6	1152.8	38.3
河南	1981.2	1035.0	1720.0	963.7	821.1	41.4
湖北	2587.8	1360.7	2068.1	1172.5	1192.0	46.1
湖南	2762.4	1321.7	2376.5	1210.7	1148.5	41.6
广东	6842.1	3206.8	5293.0	2706.6	2335.2	34.1
广西	1869.7	877.7	1543.1	706.0	673.4	36.0
海南	325.5	169.0	292.0	147.4	135.0	41.5
重庆	898.5	482.9	736.1	416.6	363.8	40.5
四川	3437.5	1745.6	2800.6	1517.7	1544.6	44.9
贵州	1482.5	592.7	1258.1	561.6	551.9	37.2
云南	1005.2	485.7	854.3	427.9	411.7	41.0
西藏	20.0	17.2	17.0	14.4	19.0	94.8
陕西	1824.4	870.1	1628.5	800.6	671.5	36.8
甘肃	741.6	317.1	605.5	284.9	285.8	38.5
青海	53.6	28.6	36.2	19.8	29.9	55.8
宁夏	312.3	150.6	303.3	148.8	134.1	42.9
新疆	435.0	267.2	359.4	228.4	188.0	43.2

各地区按主要用途分的国有建筑业企业房屋建筑竣工面积

单位:万平方米

地区	合计	厂房、仓库	住宅	办公用房	批发和零售用房	住宿和餐饮用房
全国总计	**20552.5**	**3346.3**	**10725.2**	**2121.1**	**569.4**	**345.3**
北京	1532.4	100.8	915.5	196.5	77.0	19.6
天津	474.8	115.6	222.3	23.1	19.2	0.4
河北	696.4	158.6	359.0	71.4	12.1	8.4
山西	502.4	124.4	217.1	48.2	18.0	17.6
内蒙古	25.4	5.7	11.1	0.5	2.5	
辽宁	519.9	73.2	317.1	36.7	5.6	10.3
吉林	721.4	89.7	470.7	56.7	5.7	5.7
黑龙江	404.7	55.0	228.7	11.3	1.7	7.6
上海	635.9	198.4	259.9	51.3	12.1	9.0
江苏	1274.4	316.0	559.0	179.1	40.4	33.3
浙江	152.5	37.9	91.5	3.6	5.1	6.3
安徽	669.6	141.3	342.5	48.9	22.7	3.8
福建	657.8	61.0	394.8	64.5	8.5	3.1
江西	626.3	80.8	352.0	70.0	28.4	5.4
山东	1152.8	187.3	577.2	125.5	30.7	5.8
河南	821.1	141.3	433.7	67.3	47.6	8.9
湖北	1192.0	220.5	577.5	93.4	14.6	13.4
湖南	1148.5	117.0	593.8	184.3	46.2	20.3
广东	2335.2	431.5	1153.1	225.4	28.2	31.1
广西	673.4	40.6	422.3	83.2	17.5	21.9
海南	135.0	10.4	77.7	7.9	3.7	1.9
重庆	363.8	65.2	154.1	41.8	16.7	8.0
四川	1544.6	277.9	770.3	175.4	43.3	25.4
贵州	551.9	78.7	287.1	42.1	10.5	17.3
云南	411.7	50.3	186.0	61.3	26.7	14.1
西藏	19.0	0.5	7.6	3.0		0.6
陕西	671.5	73.1	383.3	79.7	4.6	34.0
甘肃	285.8	40.7	167.2	29.3	12.1	2.6
青海	29.9	5.8	14.3	3.2	1.3	0.2
宁夏	134.1	23.3	70.2	20.6	2.9	2.0
新疆	188.0	23.4	108.6	15.9	4.0	7.3

续表

单位:万平方米

地　区	居民服务业用房	教育用房	文化、体育和娱乐用房	卫生医疗用房	科研用房	其他用房
全国总计	**305.5**	**1232.3**	**403.0**	**276.0**	**147.8**	**1080.6**
北　京	13.7	60.5	31.1	27.5	11.9	78.3
天　津	17.8	18.3	13.2	1.2	0.5	43.2
河　北	15.4	24.6	9.3	7.7	4.3	25.5
山　西	5.5	32.9	2.7	3.5	7.1	25.4
内蒙古	4.9	0.3				0.4
辽　宁	10.2	35.7	6.0	3.9	3.5	17.8
吉　林	9.5	25.4	8.2	7.1	0.2	42.5
黑龙江	5.1	21.9	10.8	18.5	0.9	43.0
上　海	1.0	35.3	9.2	4.5	0.4	55.0
江　苏	15.1	51.6	11.8	23.8	2.0	42.2
浙　江		1.2	5.8		0.6	0.5
安　徽	13.5	45.6	13.0	8.5	2.8	27.0
福　建	26.2	32.1	16.3	12.6	3.5	35.1
江　西	10.9	43.3	7.1	7.6	0.2	20.7
山　东	22.2	84.0	33.7	13.9	6.1	66.4
河　南	5.4	63.8	14.4	7.2	2.5	29.2
湖　北	19.1	69.8	18.1	17.4	16.9	131.2
湖　南	23.4	64.1	25.2	22.1	3.0	49.0
广　东	21.5	180.6	56.3	9.1	43.2	155.2
广　西	9.7	30.4	11.2	8.3	0.6	27.7
海　南	3.7	11.5	4.5	1.6	0.6	11.5
重　庆	2.4	41.3	15.8	2.7	11.4	4.5
四　川	12.5	110.6	32.9	18.9	9.2	68.3
贵　州	21.0	30.3	15.8	18.2	3.5	27.4
云　南	1.6	33.9	8.2	13.2	0.4	16.1
西　藏	0.9	0.3		0.1	0.3	5.7
陕　西	5.7	45.9	9.5	7.1	11.5	16.9
甘　肃	2.2	18.5	3.1	3.7	0.6	5.9
青　海	0.1	1.2	0.2	0.2		3.6
宁　夏		6.2	6.3	2.3	0.1	0.3
新　疆	5.2	11.5	3.3	3.8		5.0

各地区按主要用途分的国有建筑业企业房屋建筑竣工价值

单位:万元

地区	合计	厂房、仓库	住宅	办公用房	批发和零售用房	住宿和餐饮用房
全国总计	**19135083**	**3389000**	**8844624**	**2322603**	**501746**	**381030**
北京	2097575	161096	1111630	342742	110977	33995
天津	520633	123254	198646	56154	23758	305
河北	729860	234810	278078	85456	8706	9188
山西	447753	146900	151987	48161	11683	16549
内蒙古	18394	3602	6232	388	1975	
辽宁	408766	61809	222020	37343	4602	11226
吉林	582554	91236	329211	51719	3421	4204
黑龙江	370172	76737	178971	12179	1106	6188
上海	683931	187137	298135	54878	5798	10081
江苏	1122862	273826	461668	168181	32082	37864
浙江	140241	37158	83841	3251	2794	6668
安徽	542633	136056	261954	41574	15240	2833
福建	626555	46524	337050	68999	8435	3661
江西	383000	51786	191613	44582	19191	4621
山东	1024697	204296	444628	127049	19713	3855
河南	561264	101967	273351	56810	32309	5520
湖北	1054271	202975	409345	113547	10122	15464
湖南	1018646	99928	483456	201865	36226	17932
广东	2643547	451276	1193177	267431	33832	34334
广西	538763	42099	289185	81803	13065	36035
海南	123857	9028	67574	9652	2315	2036
重庆	322903	100935	95888	43756	16399	3966
四川	1140228	247376	508050	128524	29078	22093
贵州	387130	69936	168160	37380	10417	13536
云南	363498	41598	147589	63225	24845	21594
西藏	13383	298	5187	2725		443
陕西	701802	72840	381835	98629	3974	41142
甘肃	249301	50334	124698	31192	11114	3760
青海	25566	6539	10175	3056	1135	123
宁夏	110699	23696	48116	19429	3191	2746
新疆	180601	31950	83172	20926	4245	9069

续表 单位:万元

地区	居民服务业用房	教育用房	文化、体育和娱乐用房	卫生医疗用房	科研用房	其他用房
全国总计	**289083**	**1213141**	**471353**	**276169**	**171266**	**1275067**
北京	17484	103179	58694	39880	13452	104446
天津	17188	22435	23355	1519	666	53355
河北	16482	26354	8060	8489	12350	41889
山西	4345	28091	1999	4590	8886	24562
内蒙古	5680	227				289
辽宁	9591	26844	3598	3514	2964	25255
吉林	10702	25220	8591	5283	136	52832
黑龙江	5637	20142	9343	18862	774	40233
上海	1462	51426	19036	5699	728	49553
江苏	10692	47975	14586	19882	3727	52380
浙江		999	4510		450	571
安徽	10060	35140	10755	8350	1666	19005
福建	35027	35618	22198	17560	2719	48763
江西	9722	36116	5418	6521	163	13268
山东	24422	91508	31242	8689	5406	63889
河南	3904	48919	11911	5335	1626	19613
湖北	11279	63656	19944	9644	18622	179673
湖南	20646	58217	29055	25084	2676	43561
广东	21136	222286	83340	7954	56465	272317
广西	6052	24118	11773	10788	1838	22007
海南	3008	11397	4239	1398	1120	12089
重庆	1219	24704	17690	4302	4382	9663
四川	9833	79044	27892	18844	13079	56417
贵州	17025	20685	11964	15506	2325	20196
云南	2410	28303	7226	11121	270	15319
西藏	655	251		74	547	3204
陕西	5990	46380	12850	8772	13760	15630
甘肃	2177	15409	2998	2468	368	4783
青海	46	819	187	164		3323
宁夏		4247	6355	2593	83	242
新疆	5212	13433	2547	3286	20	6741

各地区国有建筑业企业施工机械设备情况

地　　区	年末自有施工机械设备总台数（台）	年末自有施工机械设备总功率（千瓦）	年末自有施工机械设备净值（万元）	技术装备率（元/人）	动力装备率（千瓦/人）
全国总计	**1485122**	**35135317**	**6037890**	**12919**	**7.5**
北　京	47451	1479712	249947	16523	9.8
天　津	31146	961812	223257	30216	13.0
河　北	91359	1750269	253659	13170	9.1
山　西	52064	1186268	188622	10524	6.6
内蒙古	6622	209915	30224	13060	9.1
辽　宁	68546	2134277	390148	18258	10.0
吉　林	42341	1025844	173666	11374	6.7
黑龙江	43653	1176973	157527	13720	10.3
上　海	28926	794612	234417	18035	6.1
江　苏	91861	2106390	366834	12063	6.9
浙　江	29292	558246	144875	18646	7.2
安　徽	52864	1288881	196990	11739	7.7
福　建	19443	454174	66505	6935	4.7
江　西	40865	1003009	156323	9465	6.1
山　东	71352	2731155	324872	12122	10.2
河　南	102984	1897809	370519	13710	7.0
湖　北	98051	1892192	299719	10646	6.7
湖　南	83681	2005289	273091	9788	7.2
广　东	153228	2738845	513276	14832	7.9
广　西	39460	890485	128844	8954	6.2
海　南	8008	256984	21020	5261	6.4
重　庆	19605	380309	70294	7466	4.0
四　川	80885	1698039	373994	12366	5.6
贵　州	31068	611489	139726	9078	4.0
云　南	27407	642814	124770	12952	6.7
西　藏	940	23153	16135	24183	3.5
陕　西	37581	1002774	196213	13644	7.0
甘　肃	37805	989454	131458	13117	9.9
青　海	15783	479788	75075	25746	16.5
宁　夏	10761	239052	38850	16599	10.2
新　疆	20090	525304	107043	20250	9.9

各地区国有建筑业企业主要生产效益指标

地　区	建筑业企业个数（个）	计算建筑业劳动生产率的平均人数（人）	按总产值计算的劳动生产率（元/人）	人均竣工产值（元/人）	人均施工面积（平方米/人）	人均竣工面积（平方米/人）
全国总计	**6513**	**5419642**	**135168**	**85447**	**96.7**	**37.9**
北　京	245	345568	163763	92336	142.5	44.3
天　津	159	114106	224197	136444	107.0	41.6
河　北	228	215988	156075	81646	83.3	32.2
山　西	222	198515	149608	73685	85.1	25.3
内蒙古	22	26980	141499	74253	12.2	9.4
辽　宁	378	263441	134707	85437	49.7	19.7
吉　林	229	195958	106020	55357	64.1	36.8
黑龙江	239	145796	94045	71492	39.8	27.8
上　海	184	188493	178721	124800	106.3	33.7
江　苏	346	322591	138436	97866	89.5	39.5
浙　江	135	86755	205635	136708	66.5	17.6
安　徽	210	185900	114955	73019	84.7	36.0
福　建	131	112074	160896	105826	141.7	58.7
江　西	213	157959	99142	69376	86.2	39.6
山　东	494	351949	119291	74995	85.6	32.8
河　南	348	281587	100872	65688	70.4	29.2
湖　北	428	270278	135598	80665	95.7	44.1
湖　南	290	286606	127698	73807	96.4	40.1
广　东	523	363976	161771	124609	188.0	64.2
广　西	156	143047	115282	79275	130.7	47.1
海　南	45	41737	58264	39644	78.0	32.3
重　庆	129	92438	113529	67097	97.2	39.4
四　川	331	343064	127775	70191	100.2	45.0
贵　州	132	151097	112115	77963	98.1	36.5
云　南	119	104585	130314	89199	96.1	39.4
西　藏	19	5517	90319	86847	36.3	34.4
陕　西	145	155989	178034	104980	117.0	43.0
甘　肃	156	107503	92926	76452	69.0	26.6
青　海	75	39082	119405	59681	13.7	7.7
宁　夏	75	43941	81496	66168	71.1	30.5
新　疆	107	77122	117881	81950	56.4	24.4

各地区国有建筑业企业营业额

地　　区	企业营业额	在境外完成的营业额	企业总产值	#建筑业总产值
全国总计	**80851592**	**3208972**	**77642620**	**73256076**
北　　京	8162030	1940473	6221557	5659136
天　　津	2739764	76258	2663506	2558226
河　　北	3576261	37064	3539197	3371037
山　　西	3175685	22035	3153650	2969939
内 蒙 古	393658	11324	382334	381765
辽　　宁	3733966	25851	3708115	3548736
吉　　林	2201189	7481	2193708	2077542
黑 龙 江	1471700	28906	1442794	1371141
上　　海	3988179	95014	3893165	3368763
江　　苏	5075570	204309	4871261	4465808
浙　　江	1824301	10109	1814192	1783984
安　　徽	2360986	55246	2305740	2137019
福　　建	1865335	20541	1844793	1803227
江　　西	1652319	23065	1629254	1566038
山　　东	4665533	156593	4508941	4198451
河　　南	3025550	49977	2975573	2840418
湖　　北	3885140	46351	3838789	3664916
湖　　南	3919364	95257	3824107	3659911
广　　东	6138309	20735	6117574	5888088
广　　西	1920270	9937	1910333	1649077
海　　南	245210	80	245130	243175
重　　庆	1155430	9337	1146093	1049438
四　　川	4641224	144255	4496969	4383504
贵　　州	1721175	3211	1717964	1694023
云　　南	1424198	15652	1408546	1362890
西　　藏	60203		60203	49829
陕　　西	2928622	75822	2852800	2777132
甘　　肃	1091994	17892	1074101	998980
青　　海	496155	163	495992	466660
宁　　夏	369990		369990	358100
新　　疆	942283	6034	936248	909125

各地区国有建筑业企业资产构成

单位:万元

地　　区	资产合计	#流动资产小计	#长期投资	#固定资产小计	#无形及递延资产
全国总计	**88963661**	**59248707**	**10696036**	**17061102**	**1466659**
北　　京	14869919	8104386	5493659	1108517	100991
天　　津	2590144	1879305	203629	466200	14918
河　　北	3315143	2313489	76443	784246	97647
山　　西	3927283	2493833	461711	927607	26041
内 蒙 古	262565	154602	3675	88212	14996
辽　　宁	3357443	2365137	50479	880472	52283
吉　　林	2214230	1651465	64087	441398	46126
黑 龙 江	1780365	1239286	69399	447881	18797
上　　海	5368299	3176044	986374	1084609	101491
江　　苏	4304397	3262878	155639	814641	55405
浙　　江	1425510	1083888	53567	259382	8904
安　　徽	2005396	1420037	32927	438866	104619
福　　建	1589140	1173519	140740	247205	21157
江　　西	1816731	1196745	110631	451570	48394
山　　东	4504501	3392014	121093	838688	122001
河　　南	3069340	2049736	115258	817942	59658
湖　　北	3253660	2129627	110801	893982	95546
湖　　南	2914512	1984564	105480	720768	72428
广　　东	8868848	6336812	716826	1663695	111885
广　　西	2207580	1357087	345864	465299	35221
海　　南	206882	145468	3555	50793	6769
重　　庆	1180583	819148	110299	216348	31671
四　　川	4824356	3180276	709014	839117	70417
贵　　州	1693573	1272982	42691	315744	49686
云　　南	1543518	996740	153580	352573	34758
西　　藏	96634	50286	1510	41794	2852
陕　　西	2497382	1850567	136776	473093	25059
甘　　肃	1254102	809976	18400	405732	16608
青　　海	535522	342621	23646	154230	2693
宁　　夏	395092	246621	38812	102698	4995
新　　疆	1091011	769570	39473	267800	12647

各地区国有建筑业企业流动资产、无形及递延资产

单位:万元

地　　区	流动资产	#存货	无形及递延资产	#无形资产
全国总计	**59248707**	**11307651**	**1466659**	**1227424**
北　京	8104386	1550508	100991	40096
天　津	1879305	368254	14918	13159
河　北	2313489	415688	97647	94825
山　西	2493833	301490	26041	25049
内蒙古	154602	16585	14996	13522
辽　宁	2365137	452885	52283	39073
吉　林	1651465	228178	46126	39264
黑龙江	1239286	180955	18797	17391
上　海	3176044	767731	101491	100993
江　苏	3262878	838591	55405	51476
浙　江	1083888	268588	8904	6755
安　徽	1420037	221322	104619	103243
福　建	1173519	207889	21157	18237
江　西	1196745	253536	48394	40756
山　东	3392014	494520	122001	82844
河　南	2049736	408821	59658	54031
湖　北	2129627	399513	95546	64441
湖　南	1984564	311433	72428	66176
广　东	6336812	1554140	111885	88558
广　西	1357087	290363	35221	32867
海　南	145468	8812	6769	6374
重　庆	819148	151891	31671	30687
四　川	3180276	522291	70417	61799
贵　州	1272982	200219	49686	47451
云　南	996740	200326	34758	33813
西　藏	50286	8497	2852	2827
陕　西	1850567	310509	25059	17884
甘　肃	809976	146785	16608	15853
青　海	342621	74950	2693	1783
宁　夏	246621	48425	4995	4837
新　疆	769570	103955	12647	11363

各地区国有建筑业企业固定资产情况

单位:万元

地区	固定资产小计	固定资产原价	#生产经营用	固定资产折旧	#本年折旧	在建工程
全国总计	**17061102**	**23640793**	**17113633**	**8659659**	**1248851**	**1660334**
北京	1108517	1557533	1170659	586700	90925	123443
天津	466200	755427	634963	321236	39431	30014
河北	784246	1092576	753527	385084	58197	64670
山西	927607	1221963	916694	341704	64476	34733
内蒙古	88212	127836	106363	47173	6187	1158
辽宁	880472	1435807	1160592	583288	75081	21692
吉林	441398	675301	456350	259177	36840	16184
黑龙江	447881	652811	541647	233567	26292	20914
上海	1084609	1628773	715391	662026	71379	79820
江苏	814641	1213005	778362	469625	45000	42441
浙江	259382	384468	318158	146199	24583	16367
安徽	438866	597716	466317	207516	26157	41416
福建	247205	338064	251595	159385	15266	21863
江西	451570	596237	413663	194356	22252	17541
山东	838688	1211541	948571	448119	78641	56685
河南	817942	1064253	750690	343124	76814	77747
湖北	893982	1194598	801914	379368	57391	63858
湖南	720768	1013294	719734	385157	56906	74429
广东	1663695	1895205	1555490	724733	91571	456551
广西	465299	538118	426520	186399	22128	110394
海南	50793	50674	28171	15411	1357	3711
重庆	216348	286135	241652	100154	15034	26019
四川	839117	1244347	905876	489275	83989	70914
贵州	315744	428907	310000	153006	27675	25068
云南	352573	473390	353399	171263	26079	48975
西藏	41794	46376	38569	9485	4341	662
陕西	473093	690200	498561	243416	38363	18112
甘肃	405732	501455	344271	141780	21154	36250
青海	154230	217396	130080	83472	16570	16028
宁夏	102698	140818	94929	41589	6738	1581
新疆	267800	366569	280926	146872	22037	41094

各地区国有建筑业企业负债及所有者权益

单位:万元

地区	负债合计	流动负债	长期负债	所有者权益	#实收资本
全国总计	**61451492**	**56208859**	**5242632**	**27510331**	**19905359**
北京	8808325	7332238	1476086	6059756	3773686
天津	1983877	1818493	165384	606267	561352
河北	2446543	2133538	313005	868601	669595
山西	2834806	2457179	377626	1092478	1054122
内蒙古	168930	152509	16421	93636	62110
辽宁	2349514	2233812	115702	1007930	839074
吉林	1742529	1685987	56542	471702	470875
黑龙江	1217846	1145836	72010	562519	560945
上海	3098118	2775732	322385	2270181	817237
江苏	3355586	3223925	131661	948810	756613
浙江	1008926	980675	28251	416585	279306
安徽	1476774	1376971	99803	528622	484393
福建	1145166	1122645	22522	443974	336896
江西	1226743	1128950	97793	589989	481910
山东	3357499	3198194	159305	1147003	856075
河南	2158991	2104159	54832	910349	832340
湖北	2204302	2067850	136452	1049358	802223
湖南	2031863	1833844	198019	882649	725196
广东	6453178	5982956	470221	2415671	1546220
广西	1393738	1160736	233001	813842	568869
海南	149270	118955	30315	57612	58004
重庆	815426	768715	46711	365157	343323
四川	3325610	3134041	191569	1498746	999550
贵州	1261721	1166226	95495	431852	331037
云南	1110652	973137	137516	432866	370459
西藏	51114	45679	5435	45520	30684
陕西	1922544	1832595	89950	574838	471416
甘肃	848488	809571	38916	405615	329684
青海	361765	346779	14986	173757	145830
宁夏	272371	263662	8709	122721	125708
新疆	869281	833271	36009	221730	220627

各地区国有建筑业企业实收资本

单位:万元

地区	合计	国家资本	集体资本	法人资本	个人资本	港澳台资本	外商资本
全国总计	**19905359**	**15700413**	**4691**	**4196957**	**3298**		
北京	3773686	3362436		411251			
天津	561352	274417		286935			
河北	669595	515324		154271			
山西	1054122	827776		226346			
内蒙古	62110	62109		1			
辽宁	839074	817741		21332			
吉林	470875	435409		35466			
黑龙江	560945	508842		52103			
上海	817237	484606		331431	1200		
江苏	756613	547078		209535			
浙江	279306	176307		101959	1040		
安徽	484393	409321		75072			
福建	336896	255014	520	81362			
江西	481910	375410		106290	210		
山东	856075	651345		204729			
河南	832340	637598		194742			
湖北	802223	544061		258161			
湖南	725196	569023		156173			
广东	1546220	865487		680733			
广西	568869	456664		112205			
海南	58004	53388		4616			
重庆	343323	223451		119873			
四川	999550	968269	32	31249			
贵州	331037	330115		922			
云南	370459	288960	1039	79927	534		
西藏	30684	18761		11923			
陕西	471416	335118		136298			
甘肃	329684	274634		55050			
青海	145830	131081	3100	11335	314		
宁夏	125708	125389		319			
新疆	220627	175281		45346			

各地区国有建筑业企业收入情况

单位:万元

地区	工程结算收入	工程结算成本	工程结算税金及附加	工程结算利润	经营费用	其他业务收入	#其他业务利润
全国总计	**76367031**	**68752176**	**2349243**	**4978097**	**287515**	**2199304**	**337513**
北京	7234489	6554926	199491	463178	16895	194758	33910
天津	2580828	2357436	75438	145910	2044	54741	5452
河北	3207013	2834785	118178	241877	12173	146782	9427
山西	3171387	2849785	96762	210170	14671	67104	16923
内蒙古	364185	321398	14166	26868	1753	1391	267
辽宁	3336997	2992878	103991	235005	5123	162517	19477
吉林	2019045	1831727	59308	118837	9173	26569	5598
黑龙江	1502631	1346867	51915	98759	5090	32504	1587
上海	3933315	3572159	113039	235316	12801	175801	20831
江苏	4340874	3909990	139141	268189	23556	93695	9558
浙江	1897451	1691563	52546	150706	2637	29396	7343
安徽	2030746	1808958	75173	137260	9355	97338	6951
福建	1745642	1597520	57393	87955	2774	41525	10647
江西	1510283	1354251	48177	105707	2148	27101	4694
山东	4097800	3630155	129059	322255	16332	137332	16736
河南	2878855	2565205	93827	214245	5577	79855	11786
湖北	3552978	3157522	116776	259670	19011	116899	14323
湖南	3352923	3024127	101417	221086	6292	46502	12317
广东	7654669	6990939	228720	412525	22485	174875	41907
广西	1564210	1429387	50035	81936	2852	58349	11506
海南	225387	199882	7938	14079	3488	515	443
重庆	1152160	1048915	32414	64397	6434	30683	7206
四川	4317562	3864356	121609	317019	14579	172605	25453
贵州	1777889	1613293	53634	92325	18637	36273	10565
云南	1387969	1246652	42071	95288	3959	38500	4438
西藏	51393	45104	1383	4292	614	498	262
陕西	2791810	2511698	86473	159343	34296	67655	11269
甘肃	979088	876263	27871	70463	4491	31126	4384
青海	431902	382202	13004	34490	2206	11512	3057
宁夏	365324	331853	11523	21685	263	15961	2223
新疆	910226	810382	26773	67263	5808	28945	6974

各地区国有建筑业企业费用情况

单位:万元

地区	管理费用	#税金	#财产保险费	#差旅费	#工会经费	财务费用	#利息支出
全国总计	**4198136**	**100915**	**28121**	**196006**	**66324**	**382372**	**285868**
北京	433675	4857	1194	16693	3730	61263	48551
天津	135742	3704	508	6619	1770	6511	5573
河北	215625	6180	679	7796	3115	19605	16353
山西	183805	3535	1090	12231	3346	13637	11448
内蒙古	15512	1236	287	466	211	1925	1390
辽宁	226857	6478	2112	9810	5026	14989	10445
吉林	114380	1782	371	5652	1157	9291	8985
黑龙江	90201	1840	387	3959	1824	9839	3957
上海	212166	2893	735	10661	2762	8929	10147
江苏	185707	3664	1304	7353	3298	12201	8885
浙江	104101	5248	1053	4623	1292	3428	2555
安徽	123065	3160	517	5310	1833	6939	5341
福建	79388	1442	202	3389	1110	7629	6473
江西	82152	1554	427	3824	1442	7391	5819
山东	240899	7525	2510	10965	4586	18864	14965
河南	166207	5635	1840	7874	2634	11944	7474
湖北	211808	5862	2433	10340	3252	19270	11702
湖南	166335	5140	1198	10788	2367	17153	12227
广东	334547	9274	1682	12426	4790	41665	26349
广西	82241	1768	430	3820	1560	5189	4454
海南	6943	150	3	289	55	501	243
重庆	51684	1235	921	2948	1214	3367	2449
四川	258657	4939	2540	13156	7141	35723	22778
贵州	74707	1939	695	3724	994	7568	6028
云南	83845	1709	662	4310	1409	8134	6426
西藏	3952	473	14	157	37	277	150
陕西	131271	2695	699	7922	1717	15812	13463
甘肃	68983	1270	557	2652	1049	5790	4821
青海	30177	708	362	1505	500	1811	1105
宁夏	19747	583	83	990	325	1550	1317
新疆	63757	2438	627	3756	782	4179	3996

各地区国有建筑业企业利润及税金情况

单位:万元

地区	利润总额	#应交所得税	税金总额	工程结算税金及附加	管理费用中的税金
全国总计	**949610**	**276095**	**2450159**	**2349243**	**100915**
北京	129669	18901	204347	199491	4857
天津	13537	9011	79142	75438	3704
河北	25380	10667	124358	118178	6180
山西	29673	9505	100297	96762	3535
内蒙古	8269	809	15402	14166	1236
辽宁	21013	14599	110469	103991	6478
吉林	583	4050	61090	59308	1782
黑龙江	-3328	6002	53754	51915	1840
上海	90198	14007	115932	113039	2893
江苏	79711	23577	142805	139141	3664
浙江	39155	16083	57794	52546	5248
安徽	15584	4556	78333	75173	3160
福建	12745	5111	58835	57393	1442
江西	22085	7465	49730	48177	1554
山东	78225	21745	136584	129059	7525
河南	56030	9474	99462	93827	5635
湖北	41648	15570	122637	116776	5862
湖南	55328	12506	106558	101417	5140
广东	91869	30313	237994	228720	9274
广西	3420	3761	51803	50035	1768
海南	6754	1582	8088	7938	150
重庆	20676	5954	33650	32414	1235
四川	54949	10276	126548	121609	4939
贵州	14426	4603	55574	53634	1939
云南	5367	3140	43780	42071	1709
西藏	64	155	1855	1383	473
陕西	22044	5599	89169	86473	2695
甘肃	1405	2644	29141	27871	1270
青海	3095	790	13712	13004	708
宁夏	2024	916	12105	11523	583
新疆	8013	2725	29211	26773	2438

各地区国有建筑业企业应收工程款及企业亏损情况

地　区	应收工程款（万元）	#竣工工程	企业个数（个）	#亏损企业	亏损企业的比重（%）
全国总计	**17188371**	**8775237**	**6513**	**1664**	**25.5**
北　京	1800415	669886	245	72	29.4
天　津	566400	238695	159	39	24.5
河　北	845789	482810	228	64	28.1
山　西	925202	500164	222	55	24.8
内蒙古	64071	43675	22	3	13.6
辽　宁	712387	391908	378	93	24.6
吉　林	745594	440032	229	81	35.4
黑龙江	453890	338162	239	82	34.3
上　海	687777	326736	184	33	17.9
江　苏	746280	358079	346	79	22.8
浙　江	156738	71296	135	9	6.7
安　徽	459854	254139	210	45	21.4
福　建	363888	159106	131	26	19.8
江　西	226288	118279	213	52	24.4
山　东	1436335	798427	494	139	28.1
河　南	448257	259973	348	101	29.0
湖　北	846096	456728	428	73	17.1
湖　南	656235	267805	290	60	20.7
广　东	1667923	804530	523	122	23.3
广　西	268164	133912	156	45	28.8
海　南	31380	26814	45	19	42.2
重　庆	237426	125704	129	28	21.7
四　川	887427	429947	331	84	25.4
贵　州	248435	134845	132	46	34.8
云　南	321166	184934	119	42	35.3
西　藏	9883	6675	19	4	21.1
陕　西	512815	237952	145	26	17.9
甘　肃	349393	192570	156	48	30.8
青　海	93197	38261	75	26	34.7
宁　夏	108875	66209	75	28	37.3
新　疆	310790	216986	107	40	37.4

各地区国有建筑业企业主要经济效益指标

地　　区	产　值 利润率 （%）	产　值 利税率 （%）	资　本 利润率 （%）	资　本 利税率 （%）	人均 利润 （元/人）	人均 利税 （元/人）	资　产 负债率 （%）
全国总计	**1.3**	**4.6**	**4.8**	**17.1**	**1752**	**6273**	**69.1**
北　京	2.3	5.9	3.4	8.9	3752	9666	59.2
天　津	0.5	3.6	2.4	16.5	1186	8122	76.6
河　北	0.8	4.4	3.8	22.4	1175	6933	73.8
山　西	1.0	4.4	2.8	12.3	1495	6547	72.2
内蒙古	2.2	6.2	13.3	38.1	3065	8774	64.3
辽　宁	0.6	3.7	2.5	15.7	798	4991	70.0
吉　林		3.0	0.1	13.1	30	3147	78.7
黑龙江	-0.2	3.7	-0.6	9.0	-228	3459	68.4
上　海	2.7	6.1	11.0	25.2	4785	10936	57.7
江　苏	1.8	5.0	10.5	29.4	2471	6898	78.0
浙　江	2.2	5.4	14.0	34.7	4513	11175	70.8
安　徽	0.7	4.4	3.2	19.4	838	5052	73.6
福　建	0.7	4.0	3.8	21.2	1137	6387	72.1
江　西	1.4	4.6	4.6	14.9	1398	4546	67.5
山　东	1.9	5.1	9.1	25.1	2223	6103	74.5
河　南	2.0	5.5	6.7	18.7	1990	5522	70.3
湖　北	1.1	4.5	5.2	20.5	1541	6078	67.7
湖　南	1.5	4.4	7.6	22.3	1930	5648	69.7
广　东	1.6	5.6	5.9	21.3	2524	9063	72.8
广　西	0.2	3.3	0.6	9.7	239	3861	63.1
海　南	2.8	6.1	11.6	25.6	1618	3556	72.2
重　庆	2.0	5.2	6.0	15.8	2237	5877	69.1
四　川	1.3	4.1	5.5	18.2	1602	5290	68.9
贵　州	0.9	4.1	4.4	21.1	955	4633	74.5
云　南	0.4	3.6	1.4	13.3	513	4699	72.0
西　藏	0.1	3.9	0.2	6.3	116	3479	52.9
陕　西	0.8	4.0	4.7	23.6	1413	7130	77.0
甘　肃	0.1	3.1	0.4	9.3	131	2841	67.7
青　海	0.7	3.6	2.1	11.5	792	4300	67.6
宁　夏	0.6	3.9	1.6	11.2	461	3215	68.9
新　疆	0.9	4.1	3.6	16.9	1039	4827	79.7

各地区集体建筑业企业签订合同情况

单位:万元

地区	合同总额	上年结转合同额	本年新签合同额
全国总计	**36934316**	**11439376**	**25494940**
北京	1691518	637927	1053591
天津	569771	131579	438193
河北	887628	281901	605727
山西	340285	84340	255945
内蒙古	44870	13584	31286
辽宁	1617004	323827	1293176
吉林	197987	25859	172128
黑龙江	525245	127002	398243
上海	1234570	423367	811204
江苏	3952869	780924	3171946
浙江	3622829	1399404	2223425
安徽	1120080	272212	847868
福建	1489497	526546	962951
江西	1749587	552248	1197339
山东	3792858	1034835	2758023
河南	1143416	361282	782135
湖北	1048437	238451	809986
湖南	1916358	620296	1296063
广东	3896675	1657529	2239146
广西	874420	310820	563600
海南	161015	45153	115862
重庆	817088	270071	547017
四川	1689361	483368	1205992
贵州	267459	102687	164772
云南	791379	210506	580873
西藏	54099	20122	33976
陕西	683539	288761	394778
甘肃	561570	171986	389584
青海	50418	13459	36959
宁夏	42311	15018	27293
新疆	100174	14313	85862

各地区集体建筑业企业承包工程完成情况

单位:万元

地　　区	直接从建设单位承揽工程完成的产值	自行完成施工产值	分包出去工程的产值	从建设单位以外承揽工程完成的产值
全国总计	**27014935**	**26724634**	**290301**	**836585**
北　京	1227292	1196054	31238	34345
天　津	485763	471928	13835	25638
河　北	722504	722454	50	5434
山　西	282631	281218	1413	15143
内蒙古	36819	36819		1961
辽　宁	1273790	1273119	671	19300
吉　林	192667	191128	1539	3782
黑龙江	482444	470603	11842	23732
上　海	886549	855553	30996	84693
江　苏	3221146	3177051	44095	157239
浙　江	2122854	2061257	61597	127049
安　徽	911139	903269	7870	34034
福　建	883318	880372	2946	19013
江　西	1181626	1180345	1281	4489
山　东	3081729	3069060	12669	53665
河　南	817556	812552	5004	20700
湖　北	843700	840444	3256	23033
湖　南	1402089	1387048	15041	28235
广　东	2350387	2331770	18617	43780
广　西	558296	557105	1191	26164
海　南	116930	116930		428
重　庆	655997	652862	3136	12048
四　川	1361794	1353240	8554	32574
贵　州	192879	192839	40	1227
云　南	655058	652672	2386	11054
西　藏	52378	50658	1720	1353
陕　西	430349	427478	2870	6778
甘　肃	417084	413963	3121	10006
青　海	47335	46089	1247	56
宁　夏	39192	39192		1468
新　疆	81643	79568	2075	8166

各地区集体建筑业总产值和竣工产值

单位:万元

地　　区	建筑业总产值	#装饰装修产　值	#在外省完成的产值	按构成分组			竣工产值
				建筑工程产　值	安装工程产　值	其他产值	
全国总计	**27561219**	**1182518**	**3207248**	**23547394**	**2903400**	**1110426**	**21703263**
北　京	1230399	148457	4629	906668	298777	24954	1051505
天　津	497565	21888	13061	368404	106135	23026	402096
河　北	727887	26239	137533	617175	86942	23770	599074
山　西	296361	17596	2081	234896	50977	10488	236234
内蒙古	38780			22561	16129	90	29421
辽　宁	1292419	39493	41127	976057	267665	48697	1105594
吉　林	194909	12462	5510	140374	48271	6264	150698
黑龙江	494335	35381	34784	396824	71215	26296	424568
上　海	940246	61088	32981	744916	121809	73521	712546
江　苏	3334290	74424	906114	3083644	156446	94200	2780498
浙　江	2188306	66302	864841	1967444	201059	19803	1540571
安　徽	937303	49732	109865	711826	169032	56445	717919
福　建	899384	26335	117266	826596	64085	8704	656690
江　西	1184834	48765	158414	978601	74032	132201	895451
山　东	3122725	124899	101160	2612242	367647	142836	2322438
河　南	833252	48257	57434	699650	101723	31879	629929
湖　北	863477	31452	54491	743306	50499	69672	688556
湖　南	1415283	70322	199019	1253473	89092	72718	1135876
广　东	2375550	128907	87931	2133607	173819	68123	1843774
广　西	583269	25016	3060	551300	17460	14509	446191
海　南	117358	4477	2359	112109	2214	3035	86452
重　庆	664910	27852	47133	592226	48573	24112	496186
四　川	1385814	36619	189167	1198686	133044	54084	1175891
贵　州	194066	1698	40	163898	27126	3042	157041
云　南	663726	32195	8339	580815	51165	31747	522129
西　藏	52011	972	347	46025	3858	2129	45110
陕　西	434256	8360	3444	407524	19152	7580	315980
甘　肃	423969	9702	19024	359963	44387	19619	372310
青　海	46145	471		35597	2331	8216	43464
宁　夏	40659	2225	6097	34805	3377	2477	40871
新　疆	87734	933		46185	35358	6191	78203

各地区集体建筑业企业房屋建筑面积

地　　区	房屋建筑施工面积（万平方米）	#本　年新开工	#实行投标承包面积	#本年新开工	房屋建筑竣工面积（万平方米）	房 屋 建 筑面积竣工率（%）
全国总计	**42858.3**	**26574.2**	**31245.7**	**20176.3**	**23393.3**	**54.6**
北　　京	1160.1	495.4	779.5	325.7	615.6	53.1
天　　津	492.5	336.1	410.1	290.3	300.6	61.0
河　　北	1237.8	859.5	899.1	743.6	716.4	57.9
山　　西	417.4	281.8	279.7	212.2	263.9	63.2
内 蒙 古	35.1	26.6	27.9	23.5	28.6	81.5
辽　　宁	1330.9	968.0	1090.8	834.4	867.1	65.2
吉　　林	163.2	141.2	147.1	126.7	137.2	84.1
黑 龙 江	558.9	361.5	449.2	311.0	358.8	64.2
上　　海	790.2	612.2	444.7	320.0	423.8	53.6
江　　苏	4521.5	3228.2	3744.8	2591.1	2747.7	60.8
浙　　江	3231.3	1724.9	2607.7	1032.4	1261.9	39.1
安　　徽	1496.2	1009.5	1141.3	783.6	913.7	61.1
福　　建	1594.7	834.4	983.9	564.4	674.5	42.3
江　　西	2422.8	1521.4	2059.8	1385.6	1253.9	51.8
山　　东	4732.4	3173.0	3381.6	2427.9	2717.1	57.4
河　　南	1635.6	929.2	1266.2	770.0	851.9	52.1
湖　　北	1638.1	1165.1	1176.7	893.8	941.3	57.5
湖　　南	2577.5	1593.2	2051.9	1335.2	1481.5	57.5
广　　东	5071.9	2587.9	2865.0	1510.4	2270.6	44.8
广　　西	1322.0	850.3	900.9	628.8	636.4	48.1
海　　南	236.9	132.6	191.5	102.8	112.5	47.5
重　　庆	1025.5	574.7	681.5	457.3	617.2	60.2
四　　川	2268.5	1402.1	1507.5	1082.4	1454.4	64.1
贵　　州	468.3	242.4	363.5	216.4	233.7	49.9
云　　南	847.7	569.3	567.8	419.1	573.0	67.6
西　　藏	35.6	28.9	12.5	8.9	34.2	96.2
陕　　西	727.9	375.2	535.1	328.2	372.5	51.2
甘　　肃	682.7	452.4	585.4	379.8	445.7	65.3
青　　海	57.2	42.0	31.5	25.0	37.3	65.3
宁　　夏	56.0	36.9	44.8	31.8	37.3	66.6
新　　疆	21.9	18.1	16.8	14.0	12.9	58.9

各地区按主要用途分的集体建筑业企业房屋建筑竣工面积

单位:万平方米

地区	合计	厂房、仓库	住宅	办公用房	批发和零售用房	住宿和餐饮用房
全国总计	**23393.3**	**3739.6**	**13568.9**	**1952.5**	**508.4**	**418.7**
北京	615.6	62.7	469.1	31.3	0.1	1.8
天津	300.6	69.5	173.5	17.6	0.7	1.6
河北	716.4	65.1	490.6	54.7	22.3	9.4
山西	263.9	19.7	170.6	24.1	5.6	4.6
内蒙古	28.6	1.2	17.2	1.9	0.9	0.2
辽宁	867.1	124.5	554.5	76.1	16.7	17.2
吉林	137.2	7.1	90.7	15.9	5.1	0.1
黑龙江	358.8	32.6	254.5	32.9	5.2	
上海	423.8	235.4	145.3	14.9	1.0	
江苏	2747.7	570.4	1521.2	225.1	51.7	27.0
浙江	1261.9	404.7	515.0	108.3	23.7	42.3
安徽	913.7	101.0	519.1	87.0	27.7	15.7
福建	674.5	101.1	411.3	36.3	8.1	12.6
江西	1253.9	67.1	843.9	123.0	33.6	23.8
山东	2717.1	425.1	1715.2	222.5	57.3	38.2
河南	851.9	126.1	472.0	74.3	26.8	22.5
湖北	941.3	146.4	583.9	69.1	19.1	15.4
湖南	1481.5	140.1	817.8	154.8	62.1	28.8
广东	2270.6	691.3	996.5	180.3	39.6	31.5
广西	636.4	41.0	392.5	58.6	3.9	10.3
海南	112.5	2.6	47.9	6.5	0.1	2.1
重庆	617.2	41.2	436.6	49.4	22.7	5.5
四川	1454.4	125.9	916.2	103.1	35.6	63.5
贵州	233.7	9.0	136.8	24.6	2.1	2.2
云南	573.0	69.9	292.8	66.1	10.9	19.5
西藏	34.2	1.5	17.8	5.1	0.4	2.4
陕西	372.5	28.1	220.1	40.1	5.2	13.9
甘肃	445.7	20.7	294.5	40.8	19.0	4.5
青海	37.3	4.5	23.2	2.4	0.5	1.6
宁夏	37.3	2.1	24.5	3.6	0.3	
新疆	12.9	2.0	4.1	2.0	0.4	0.3

续表 单位:万平方米

地　　区	居民服务业用　　房	教育用房	文化、体育和娱乐用房	卫生医疗用　　房	科研用房	其他用房
全国总计	**434.6**	**1479.7**	**236.6**	**201.7**	**43.5**	**809.2**
北　　京	7.1	18.5	2.6	0.7	0.4	21.3
天　　津	1.7	14.5	5.8	1.6	0.9	13.1
河　　北	7.5	36.6	6.3	2.5		21.4
山　　西	5.3	20.9	3.4	4.3		5.3
内 蒙 古	2.0	2.1				3.1
辽　　宁	12.0	34.6	4.5	4.8	1.5	20.8
吉　　林	2.5	7.0		2.2	0.2	6.5
黑 龙 江	8.8	13.6	1.8	3.2		6.1
上　　海		16.3	3.7	0.7		6.4
江　　苏	77.5	151.1	21.8	13.4	9.7	78.8
浙　　江	5.1	68.2	27.3	8.0	1.4	57.8
安　　徽	29.6	81.5	8.2	9.0	0.9	34.0
福　　建	24.3	53.0	6.4	3.1	1.4	16.9
江　　西	16.6	61.3	11.8	16.5	0.5	55.8
山　　东	42.7	117.3	8.2	13.4	4.5	72.7
河　　南	13.6	70.9	7.7	14.3	0.5	23.1
湖　　北	7.2	53.6	11.5	11.0		23.9
湖　　南	38.0	129.4	25.0	23.7	1.7	60.2
广　　东	50.5	143.9	32.8	13.2	4.2	86.8
广　　西	5.8	64.9	14.2	6.0	1.5	37.9
海　　南	5.7	8.3	0.4	4.5	0.2	34.2
重　　庆	9.1	29.0	4.7	0.7	3.0	15.4
四　　川	32.7	112.7	8.7	15.7	1.0	39.3
贵　　州	2.4	44.7	1.9	3.6		6.4
云　　南	10.8	43.2	8.2	10.1	6.6	35.1
西　　藏	2.3	4.3	0.1			0.3
陕　　西	2.5	38.7	4.9	4.1	2.3	12.5
甘　　肃	8.0	35.7	4.2	10.4	0.8	6.9
青　　海	0.8	2.0	0.6	0.3	0.1	1.4
宁　　夏	2.3	0.6				3.9
新　　疆	0.4	1.3		0.5		2.0

各地区按主要用途分的集体建筑业企业房屋建筑竣工价值

单位:万元

地　　区	合　　计	厂房、仓库	住宅	办公用房	批发和零售用房	住宿和餐饮用房
全国总计	**15589241**	**2447332**	**8781848**	**1439379**	**343759**	**302598**
北　京	640736	60224	478517	40903	37	1937
天　津	219685	46996	124468	16180	430	1186
河　北	466358	46986	298087	43692	17424	6195
山　西	172573	12358	111049	16801	3181	3173
内蒙古	19135	704	11544	1417	646	129
辽　宁	639611	102231	384436	64632	10942	15377
吉　林	98852	7111	63387	11496	3385	110
黑龙江	284875	30621	195505	26437	3944	
上　海	356924	193706	120018	16555	1070	6
江　苏	2055391	375047	1090958	196464	44003	25806
浙　江	1043953	274378	442776	97512	18206	41053
安　徽	509593	56900	284870	52734	16210	8993
福　建	498822	67502	296567	31629	6732	11688
江　西	645259	33699	426672	59931	15901	13324
山　东	1833806	286936	1115681	166771	40155	26105
河　南	473725	67673	260883	42762	14225	14255
湖　北	522916	81110	318837	42044	9438	8980
湖　南	865976	84308	451213	98803	39072	18510
广　东	1457748	390054	659575	134679	26602	23520
广　西	364277	21958	214745	39163	2081	7610
海　南	72847	2404	41332	6008	35	1521
重　庆	367457	23741	250828	30822	18309	3349
四　川	845699	88768	501470	66354	26585	37786
贵　州	105589	4345	60156	11514	1293	1150
云　南	395371	42679	208435	48070	6870	14295
西　藏	32196	2598	15680	6674	193	1914
陕　西	257075	17828	139949	37129	3324	10908
甘　肃	276358	16398	177581	26069	12783	2279
青　海	31784	4459	19413	1648	322	1221
宁　夏	22944	1616	13502	2759	210	
新　疆	11706	1998	3715	1729	150	220

续表

单位:万元

地　区	居民服务业用　房	教育用房	文化、体育和娱乐用房	卫生医疗用　房	科研用房	其他用房
全国总计	**322418**	**1001517**	**195353**	**137716**	**35723**	**581599**
北　京	10045	20455	3768	900	402	23547
天　津	1226	12472	3410	2074	354	10889
河　北	5707	23623	5283	1319		18042
山　西	3810	13130	2824	2829		3417
内蒙古	1228	1464		24		1980
辽　宁	9818	28745	3433	4034	1177	14786
吉　林	2215	5578		1456	69	4045
黑龙江	6997	11648	2304	2651		4769
上　海		15327	2545	1436		6260
江　苏	83681	130257	19485	9905	11619	68167
浙　江	4420	64516	40203	7966	834	52090
安　徽	16802	45467	5295	4789	341	17193
福　建	17457	45616	5752	2912	1193	11775
江　西	10601	31271	7409	7386	242	38824
山　东	32663	88076	6380	8885	4661	57494
河　南	7284	40248	4468	7762	236	13929
湖　北	3005	29623	6615	6013	26	17227
湖　南	27529	75491	17087	15760	675	37528
广　东	28534	98484	24339	13745	3102	55115
广　西	3310	34078	10014	3689	1941	25688
海　南	3173	5459	170	3360	99	9286
重　庆	6421	15976	2489	332	2560	12631
四　川	17083	64694	5645	8960	863	27492
贵　州	1016	17757	990	1511	12	5848
云　南	6832	30878	6366	7492	2843	20611
西　藏	1033	3249	120			735
陕　西	1846	25517	5768	2820	1694	10293
甘　肃	6306	19574	2573	6942	720	5135
青　海	538	1320	623	272	60	1908
宁　夏	1482	440				2936
新　疆	358	1084		492		1960

各地区集体建筑业企业施工机械设备情况

地　区	年末自有施工机械设备总台数(台)	年末自有施工机械设备总功率(千瓦)	年末自有施工机械设备净值(万元)	技术装备率(元/人)	动力装备率(千瓦/人)
全国总计	**1526571**	**21227362**	**2619615**	**6780**	**5.5**
北　京	32866	408625	55475	7883	5.8
天　津	23569	294327	35375	8750	7.3
河　北	54654	619299	76998	6275	5.0
山　西	32124	333402	41414	6667	5.4
内蒙古	2431	29696	3184	8481	7.9
辽　宁	54736	897352	132365	7266	4.9
吉　林	12931	214494	20840	5680	5.8
黑龙江	21970	402629	68340	14190	8.4
上　海	11783	212189	29792	5793	4.1
江　苏	94215	1275251	228693	6463	3.6
浙　江	54836	584727	115741	6144	3.1
安　徽	64900	690625	84502	5058	4.1
福　建	30263	402077	78598	8612	4.4
江　西	44506	392993	59189	3157	2.1
山　东	159603	3808941	253389	4840	7.3
河　南	77180	679491	117419	7146	4.1
湖　北	68139	738961	106939	6642	4.6
湖　南	107663	1104969	147497	6256	4.7
广　东	187045	3483513	288786	8426	10.2
广　西	86012	844735	83597	10041	10.1
海　南	6775	209845	10003	6409	13.4
重　庆	25480	384675	70713	6764	3.7
四　川	82012	900336	159380	6411	3.6
贵　州	16976	166964	28110	6229	3.7
云　南	57112	663371	126562	11291	5.9
西　藏	1273	41389	8037	12207	6.3
陕　西	44902	630922	65917	7559	7.2
甘　肃	57490	605026	91412	8570	5.7
青　海	6821	75917	6844	5529	6.1
宁　夏	3228	74741	10586	28071	19.8
新　疆	3076	55880	13920	27636	11.1

各地区集体建筑业企业主要生产效益指标

地　　区	建筑业企业个数（个）	计算建筑业劳动生产率的平均人数（人）	按总产值计算的劳动生产率（元/人）	人均竣工产值（元/人）	人均施工面积（平方米/人）	人均竣工面积（平方米/人）
全国总计	**8959**	**3790716**	**72707**	**57254**	**113.1**	**61.7**
北　京	332	97461	126245	107890	119.0	63.2
天　津	171	48172	103289	83471	102.2	62.4
河　北	239	126079	57733	47516	98.2	56.8
山　西	187	56295	52644	41964	74.2	46.9
内蒙古	17	5250	73866	56039	66.9	54.6
辽　宁	515	189692	68133	58284	70.2	45.7
吉　林	129	36484	53423	41305	44.7	37.6
黑龙江	243	67578	73150	62826	82.7	53.1
上　海	234	69976	134367	101827	112.9	60.6
江　苏	585	366299	91026	75908	123.4	75.0
浙　江	222	186927	117067	82416	172.9	67.5
安　徽	312	167509	55955	42859	89.3	54.5
福　建	246	95469	94207	68786	167.0	70.7
江　西	325	168087	70489	53273	144.1	74.6
山　东	1061	513327	60833	45243	92.2	52.9
河　南	445	140194	59436	44933	116.7	60.8
湖　北	357	145547	59326	47308	112.5	64.7
湖　南	473	220654	64140	51478	116.8	67.1
广　东	600	321697	73844	57314	157.7	70.6
广　西	311	81325	71721	54865	162.6	78.3
海　南	35	12797	91707	67556	185.1	87.9
重　庆	297	92264	72066	53779	111.1	66.9
四　川	613	239473	57869	49103	94.7	60.7
贵　州	155	37684	51498	41673	124.3	62.0
云　南	309	102389	64824	50995	82.8	56.0
西　藏	40	5187	100271	86967	68.6	66.0
陕　西	206	76826	56525	41129	94.7	48.5
甘　肃	183	94362	44930	39456	72.3	47.2
青　海	49	10655	43308	40792	53.7	35.0
宁　夏	29	7159	56795	57090	78.2	52.1
新　疆	39	7898	111083	99016	27.7	16.3

各地区集体建筑业企业营业额

单位:万元

地区	企业营业额	在境外完成的营业额	企业总产值	#建筑业总产值
全国总计	**30233616**	**214907**	**30018708**	**27561219**
北京	1326012	2583	1323429	1230399
天津	869565	3901	865664	497565
河北	744621	12594	732028	727887
山西	305525		305525	296361
内蒙古	38887		38887	38780
辽宁	1326402	1332	1325070	1292419
吉林	195861	2	195859	194909
黑龙江	666710	294	666417	494335
上海	970594	4393	966201	940246
江苏	3499884	45615	3454269	3334290
浙江	2216768	845	2215923	2188306
安徽	988326	15521	972805	937303
福建	911153	4960	906193	899384
江西	1267777		1267777	1184834
山东	3350822	19727	3331096	3122725
河南	908500	8886	899614	833252
湖北	1640441	2438	1638003	863477
湖南	1587040	44001	1543039	1415283
广东	2554428	6877	2547551	2375550
广西	595334	2185	593149	583269
海南	117368		117368	117358
重庆	694548		694548	664910
四川	1414311	13454	1400858	1385814
贵州	233894	2188	231706	194066
云南	683832	12472	671360	663726
西藏	55625	360	55265	52011
陕西	441276	2134	439142	434256
甘肃	446779	8140	438639	423969
青海	46295	7	46289	46145
宁夏	41729		41729	40659
新疆	93308		93308	87734

各地区集体建筑业企业资产构成

单位:万元

地　区	资产合计	#流动资产小计	#长期投资	#固定资产小计	#无形及递延资产
全国总计	**25738713**	**17914063**	**772687**	**6295824**	**683790**
北　京	1594114	1313189	51998	206192	14010
天　津	513562	389513	18181	88754	7999
河　北	636742	414845	16428	190698	14164
山　西	371468	245042	8840	108641	8193
内蒙古	39164	23202	2905	11765	1141
辽　宁	1304777	902921	44972	316566	38635
吉　林	242981	167117	5995	66858	2338
黑龙江	532323	337227	7835	175206	11848
上　海	947419	827319	27177	84876	3848
江　苏	2432653	1929512	49733	414705	31367
浙　江	1394412	1115575	50280	212606	14286
安　徽	840659	544545	36513	231562	26823
福　建	972563	733223	35815	185050	16799
江　西	793990	534941	19631	190223	48771
山　东	3023324	2103786	95310	701126	115924
河　南	770872	429111	9428	292701	38293
湖　北	625232	322460	11728	258416	29904
湖　南	1055287	610527	28112	363337	48896
广　东	2933210	2189266	94535	594262	48414
广　西	664096	359591	15440	248490	39331
海　南	74856	37486	856	34572	1885
重　庆	586081	404363	14189	159194	7711
四　川	1267381	779435	51776	385035	49294
贵　州	241523	136163	8827	83532	12635
云　南	604655	324552	23600	232818	22871
西　藏	70949	33153	3483	28014	5603
陕　西	523222	317881	4727	185488	11992
甘　肃	450936	248927	19497	176189	4597
青　海	72739	42998	1769	22507	4566
宁　夏	54640	32916	4454	16657	569
新　疆	102882	63280	8655	29783	1086

各地区集体建筑业企业流动资产、无形及递延资产

单位:万元

地　　区	流动资产	#存货	无形及递延资产	#无形资产
全国总计	**17914063**	**6437083**	**683790**	**610072**
北　　京	1313189	595638	14010	11831
天　　津	389513	125228	7999	7791
河　　北	414845	132571	14164	13212
山　　西	245042	70149	8193	7245
内 蒙 古	23202	6816	1141	1112
辽　　宁	902921	185335	38635	34717
吉　　林	167117	30730	2338	1760
黑 龙 江	337227	99103	11848	11017
上　　海	827319	333257	3848	3263
江　　苏	1929512	740627	31367	28509
浙　　江	1115575	412430	14286	13214
安　　徽	544545	141083	26823	17522
福　　建	733223	357829	16799	15079
江　　西	534941	222171	48771	46596
山　　东	2103786	609310	115924	103715
河　　南	429111	144376	38293	35699
湖　　北	322460	107656	29904	26284
湖　　南	610527	182888	48896	44338
广　　东	2189266	1034326	48414	36352
广　　西	359591	120162	39331	35309
海　　南	37486	9723	1885	1841
重　　庆	404363	183975	7711	6464
四　　川	779435	287071	49294	47125
贵　　州	136163	40885	12635	12092
云　　南	324552	96152	22871	22261
西　　藏	33153	4225	5603	4775
陕　　西	317881	76685	11992	10569
甘　　肃	248927	62222	4597	4378
青　　海	42998	9100	4566	4392
宁　　夏	32916	8817	569	529
新　　疆	63280	6546	1086	1081

各地区集体建筑业企业固定资产情况

单位:万元

地区	固定资产小计	固定资产原价	#生产经营用	固定资产折旧	#本年折旧	在建工程
全国总计	**6295824**	**7626402**	**5618631**	**2238745**	**320960**	**680726**
北京	206192	264423	191441	91389	13428	30275
天津	88754	106097	81328	32775	4942	13392
河北	190698	236455	184036	65453	8316	11837
山西	108641	137608	92819	38014	6268	5030
内蒙古	11765	17718	15554	6310	596	300
辽宁	316566	453503	362753	148626	18246	7527
吉林	66858	88813	67168	27945	2976	1858
黑龙江	175206	225589	180724	64437	10378	8049
上海	84876	102312	64553	32940	5924	14104
江苏	414705	553712	436710	191738	30627	34737
浙江	212606	280820	236234	82211	10805	8485
安徽	231562	261341	188674	76003	11107	37897
福建	185050	223635	166763	59576	7686	13409
江西	190223	207663	147551	57262	6681	24976
山东	701126	843954	628307	282305	47565	102068
河南	292701	318819	226976	75642	14013	39505
湖北	258416	307944	196348	76768	9649	20613
湖南	363337	410115	273837	116349	19167	49257
广东	594262	726773	527613	226658	23691	82538
广西	248490	253248	176534	52677	7918	41916
海南	34572	35336	15862	4416	501	2683
重庆	159194	192352	147341	60597	8916	25187
四川	385035	474981	340453	140413	17902	36923
贵州	83532	81860	51697	15791	1919	15281
云南	232818	282464	220595	77113	10380	17894
西藏	28014	27377	15974	5766	3094	2991
陕西	185488	207948	170921	45906	6144	16157
甘肃	176189	206603	153407	50574	7520	13387
青海	22507	31760	16541	11794	1210	1337
宁夏	16657	21775	16932	6094	849	960
新疆	29783	43408	22987	15205	2545	152

各地区集体建筑业企业负债及所有者权益

单位:万元

地区	负债合计	流动负债	长期负债	所有者权益	#实收资本
全国总计	**15359897**	**14747315**	**612582**	**10378816**	**8085288**
北京	1144981	1135325	9656	449133	320257
天津	319086	316183	2903	194476	148156
河北	340598	330179	10419	296144	227714
山西	228708	219970	8739	142760	120923
内蒙古	19921	18971	950	19244	16394
辽宁	774639	763174	11465	530138	432516
吉林	153458	144551	8907	89524	74396
黑龙江	291482	284678	6803	240841	213664
上海	687535	678586	8948	259884	188510
江苏	1634924	1594118	40806	797729	557586
浙江	960945	947673	13272	433468	297992
安徽	469181	443856	25326	371478	294333
福建	619242	602119	17122	353322	308205
江西	484558	467862	16696	309432	264985
山东	1880810	1828120	52690	1142514	853610
河南	349197	313651	35546	421675	360559
湖北	228349	201068	27281	396884	304488
湖南	504535	466837	37698	550752	447661
广东	1983867	1862596	121270	949343	680591
广西	321971	309487	12484	342125	267701
海南	29548	28511	1038	45308	35563
重庆	307895	277758	30137	278186	231069
四川	612253	571695	40558	655129	526723
贵州	117345	111125	6221	124178	105292
云南	253116	240381	12735	351538	294270
西藏	18244	12580	5663	52706	37049
陕西	287574	261764	25810	235648	192504
甘肃	211036	195538	15498	239901	192344
青海	32476	27364	5112	40262	32130
宁夏	27935	27737	198	26705	23022
新疆	64491	63859	632	38391	35078

各地区集体建筑业企业实收资本

单位:万元

地区	合计	国家资本	集体资本	法人资本	个人资本	港澳台资本	外商资本
全国总计	**8085288**	**22386**	**5740985**	**1503076**	**817786**	**5**	**1050**
北京	320257	302	166634	88008	65313		
天津	148156		107494	31493	9169		
河北	227714	20	153875	52325	21494		
山西	120923	889	77321	33016	9697		
内蒙古	16394		16394				
辽宁	432516	100	348746	39903	43766		
吉林	74396		58980	12905	2511		
黑龙江	213664		162519	33950	17194		
上海	188510	3194	132626	32575	20115		
江苏	557586	2316	296344	134891	124036		
浙江	297992	274	190320	45270	62128		
安徽	294333	485	201451	59866	32531		
福建	308205	960	135730	57233	114283		
江西	264985	200	215547	34860	13928		450
山东	853610	4636	651482	134425	63062	5	
河南	360559	1923	251171	72368	35099		
湖北	304488		212360	68113	23416		600
湖南	447661	281	330643	101186	15552		
广东	680591	410	547567	117330	15284		
广西	267701	107	222590	37924	7080		
海南	35563	60	23182	10681	1640		
重庆	231069		153810	38049	39211		
四川	526723	721	407624	63591	54787		
贵州	105292	420	102037	2142	693		
云南	294270	1745	202450	78430	11646		
西藏	37049		19827	17188	34		
陕西	192504	1692	151638	37621	1554		
甘肃	192344	560	128127	54997	8660		
青海	32130	1000	27021	1270	2838		
宁夏	23022		16175	6700	147		
新疆	35078	91	29301	4768	919		

各地区集体建筑业企业收入情况

单位:万元

地区	工程结算收入	工程结算成本	工程结算税金及附加	工程结算利润	经营费用	其他业务收入	#其他业务利润
全国总计	**24155352**	**21244770**	**849365**	**1853525**	**207692**	**392572**	**83615**
北京	1268500	1093874	39456	123088	12082	10220	3869
天津	499851	437623	18583	42422	1223	5858	2825
河北	703470	612836	24355	58338	7941	4404	699
山西	289176	249953	10173	22935	6115	4936	2149
内蒙古	34688	29595	1241	3689	163	16	7
辽宁	1232804	1088336	43870	95874	4724	29703	6568
吉林	199411	175195	6461	15977	1779	3773	527
黑龙江	471349	422160	15501	30759	2930	2639	437
上海	966710	865900	28277	60655	11879	5761	2196
江苏	2239286	1972325	81592	175421	9950	46460	7997
浙江	1786395	1623542	62063	98313	2478	6949	2414
安徽	876011	763710	30332	71738	10232	35120	6677
福建	819664	752249	30124	35015	2276	5878	3699
江西	903126	821782	28874	48601	3869	14596	3071
山东	2689864	2326582	87219	243731	32331	70576	7156
河南	719021	627015	25727	57834	8445	28369	2106
湖北	824039	703612	32191	78672	9564	12077	1110
湖南	1327546	1177081	51767	92034	6664	12056	2843
广东	2132612	1848112	81105	178677	24718	24011	9802
广西	511191	449713	22420	34632	4427	3578	1398
海南	113361	99709	3773	7469	2410	218	82
重庆	566113	508052	20990	35544	1528	15644	1271
四川	1219228	1064505	42699	97402	14622	18521	4341
贵州	165115	146046	6952	10218	1899	2658	978
云南	561445	497159	19382	38902	6003	2976	1565
西藏	43651	36778	1036	4771	1066	825	168
陕西	380064	319679	13447	34812	12126	6546	2117
甘肃	436117	376104	14519	42165	3329	13534	3592
青海	46275	41013	1369	3486	408	863	467
宁夏	40056	35749	1204	3053	49	1132	487
新疆	89210	78782	2666	7297	465	2678	1000

各地区集体建筑业企业费用情况

单位:万元

地　区	管理费用	#税金	#财产保险费	#差旅费	#工会经费	财务费用	#利息支出
全国总计	**1147540**	**57712**	**13166**	**37422**	**14736**	**113073**	**60918**
北　京	68577	1156	489	2029	441	2968	1115
天　津	29088	1028	148	624	245	1524	1233
河　北	34894	1545	228	746	384	2675	1437
山　西	20361	962	190	855	360	1501	1005
内蒙古	2708	147	1	57	22	129	29
辽　宁	77223	2020	645	2133	1643	3227	1998
吉　林	14585	496	191	429	221	1033	513
黑龙江	26305	1129	366	751	361	1130	734
上　海	36614	561	178	810	290	1573	618
江　苏	104342	2664	1031	3108	1281	9409	5723
浙　江	53218	1585	353	2481	1124	4753	2560
安　徽	48409	2521	707	1910	964	3938	2196
福　建	25930	954	86	840	282	1540	1007
江　西	36739	2363	422	1134	418	3094	1570
山　东	127585	9282	1517	3644	1564	19987	12823
河　南	35616	3450	635	1299	391	4272	1994
湖　北	43233	3708	1015	1361	763	6253	2265
湖　南	53973	4288	1348	1838	663	7211	3387
广　东	105107	5397	654	2100	723	10659	5123
广　西	21364	2463	249	686	177	2074	858
海　南	2879	174	3	91	16	137	20
重　庆	24046	1048	235	1369	285	2997	1782
四　川	63078	3074	1318	3699	1030	8175	4747
贵　州	8788	697	88	207	154	446	234
云　南	22311	1414	201	896	314	3765	1934
西　藏	2129	100	21	77	8	183	19
陕　西	23741	1772	633	1138	345	3661	1740
甘　肃	20946	1173	105	509	145	3975	1838
青　海	2970	225	46	177	30	479	341
宁　夏	2677	42	1	69	30	259	59
新　疆	8105	272	65	357	65	47	16

各地区集体建筑业企业利润及税金情况

单位:万元

地　区	利润总额	#应交所得税	税金总额	工程结算税金及附加	管理费用中的税金
全国总计	**706065**	**196987**	**907077**	**849365**	**57712**
北　京	54164	16496	40612	39456	1156
天　津	14291	5395	19611	18583	1028
河　北	23185	6684	25900	24355	1545
山　西	3480	1405	11135	10173	962
内蒙古	1167	345	1387	1241	147
辽　宁	20782	11887	45889	43870	2020
吉　林	2503	764	6956	6461	496
黑龙江	2926	2075	16629	15501	1129
上　海	29592	6489	28838	28277	561
江　苏	73328	18368	84256	81592	2664
浙　江	42985	15463	63648	62063	1585
安　徽	27936	7085	32853	30332	2521
福　建	12819	6338	31078	30124	954
江　西	12844	4036	31237	28874	2363
山　东	105160	25908	96501	87219	9282
河　南	22718	4575	29178	25727	3450
湖　北	30133	7285	35899	32191	3708
湖　南	36844	6049	56056	51767	4288
广　东	76322	22470	86502	81105	5397
广　西	12851	3976	24883	22420	2463
海　南	4693	908	3947	3773	174
重　庆	10678	3584	22037	20990	1048
四　川	31065	6947	45773	42699	3074
贵　州	2179	733	7649	6952	697
云　南	15190	3609	20796	19382	1414
西　藏	2598	300	1136	1036	100
陕　西	9886	2200	15219	13447	1772
甘　肃	20728	4680	15692	14519	1173
青　海	332	257	1593	1369	225
宁　夏	465	257	1247	1204	42
新　疆	2222	421	2938	2666	272

各地区集体建筑业企业应收工程款及企业亏损情况

地　区	应收工程款（万元）	#竣工工程	企业个数（个）	#亏损企业	亏损企业的比重（%）
全国总计	**4463276**	**3019931**	**8959**	**1538**	**17.2**
北　京	175164	98935	332	81	24.4
天　津	51943	42313	171	32	18.7
河　北	175530	122251	239	30	12.6
山　西	63200	41768	187	40	21.4
内蒙古	12307	10157	17	2	11.8
辽　宁	193848	130490	515	114	22.1
吉　林	57433	42640	129	30	23.3
黑龙江	89164	56488	243	69	28.4
上　海	88909	53476	234	36	15.4
江　苏	488587	324555	585	78	13.3
浙　江	130182	78243	222	16	7.2
安　徽	150161	92382	312	52	16.7
福　建	107202	58922	246	46	18.7
江　西	66615	38103	325	61	18.8
山　东	670226	453224	1061	153	14.4
河　南	83229	57976	445	96	21.6
湖　北	136767	93765	357	29	8.1
湖　南	186221	136834	473	58	12.3
广　东	467153	300995	600	80	13.3
广　西	136581	93626	311	52	16.7
海　南	11603	6736	35	3	8.6
重　庆	93775	67401	297	70	23.6
四　川	258238	182973	613	105	17.1
贵　州	31693	22276	155	42	27.1
云　南	185306	149998	309	63	20.4
西　藏	18648	10347	40	2	5.0
陕　西	107543	75473	206	35	17.0
甘　肃	158952	124514	183	24	13.1
青　海	19734	10689	49	15	30.6
宁　夏	14316	11046	29	7	24.1
新　疆	33045	31338	39	17	43.6

各地区集体建筑业企业主要经济效益指标

地　区	产　值 利润率 (%)	产　值 利税率 (%)	资　本 利润率 (%)	资　本 利税率 (%)	人均 利润 (元/人)	人均 利税 (元/人)	资　产 负债率 (%)
全国总计	**2.6**	**5.9**	**8.7**	**20.0**	**1863**	**4256**	**59.7**
北　京	4.4	7.7	16.9	29.6	5558	9725	71.8
天　津	2.9	6.8	9.6	22.9	2967	7038	62.1
河　北	3.2	6.7	10.2	21.6	1839	3893	53.5
山　西	1.2	4.9	2.9	12.1	618	2596	61.6
内蒙古	3.0	6.6	7.1	15.6	2223	4866	50.9
辽　宁	1.6	5.2	4.8	15.4	1096	3515	59.4
吉　林	1.3	4.9	3.4	12.7	686	2593	63.2
黑龙江	0.6	4.0	1.4	9.2	433	2894	54.8
上　海	3.1	6.2	15.7	31.0	4229	8350	72.6
江　苏	2.2	4.7	13.2	28.3	2002	4302	67.2
浙　江	2.0	4.9	14.4	35.8	2300	5705	68.9
安　徽	3.0	6.5	9.5	20.7	1668	3629	55.8
福　建	1.4	4.9	4.2	14.2	1343	4598	63.7
江　西	1.1	3.7	4.8	16.6	764	2622	61.0
山　东	3.4	6.5	12.3	23.6	2049	3929	62.2
河　南	2.7	6.2	6.3	14.4	1620	3702	45.3
湖　北	3.5	7.6	9.9	21.7	2070	4537	36.5
湖　南	2.6	6.6	8.2	20.8	1670	4210	47.8
广　东	3.2	6.9	11.2	23.9	2372	5061	67.6
广　西	2.2	6.5	4.8	14.1	1580	4640	48.5
海　南	4.0	7.4	13.2	24.3	3667	6752	39.5
重　庆	1.6	4.9	4.6	14.2	1157	3546	52.5
四　川	2.2	5.5	5.9	14.6	1297	3209	48.3
贵　州	1.1	5.1	2.1	9.3	578	2608	48.6
云　南	2.3	5.4	5.2	12.2	1484	3515	41.9
西　藏	5.0	7.2	7.0	10.1	5009	7199	25.7
陕　西	2.3	5.8	5.1	13.0	1287	3268	55.0
甘　肃	4.9	8.6	10.8	18.9	2197	3860	46.8
青　海	0.7	4.2	1.0	6.0	311	1806	44.6
宁　夏	1.1	4.2	2.0	7.4	649	2391	51.1
新　疆	2.5	5.9	6.3	14.7	2814	6534	62.7

各地区私营建筑业企业签订合同情况

单位:万元

地　　区	合同总额	上年结转合同额	本年新签合同额
全国总计	**75877078**	**22625253**	**53251825**
北　　京	1720286	598783	1121503
天　　津	520120	100889	419231
河　　北	2080575	484753	1595822
山　　西	618634	160705	457929
内 蒙 古	793149	193468	599681
辽　　宁	3178801	676785	2502016
吉　　林	278382	63244	215138
黑 龙 江	712504	198967	513537
上　　海	5799625	1876485	3923140
江　　苏	12161817	3050161	9111656
浙　　江	20091831	6667049	13424781
安　　徽	1767106	422067	1345039
福　　建	1895265	533392	1361872
江　　西	674478	230663	443815
山　　东	3640346	1007277	2633069
河　　南	1557474	547200	1010274
湖　　北	1943412	447609	1495803
湖　　南	1388883	488376	900507
广　　东	5020213	1777166	3243047
广　　西	446742	156742	290000
海　　南	107329	23724	83605
重　　庆	2552035	787763	1764273
四　　川	3575067	1167686	2407382
贵　　州	150110	48602	101508
云　　南	1187338	338496	848842
西　　藏	85093	16548	68545
陕　　西	429923	156772	273152
甘　　肃	438195	137457	300738
青　　海	141955	57636	84320
宁　　夏	353040	102141	250899
新　　疆	567349	106645	460704

各地区私营建筑业企业承包工程完成情况

单位:万元

地区	直接从建设单位承揽工程完成的产值	自行完成施工产值	分包出去工程的产值	从建设单位以外承揽工程完成的产值
全国总计	**53743668**	**53056614**	**687055**	**3597520**
北京	1110261	1097312	12949	139448
天津	399476	385665	13812	39614
河北	1370734	1364421	6313	20501
山西	459860	453757	6103	26519
内蒙古	600553	598013	2540	3121
辽宁	2478011	2474723	3288	50458
吉林	240850	240850		5099
黑龙江	568137	565568	2569	10793
上海	4070155	3851336	218819	589311
江苏	9142891	9044873	98018	1315407
浙江	12954339	12898896	55443	564372
安徽	1377794	1361267	16527	56941
福建	1376241	1367851	8390	31794
江西	446000	427606	18394	22598
山东	3006471	2992400	14071	106543
河南	1140360	1133189	7171	26633
湖北	1369660	1356322	13338	55233
湖南	847748	844675	3074	40547
广东	3172001	3040663	131338	292774
广西	295035	294712	323	6874
海南	100005	99770	235	2586
重庆	1923405	1910883	12522	58100
四川	2748324	2720381	27943	73676
贵州	113176	106189	6987	2666
云南	895268	893921	1347	16394
西藏	69043	68711	332	175
陕西	318071	317690	381	4316
甘肃	308312	305700	2612	19852
青海	95844	95546	297	9185
宁夏	268113	268024	89	1975
新疆	477531	475704	1828	4014

各地区私营建筑业总产值和竣工产值

单位:万元

地区	建筑业总产值	#装饰装修产值	#在外省完成的产值	按构成分组			竣工产值
				建筑工程产值	安装工程产值	其他产值	
全国总计	**56654134**	**5414594**	**9264068**	**48423743**	**5553425**	**2676966**	**42546342**
北京	1236760	410387	24824	848235	317580	70946	841354
天津	425278	63383	25666	222910	122170	80199	315355
河北	1384922	88466	114253	1192734	99953	92235	1041942
山西	480276	74970	25126	348249	82451	49576	297340
内蒙古	601134	31325	12431	535776	38468	26890	493173
辽宁	2525181	282922	356649	2157718	328294	39169	2035885
吉林	245949	20584	29314	201007	41281	3662	135158
黑龙江	576361	69420	59149	449112	106648	20601	420633
上海	4440647	505304	282444	3522435	621890	296322	3077293
江苏	10360280	739278	2682345	9441165	700027	219088	8292627
浙江	13463268	1025119	3972284	12065194	923881	474193	9937164
安徽	1418207	160393	171050	1135090	185887	97231	1010474
福建	1399645	173853	349816	1107899	175890	115856	1038393
江西	450203	54369	48400	377164	32700	40339	365091
山东	3098943	278523	133814	2490210	433452	175281	2324867
河南	1159822	121203	111402	1011796	71417	76609	774976
湖北	1411554	135374	48167	1138380	122142	151033	942523
湖南	885222	79153	70823	754517	46707	83998	694552
广东	3333437	562837	292346	2628569	531874	172994	2588948
广西	301586	25135	2932	261494	35200	4892	231564
海南	102356	1865		53094	10861	38401	40613
重庆	1968983	129114	127621	1744602	150354	74027	1365483
四川	2794058	197688	288313	2476089	189353	128615	2185542
贵州	108854	5432	461	98533	3491	6831	71183
云南	910315	80373	3401	810361	65666	34288	750190
西藏	68886	2723	56	65102	2209	1575	57297
陕西	322006	8509	9465	291409	19861	10735	282371
甘肃	325552	28533	16950	271846	31767	21939	256779
青海	104731	6313	1061	85159	12006	7566	92690
宁夏	269999	21891	2722	258180	9366	2453	231277
新疆	479718	30157	784	379716	40578	59424	353604

各地区私营建筑业企业房屋建筑面积

地　区	房屋建筑施工面积（万平方米）	#本年新开工	#实行投标承包面积	#本年新开工	房屋建筑竣工面积（万平方米）	房屋建筑面积竣工率（%）
全国总计	**71933.8**	**45461.6**	**51477.5**	**35112.7**	**37362.3**	**51.9**
北　京	432.3	249.6	303.3	176.5	184.3	42.6
天　津	262.9	172.8	174.5	119.2	145.9	55.5
河　北	2236.9	1517.8	1616.5	1248.7	1175.3	52.5
山　西	379.9	238.5	225.3	177.6	211.3	55.6
内蒙古	768.4	521.3	538.0	432.1	503.7	65.6
辽　宁	2305.4	1797.8	1932.1	1473.9	1399.0	60.7
吉　林	161.4	119.7	139.8	94.4	117.5	72.8
黑龙江	496.0	322.2	375.1	266.9	348.3	70.2
上　海	3397.1	2561.4	2157.8	1507.4	1624.2	47.8
江　苏	12287.6	8026.6	8958.2	6446.5	6738.5	54.8
浙　江	19292.0	11422.3	14638.8	9114.7	8485.6	44.0
安　徽	2123.7	1417.2	1596.6	1151.6	1334.1	62.8
福　建	1584.0	978.0	997.1	676.2	860.1	54.3
江　西	821.0	555.4	596.8	442.5	526.2	64.1
山　东	4061.1	2638.0	2772.6	2010.0	2415.8	59.5
河　南	2012.6	1191.5	1741.2	1071.8	851.3	42.3
湖　北	2217.7	1490.9	1592.4	1168.4	1276.7	57.6
湖　南	1334.0	830.7	914.0	653.2	782.8	58.7
广　东	4065.6	2145.0	2145.1	1304.1	1850.4	45.5
广　西	499.3	266.5	412.5	238.3	199.4	39.9
海　南	54.9	26.6	18.5	15.9	31.5	57.4
重　庆	3168.9	1935.3	2057.1	1403.9	1675.7	52.9
四　川	4503.0	2858.9	3098.1	2202.0	2646.9	58.8
贵　州	291.2	164.8	138.3	114.6	133.2	45.7
云　南	1249.2	811.6	873.5	639.3	759.6	60.8
西　藏	84.6	64.4	60.6	55.0	51.7	61.1
陕　西	558.2	317.1	341.5	191.7	304.4	54.5
甘　肃	516.2	304.6	380.9	275.1	275.1	53.3
青　海	131.0	60.7	100.3	44.8	77.4	59.1
宁　夏	303.5	188.2	270.6	163.0	173.9	57.3
新　疆	334.3	266.3	310.4	233.5	202.6	60.6

各地区按主要用途分的私营建筑业企业房屋建筑竣工面积

单位:万平方米

地　　区	合　　计	厂房、仓库	住宅	办公用房	批发和零售用房	住宿和餐饮用房
全国总计	**37362.3**	**8286.6**	**20450.8**	**2904.1**	**1052.5**	**603.6**
北　　京	184.3	43.6	118.0	6.2	1.7	1.1
天　　津	145.9	62.3	53.0	10.9	3.8	0.1
河　　北	1175.3	121.1	758.0	94.5	25.9	18.4
山　　西	211.3	32.3	123.8	18.7	4.5	2.1
内 蒙 古	503.7	34.5	278.8	89.6	14.1	8.8
辽　　宁	1399.0	250.3	844.1	67.5	49.8	24.5
吉　　林	117.5	14.0	79.9	7.2	5.6	0.1
黑 龙 江	348.3	24.5	191.4	37.1	14.1	3.6
上　　海	1624.2	560.9	848.8	66.0	31.0	8.4
江　　苏	6738.5	1616.5	3624.7	454.2	220.9	90.7
浙　　江	8485.6	2859.6	3883.2	715.4	162.6	130.2
安　　徽	1334.1	194.8	779.5	117.3	44.2	36.1
福　　建	860.1	327.7	358.3	44.6	16.8	21.1
江　　西	526.2	41.3	304.3	44.9	21.4	14.0
山　　东	2415.8	571.7	1376.9	139.5	73.2	32.4
河　　南	851.3	63.6	553.1	127.7	7.0	12.5
湖　　北	1276.7	258.1	728.2	104.2	19.9	28.7
湖　　南	782.8	59.4	469.1	86.2	36.2	26.2
广　　东	1850.4	597.5	864.1	141.3	33.4	28.1
广　　西	199.4	16.4	136.2	14.2	9.4	0.6
海　　南	31.5		27.6	2.1		
重　　庆	1675.7	172.7	1174.0	109.0	51.5	17.9
四　　川	2646.9	218.5	1765.1	165.5	138.6	54.5
贵　　州	133.2	2.6	79.5	12.3	4.0	0.8
云　　南	759.6	83.4	355.4	105.1	24.0	17.7
西　　藏	51.7	0.1	27.7	12.5	0.1	0.8
陕　　西	304.4	14.9	200.5	27.9	5.4	5.2
甘　　肃	275.1	26.1	159.6	28.0	4.9	8.7
青　　海	77.4	3.0	55.6	11.6	2.2	1.3
宁　　夏	173.9	3.8	110.6	22.8	13.5	2.6
新　　疆	202.6	11.2	121.9	19.9	12.7	6.2

续表

单位:万平方米

地　区	居民服务业用房	教育用房	文化、体育和娱乐用房	卫生医疗用房	科研用房	其他用房
全国总计	**492.4**	**1814.1**	**330.1**	**286.0**	**44.5**	**1097.9**
北　京	3.1	3.9	0.3	1.3	0.2	5.0
天　津		6.4	3.0	0.5		5.8
河　北	9.6	63.7	15.8	6.3		62.1
山　西	4.5	12.8	3.2	1.1	0.1	8.1
内蒙古	8.5	34.2	4.9	7.5	0.2	22.6
辽　宁	27.5	65.6	15.2	2.4	0.3	51.7
吉　林	0.3	4.1	1.4	0.7		4.3
黑龙江	8.9	34.8	11.7	6.2		16.0
上　海	6.8	51.8	4.8	7.5	4.7	33.6
江　苏	109.2	332.5	60.4	54.1	7.6	167.8
浙　江	65.9	331.7	57.9	55.1	10.0	214.1
安　徽	25.3	91.6	8.1	9.6	2.1	25.4
福　建	4.3	26.5	15.2	10.0	2.8	32.8
江　西	18.6	51.9	6.8	7.2	0.2	15.6
山　东	42.4	104.9	8.0	8.6	4.1	54.0
河　南	5.0	42.9	4.7	8.8	2.1	23.8
湖　北	3.6	65.1	21.0	15.7	0.6	31.5
湖　南	7.0	60.5	4.1	5.7	0.5	28.0
广　东	40.6	54.7	12.0	7.3	0.7	70.6
广　西	2.2	13.3	1.4	1.4		4.2
海　南		0.4	1.1			0.2
重　庆	26.0	63.9	20.3	8.2	0.6	31.6
四　川	29.4	125.4	22.8	29.5	4.4	93.3
贵　州	7.8	14.3	4.4	2.9	0.2	4.3
云　南	15.3	81.5	9.9	13.9	2.4	50.9
西　藏	1.0	5.9	1.2	0.4		2.0
陕　西	3.7	34.2	3.0	3.0		6.6
甘　肃	6.2	15.8	3.4	6.2	0.5	15.7
青　海	0.4	1.6	0.6			1.1
宁　夏	3.4	9.0	1.4	2.3	0.1	4.4
新　疆	5.8	9.0	2.1	2.8	0.1	10.9

各地区按主要用途分的私营建筑业企业房屋建筑竣工价值

单位:万元

地区	合计	厂房、仓库	住宅	办公用房	批发和零售用房	住宿和餐饮用房
全国总计	**26199825**	**5217726**	**14280071**	**2301436**	**778689**	**446548**
北京	180071	23748	126345	7379	1316	1870
天津	89875	33278	33946	6875	5680	26
河北	825532	101450	504217	81439	18137	11178
山西	147669	19231	90783	12580	3890	1666
内蒙古	369780	27301	190844	69384	10113	6661
辽宁	1244112	227101	732666	66391	48876	25657
吉林	82286	8698	54956	6486	3777	108
黑龙江	311874	20063	156137	39382	13795	2392
上海	1471790	424671	793370	79903	32957	8428
江苏	4836868	1051694	2570387	357818	152824	76538
浙江	6157069	1630247	3037834	589042	135126	112340
安徽	778993	109808	445281	75815	27434	20872
福建	669245	242565	278221	39482	13709	14517
江西	247416	18630	136219	22163	11652	8553
山东	1622344	346339	935833	103569	52879	20388
河南	519346	35688	312964	104473	4547	7085
湖北	743087	126110	435394	71484	10063	7729
湖南	515004	40276	292119	67113	24441	16239
广东	1321646	367846	661320	111810	24411	19409
广西	144052	11592	95159	13046	5438	341
海南	35041	5	30989	2088		
重庆	1017629	113629	693577	73873	35737	14084
四川	1504333	135442	942650	112513	91025	36956
贵州	57296	1356	30969	6071	3560	345
云南	512012	53704	234378	76934	14603	11796
西藏	45907	279	21012	12541	159	736
陕西	208085	11401	127474	24346	3518	4303
甘肃	201891	22511	109175	22282	3200	7276
青海	64396	2358	43831	11184	2761	1430
宁夏	121977	2869	73699	17225	10905	2418
新疆	153201	7840	88322	16747	12153	5209

续表　　　　单位:万元

地　　区	居民服务业用　　房	教育用房	文化、体育和娱 乐 用 房	卫生医疗用　　房	科研用房	其他用房
全国总计	**361519**	**1374323**	**277662**	**246893**	**37944**	**877015**
北　　京	4879	6805	1000	1484	191	5054
天　　津		4593	1500	295	2	3680
河　　北	6477	47223	14261	6655		34495
山　　西	2985	8048	2972	593	55	4867
内 蒙 古	7252	25987	4953	8576	430	18281
辽　　宁	25752	62335	9934	1845	208	43347
吉　　林	342	3037	1355	350		3178
黑 龙 江	8821	37572	11949	6081		15683
上　　海	6672	54667	16248	12050	4491	38334
江　　苏	85342	273653	49864	49116	6629	163005
浙　　江	50719	291863	57193	56856	10266	185584
安　　徽	12855	57240	5289	6858	1189	16353
福　　建	3025	21263	15331	10362	3064	27707
江　　西	12461	22447	3227	3853	112	8100
山　　东	28574	73030	6566	6809	2893	45465
河　　南	2987	27308	3497	4829	1485	14484
湖　　北	1600	41518	13576	12126	546	22941
湖　　南	3325	42750	2721	4254	332	21435
广　　东	30810	40182	10944	6361	1014	47538
广　　西	1754	10106	1568	1504		3546
海　　南		268	1450			241
重　　庆	17279	35128	9141	4575	743	19865
四　　川	19057	73175	13510	18943	2112	58950
贵　　州	2926	5838	1835	1419	136	2841
云　　南	9934	54825	7864	10807	1605	35562
西　　藏	1124	5656	1749	572		2079
陕　　西	3873	22854	1619	1915		6782
甘　　肃	4134	10822	3202	4575	282	14431
青　　海	300	1087	500			944
宁　　夏	2527	5935	1075	1794	90	3440
新　　疆	3735	7111	1771	1436	71	8806

各地区私营建筑业企业施工机械设备情况

地　　区	年末自有施工机械设备总台数（台）	年末自有施工机械设备总功率（千瓦）	年末自有施工机械设备净值（万元）	技术装备率（元/人）	动力装备率（千瓦/人）
全国总计	**2094928**	**27237371**	**5057867**	**8489**	**4.6**
北　京	47249	619975	96376	11319	7.3
天　津	11316	228859	46351	12100	6.0
河　北	98271	1091712	179398	7496	4.6
山　西	54837	684449	132206	14370	7.4
内蒙古	22015	425078	57642	9638	7.1
辽　宁	60654	1087586	256929	11733	5.0
吉　林	15458	285561	44586	17554	11.2
黑龙江	27829	498698	102699	17213	8.4
上　海	58156	679384	166311	5803	2.4
江　苏	221435	2909129	668391	7452	3.2
浙　江	289842	3458465	759744	7206	3.3
安　徽	98443	834060	139958	6280	3.7
福　建	57129	737022	127123	8666	5.0
江　西	25300	303766	60367	8709	4.4
山　东	136849	2991050	313935	6831	6.5
河　南	100686	859717	180805	8593	4.1
湖　北	92398	1054149	215867	11412	5.6
湖　南	53048	552362	90464	7320	4.5
广　东	170940	2496399	284727	9788	8.6
广　西	25065	241988	30994	6777	5.3
海　南	2490	39807	33446	56930	6.8
重　庆	64026	856672	221114	7883	3.1
四　川	135094	1580502	324410	6907	3.4
贵　州	9299	106913	17761	6099	3.7
云　南	70828	826827	178158	12457	5.8
西　藏	6759	114507	16172	12353	8.7
陕　西	32270	329501	80462	15266	6.3
甘　肃	58521	576232	88257	11127	7.3
青　海	12099	192029	27084	13822	9.8
宁　夏	15988	284086	57072	24180	12.0
新　疆	20634	290886	59055	22217	10.9

各地区私营建筑业企业主要生产效益指标

地　　区	建筑业企业个数（个）	计算建筑业劳动生产率的平均人数（人）	按总产值计算的劳动生产率（元/人）	人均竣工产值（元/人）	人均施工面积（平方米/人）	人均竣工面积（平方米/人）
全国总计	**22246**	**6115011**	**92648**	**69577**	**117.6**	**61.1**
北　京	1055	118363	104489	71083	36.5	15.6
天　津	445	40811	104207	77272	64.4	35.7
河　北	671	223981	61832	46519	99.9	52.5
山　西	604	83286	57666	35701	45.6	25.4
内蒙古	221	92174	65217	53505	83.4	54.6
辽　宁	1200	271543	92994	74975	84.9	51.5
吉　林	254	36178	67983	37359	44.6	32.5
黑龙江	482	80316	71762	52372	61.8	43.4
上　海	1259	336808	131845	91366	100.9	48.2
江　苏	2479	925622	111928	89590	132.7	72.8
浙　江	2217	1068407	126013	93009	180.6	79.4
安　徽	699	216517	65501	46669	98.1	61.6
福　建	650	140541	99590	73885	112.7	61.2
江　西	301	62371	72182	58535	131.6	84.4
山　东	1821	459173	67490	50632	88.4	52.6
河　南	762	179455	64630	43185	112.2	47.4
湖　北	639	184760	76399	51013	120.0	69.1
湖　南	297	119881	73842	57937	111.3	65.3
广　东	1385	300601	110892	86126	135.2	61.6
广　西	260	44976	67055	51486	111.0	44.3
海　南	28	8568	119463	47401	64.0	36.7
重　庆	1067	264386	74474	51647	119.9	63.4
四　川	1481	463286	60310	47175	97.2	57.1
贵　州	116	21420	50819	33232	136.0	62.2
云　南	730	128056	71087	58583	97.6	59.3
西　藏	46	8320	82796	68867	101.7	62.2
陕　西	176	51494	62533	54836	108.4	59.1
甘　肃	238	75764	42969	33892	68.1	36.3
青　海	118	20321	51538	45613	64.5	38.1
宁　夏	231	40936	65956	56497	74.1	42.5
新　疆	314	46696	102732	75725	71.6	43.4

各地区私营建筑业企业营业额

单位:万元

地　区	企业营业额	在境外完成的营业额	企业总产值	#建筑业总产值
全国总计	**60172462**	**580392**	**59592070**	**56654134**
北　京	1263366	3607	1259759	1236760
天　津	502994	1361	501633	425278
河　北	1442567	7017	1435550	1384922
山　西	487927	210	487718	480276
内蒙古	692057	4551	687506	601134
辽　宁	2551371	2831	2548541	2525181
吉　林	247068	173	246895	245949
黑龙江	595601	475	595126	576361
上　海	4754832	9749	4745083	4440647
江　苏	10913366	211477	10701890	10360280
浙　江	13693201	61049	13632152	13463268
安　徽	1451620	22493	1429127	1418207
福　建	1440925	24726	1416199	1399645
江　西	476632	14752	461880	450203
山　东	3230552	24655	3205898	3098943
河　南	1215815	43924	1171891	1159822
湖　北	1452776	23432	1429344	1411554
湖　南	1030056	11630	1018426	885222
广　东	4738519	72697	4665822	3333437
广　西	343385	113	343272	301586
海　南	103604		103604	102356
重　庆	2027073		2027073	1968983
四　川	2850688	16428	2834261	2794058
贵　州	118562	165	118397	108854
云　南	941107	10238	930869	910315
西　藏	75143	2001	73142	68886
陕　西	323195		323195	322006
甘　肃	332714	4699	328015	325552
青　海	105943		105943	104731
宁　夏	282773	5874	276898	269999
新　疆	487030	68	486962	479718

各地区私营建筑业企业资产构成

单位:万元

地区	资产合计	#流动资产小计	#长期投资	#固定资产小计	#无形及递延资产
全国总计	**49314936**	**35661668**	**1719784**	**10681580**	**1123010**
北京	1417644	1090002	62283	245085	16400
天津	565201	419357	16559	111866	12900
河北	1303034	813397	50600	404301	32894
山西	682925	411967	15895	246688	7558
内蒙古	589459	371828	18458	182139	16357
辽宁	2074070	1389256	49556	566843	67280
吉林	327534	204529	4190	114172	3812
黑龙江	1012880	637819	133529	233763	6122
上海	4473242	3693482	193470	478542	96417
江苏	7796668	6335904	160836	1166464	114589
浙江	8177141	6358378	369132	1330077	97313
安徽	970534	617272	19572	297672	32090
福建	1249121	919687	52960	257447	17202
江西	405080	253792	8779	124734	17471
山东	3084640	2169370	63720	758586	85839
河南	1146623	710268	23982	380363	27806
湖北	1189267	692232	29529	425764	37418
湖南	602831	379365	20599	180387	21377
广东	3892305	2985745	137279	674241	82357
广西	393801	277594	21945	81081	12905
海南	235350	124854	23579	77986	8817
重庆	1713588	1180428	50254	436378	41561
四川	2638316	1703146	71642	734040	118016
贵州	144729	88191	1669	47401	7250
云南	1111316	607606	35856	423896	40381
西藏	128802	58746	7621	57867	4304
陕西	477216	257846	19436	168638	30738
甘肃	391147	209510	4818	170289	5744
青海	155903	85770	6946	58076	5030
宁夏	372912	229647	12295	120232	10028
新疆	591659	384681	32801	126564	45036

各地区私营建筑业企业流动资产、无形及递延资产

单位:万元

地　　区	流动资产	#存货	无形及递延资产	#无形资产
全国总计	**35661668**	**10830338**	**1123010**	**965669**
北　　京	1090002	318115	16400	13067
天　　津	419357	107732	12900	9850
河　　北	813397	234900	32894	30315
山　　西	411967	116778	7558	6498
内 蒙 古	371828	76273	16357	14991
辽　　宁	1389256	296608	67280	61275
吉　　林	204529	41248	3812	3587
黑 龙 江	637819	139181	6122	5349
上　　海	3693482	1019982	96417	50253
江　　苏	6335904	2226764	114589	106747
浙　　江	6358378	2115932	97313	84722
安　　徽	617272	182681	32090	29082
福　　建	919687	283278	17202	14302
江　　西	253792	87732	17471	14967
山　　东	2169370	559703	85839	79650
河　　南	710268	207872	27806	24048
湖　　北	692232	238725	37418	34265
湖　　南	379365	93442	21377	19360
广　　东	2985745	931731	82357	67852
广　　西	277594	62212	12905	12532
海　　南	124854	31842	8817	8357
重　　庆	1180428	401824	41561	33442
四　　川	1703146	572365	118016	109871
贵　　州	88191	26702	7250	6833
云　　南	607606	161117	40381	36349
西　　藏	58746	13354	4304	3954
陕　　西	257846	74824	30738	29862
甘　　肃	209510	58336	5744	4867
青　　海	85770	36105	5030	4605
宁　　夏	229647	52072	10028	9689
新　　疆	384681	60910	45036	35132

各地区私营建筑业企业固定资产情况

单位：万元

地　区	固定资产小计	固定资产原价	#生产经营用	固定资产折旧	#本年折旧	在建工程
全国总计	**10681580**	**12387831**	**9546641**	**3083091**	**669000**	**1052125**
北　京	245085	287352	218043	82210	21053	34255
天　津	111866	117134	82089	26191	7838	12982
河　北	404301	449124	358829	107454	21421	32482
山　西	246688	275160	209278	51781	14949	18331
内蒙古	182139	189898	154933	36498	8342	24297
辽　宁	566843	677591	547454	145956	32702	27851
吉　林	114172	137027	87712	32054	7445	4606
黑龙江	233763	263140	214799	50479	13389	18843
上　海	478542	522414	356230	138289	29838	87853
江　苏	1166464	1401364	1168204	414143	84767	143230
浙　江	1330077	1672428	1401246	468390	105973	73208
安　徽	297672	316334	233298	68433	13466	41682
福　建	257447	306288	237497	76308	17754	21345
江　西	124734	135543	103274	27067	5430	11144
山　东	758586	888509	658060	224034	52431	65991
河　南	380363	430599	291942	89006	17184	30384
湖　北	425764	475123	366962	84618	17920	27744
湖　南	180387	200142	140395	47347	10082	23705
广　东	674241	818030	601297	254665	51719	95523
广　西	81081	88837	68156	19289	4254	10842
海　南	77986	47100	38349	5346	1304	36232
重　庆	436378	503551	408485	122533	25720	45247
四　川	734040	845704	614026	204110	38470	65243
贵　州	47401	45157	32570	7796	1675	8299
云　南	423896	493805	360730	117637	22298	33634
西　藏	57867	55896	25862	10906	6017	7257
陕　西	168638	179463	133811	33015	7783	14170
甘　肃	170289	186792	135664	41535	6392	16709
青　海	58076	66588	42555	13140	3219	3714
宁　夏	120232	154851	126130	41823	9512	6476
新　疆	126564	156889	128765	41037	8654	8849

各地区私营建筑业企业负债及所有者权益

单位:万元

地　　区	负债合计	流动负债	长期负债	所有者权益	#实收资本
全国总计	**26189833**	**25073473**	**1116360**	**23125103**	**18408399**
北　　京	696053	688401	7651	721592	663233
天　　津	306166	287863	18303	259035	239228
河　　北	497377	476738	20639	805657	609356
山　　西	240201	224871	15330	442724	391900
内 蒙 古	288706	244385	44321	300753	228922
辽　　宁	968027	947169	20858	1106043	887729
吉　　林	140000	133617	6383	187534	154801
黑 龙 江	457213	430896	26317	555667	443581
上　　海	2770496	2640167	130329	1702745	1249223
江　　苏	5190791	5080579	110212	2605877	1877521
浙　　江	5155530	5012406	143125	3021611	2196635
安　　徽	429622	409880	19741	540913	433301
福　　建	547553	531520	16033	701568	632819
江　　西	158883	145981	12902	246197	212590
山　　东	1604314	1516617	87698	1480325	1239121
河　　南	429391	388898	40493	717232	647816
湖　　北	440714	408045	32669	748553	628509
湖　　南	266360	248487	17873	336471	268578
广　　东	2081544	1991077	90467	1810761	1311824
广　　西	214708	205766	8942	179094	160998
海　　南	140252	111353	28899	95098	67515
重　　庆	654286	614841	39445	1059302	893147
四　　川	1137367	1074565	62802	1500949	1275154
贵　　州	53604	49354	4250	91125	81790
云　　南	420384	388994	31390	690933	609607
西　　藏	29007	25768	3239	99796	84636
陕　　西	197934	170761	27173	279282	238163
甘　　肃	122950	114750	8200	268197	232814
青　　海	66113	64538	1575	89790	80193
宁　　夏	174008	163521	10487	198904	173513
新　　疆	310279	281666	28613	281379	194183

各地区私营建筑业企业实收资本

单位:万元

地区	合计	国家资本	集体资本	法人资本	个人资本	港澳台资本	外商资本
全国总计	**18408399**	**45**	**565**	**4298533**	**14109123**		**133**
北京	663233			123969	539265		
天津	239228			83250	155978		
河北	609356			162212	447143		
山西	391900	45		130157	261698		
内蒙古	228922			525	228397		
辽宁	887729			132219	755510		
吉林	154801			52023	102778		
黑龙江	443581			74047	369534		
上海	1249223			324720	924503		
江苏	1877521			325970	1551550		
浙江	2196635			325748	1870888		
安徽	433301			101104	332197		
福建	632819			108318	524367		133
江西	212590		482	49615	162493		
山东	1239121			347555	891567		
河南	647816			173684	474133		
湖北	628509			217752	410758		
湖南	268578			83671	184907		
广东	1311824			456690	855133		
广西	160998			23290	137707		
海南	67515			37440	30075		
重庆	893147			188763	704385		
四川	1275154			247505	1027649		
贵州	81790			5624	76166		
云南	609607			201716	407891		
西藏	84636		50	43427	41159		
陕西	238163		33	110346	127785		
甘肃	232814			84867	147947		
青海	80193			21172	59020		
宁夏	173513			26025	147488		
新疆	194183			35130	159054		

各地区私营建筑业企业收入情况

单位:万元

地　　区	工程结算收　入	工程结算成　本	工程结算税金及附加	工程结算利　润	经营费用	其他业务收　入	#其他业务利　润
全国总计	**50508708**	**44036397**	**1757680**	**4337247**	**377385**	**524267**	**116324**
北　京	1205452	996940	36521	151444	20547	21079	7283
天　津	459081	403623	14504	37162	3791	12583	1295
河　北	1352220	1157951	49637	130117	14514	3658	1308
山　西	468329	389274	17334	49209	12512	4813	873
内蒙古	578962	491378	20433	65585	1567	3318	743
辽　宁	2384048	2069520	85492	221013	8023	16708	3741
吉　林	247360	211560	8483	25169	2149	2778	862
黑龙江	549231	470693	17467	53300	7771	7057	685
上　海	4693484	4072260	138306	443554	39363	40025	10362
江　苏	8002060	7067075	277646	613127	44211	90178	21832
浙　江	11405178	10214871	410381	757093	22834	99975	17528
安　徽	1227987	1064508	46023	107099	10357	6611	1660
福　建	1306584	1140694	48342	112484	5064	15120	2809
江　西	395241	345438	14126	32455	3221	2722	532
山　东	2622902	2209801	90254	285725	37121	23609	4924
河　南	1051870	937869	35670	73284	5047	2894	1270
湖　北	1323232	1135189	44898	126197	16949	6575	2397
湖　南	828335	722413	32636	68624	4662	8949	1074
广　东	3505521	2977061	129167	360329	38964	81548	17290
广　西	286167	253482	10083	20261	2341	7919	1984
海　南	81989	67559	2729	10411	1290	56	1
重　庆	1675532	1467090	58370	142049	8023	14019	2382
四　川	2440452	2114257	84667	214661	26866	24015	4845
贵　州	96711	84373	4338	6865	1135	1258	313
云　南	818704	689119	28409	82106	19070	9862	3387
西　藏	72937	59480	2535	8624	2299	1340	127
陕　西	297289	248819	10533	32037	5900	1753	792
甘　肃	332189	282466	12541	33966	3216	2680	640
青　海	97408	88496	3119	4903	890	874	280
宁　夏	253097	216679	8160	25903	2355	6214	1658
新　疆	449158	386459	14876	42492	5331	4075	1449

各地区私营建筑业企业费用情况

单位:万元

地　区	管理费用	#税金	#财　产保险费	#差旅费	#工会经费	财务费用	#利息支出
全国总计	**2246599**	**92718**	**25300**	**113650**	**21810**	**279005**	**187858**
北　京	125669	1288	496	3759	345	3079	2320
天　津	30698	602	260	1140	109	2407	848
河　北	63888	3370	979	2246	436	8072	5077
山　西	32639	1055	484	2501	231	3041	1903
内蒙古	25703	3500	372	1015	413	5600	3094
辽　宁	106254	3380	822	3424	1027	10311	6931
吉　林	14906	649	133	586	175	1879	1636
黑龙江	36566	1237	287	1910	166	6036	5026
上　海	172817	3784	1261	6165	1289	11051	7480
江　苏	324073	10213	3560	17295	3415	34230	21938
浙　江	338665	18377	4185	27432	4132	64085	54027
安　徽	66577	3625	903	2849	890	6459	3479
福　建	50576	2054	552	2649	603	5118	3305
江　西	19328	972	235	1372	126	2220	1319
山　东	134380	8769	1936	6374	1613	23565	14285
河　南	45210	2377	710	2460	530	6538	3186
湖　北	70966	3235	1152	2644	907	9456	3782
湖　南	31760	2423	302	1319	222	6487	3079
广　东	211427	5918	1835	7949	1762	16092	8947
广　西	18489	600	111	899	139	442	192
海　南	2746	97	5	154	19	218	203
重　庆	74997	3163	742	3487	784	10749	6420
四　川	118602	5766	2037	7166	1778	17655	11511
贵　州	4482	372	84	224	32	646	322
云　南	44055	2050	650	2358	259	7551	4797
西　藏	2751	207	67	297	17	360	74
陕　西	15779	980	434	964	111	4049	3103
甘　肃	15855	1097	351	1100	44	3068	1730
青　海	5172	323	51	148	28	586	402
宁　夏	14929	379	71	632	131	4254	3976
新　疆	26642	857	233	1132	76	3703	3468

各地区私营建筑业企业利润及税金情况

单位:万元

地　　区	利润总额	#应交所得税	税金总额	工程结算税金及附加	管理费用中的税金
全国总计	**1993983**	**509350**	**1850398**	**1757680**	**92718**
北　　京	31525	10918	37810	36521	1288
天　　津	6771	2922	15107	14504	602
河　　北	62907	19687	53007	49637	3370
山　　西	14630	4584	18389	17334	1055
内 蒙 古	35300	6001	23933	20433	3500
辽　　宁	110531	40192	88873	85492	3380
吉　　林	9679	2200	9133	8483	649
黑 龙 江	17148	5335	18704	17467	1237
上　　海	293117	38044	142090	138306	3784
江　　苏	274491	82108	287859	277646	10213
浙　　江	375665	106348	428757	410381	18377
安　　徽	35651	9801	49647	46023	3625
福　　建	62647	13232	50396	48342	2054
江　　西	11765	4298	15098	14126	972
山　　东	136577	34204	99023	90254	8769
河　　南	24733	7808	38047	35670	2377
湖　　北	50306	12902	48133	44898	3235
湖　　南	32278	7403	35059	32636	2423
广　　东	152844	37356	135085	129167	5918
广　　西	4488	1581	10683	10083	600
海　　南	7443	1845	2826	2729	97
重　　庆	60899	16025	61533	58370	3163
四　　川	85331	22950	90434	84667	5766
贵　　州	2172	745	4710	4338	372
云　　南	34546	7873	30459	28409	2050
西　　藏	7326	689	2741	2535	207
陕　　西	13092	3934	11513	10533	980
甘　　肃	17806	2578	13638	12541	1097
青　　海	－371	430	3442	3119	323
宁　　夏	8004	2259	8540	8160	379
新　　疆	14686	3098	15732	14876	857

各地区私营建筑业企业应收工程款及企业亏损情况

地　区	应收工程款（万元）	#竣工工程	企业个数（个）	#亏损企业	亏损企业的比重（%）
全国总计	**8120962**	**5135046**	**22246**	**5291**	**23.8**
北　京	201551	99411	1055	359	34.0
天　津	58853	38546	445	171	38.4
河　北	289149	203885	671	129	19.2
山　西	101679	66030	604	149	24.7
内蒙古	146011	102843	221	32	14.5
辽　宁	260207	160675	1200	298	24.8
吉　林	52560	32864	254	73	28.7
黑龙江	102966	65092	482	179	37.1
上　海	674700	382331	1259	158	12.5
江　苏	1666188	1036031	2479	427	17.2
浙　江	1033827	603655	2217	255	11.5
安　徽	228033	160894	699	171	24.5
福　建	155636	104871	650	168	25.8
江　西	44497	31704	301	67	22.3
山　东	657116	411840	1821	414	22.7
河　南	136809	82924	762	296	38.8
湖　北	210154	135311	639	138	21.6
湖　南	138835	84860	297	49	16.5
广　东	507878	320901	1385	285	20.6
广　西	64427	40841	260	107	41.2
海　南	17846	13048	28	9	32.1
重　庆	259200	183220	1067	305	28.6
四　川	393624	271521	1481	391	26.4
贵　州	17780	12000	116	51	44.0
云　南	274607	217896	730	209	28.6
西　藏	23023	15513	46	4	8.7
陕　西	71293	45251	176	37	21.0
甘　肃	104867	66234	238	65	27.3
青　海	26597	21210	118	44	37.3
宁　夏	67220	46889	231	81	35.1
新　疆	133832	76756	314	170	54.1

各地区私营建筑业企业主要经济效益指标

地　区	产值利润率（%）	产值利税率（%）	资本利润率（%）	资本利税率（%）	人均利润（元/人）	人均利税（元/人）	资产负债率（%）
全国总计	**3.5**	**6.8**	**10.8**	**20.9**	**3261**	**6287**	**53.1**
北　京	2.5	5.6	4.8	10.5	2663	5858	49.1
天　津	1.6	5.1	2.8	9.1	1659	5361	54.2
河　北	4.5	8.4	10.3	19.0	2809	5175	38.2
山　西	3.0	6.9	3.7	8.4	1757	3964	35.2
内蒙古	5.9	9.9	15.4	25.9	3830	6426	49.0
辽　宁	4.4	7.9	12.5	22.5	4070	7343	46.7
吉　林	3.9	7.6	6.3	12.2	2675	5200	42.7
黑龙江	3.0	6.2	3.9	8.1	2135	4464	45.1
上　海	6.6	9.8	23.5	34.8	8703	12921	61.9
江　苏	2.6	5.4	14.6	30.0	2965	6075	66.6
浙　江	2.8	6.0	17.1	36.6	3516	7529	63.0
安　徽	2.5	6.0	8.2	19.7	1647	3940	44.3
福　建	4.5	8.1	9.9	17.9	4458	8043	43.8
江　西	2.6	6.0	5.5	12.6	1886	4307	39.2
山　东	4.4	7.6	11.0	19.0	2974	5131	52.0
河　南	2.1	5.4	3.8	9.7	1378	3498	37.4
湖　北	3.6	7.0	8.0	15.7	2723	5328	37.1
湖　南	3.6	7.6	12.0	25.1	2693	5617	44.2
广　东	4.6	8.6	11.7	21.9	5085	9578	53.5
广　西	1.5	5.0	2.8	9.4	998	3373	54.5
海　南	7.3	10.0	11.0	15.2	8687	11985	59.6
重　庆	3.1	6.2	6.8	13.7	2303	4631	38.2
四　川	3.1	6.3	6.7	13.8	1842	3794	43.1
贵　州	2.0	6.3	2.7	8.4	1014	3213	37.0
云　南	3.8	7.1	5.7	10.7	2698	5076	37.8
西　藏	10.6	14.6	8.7	11.9	8805	12100	22.5
陕　西	4.1	7.6	5.5	10.3	2542	4778	41.5
甘　肃	5.5	9.7	7.6	13.5	2350	4150	31.4
青　海	-0.4	2.9	-0.5	3.8	-183	1511	42.4
宁　夏	3.0	6.1	4.6	9.5	1955	4041	46.7
新　疆	3.1	6.3	7.6	15.7	3145	6514	52.4

各地区联营建筑业企业签订合同情况

单位:万元

地区	合同总额	上年结转合同额	本年新签合同额
全国总计	**1557146**	**624161**	**932985**
北京	2464	236	2228
天津	13308	4199	9109
河北	42362	20442	21921
山西	1997	1007	990
内蒙古	543		543
辽宁	33583	9372	24211
吉林	12297		12297
黑龙江	21010	13171	7839
上海	79147	18374	60773
江苏	40924	14339	26585
浙江	14023	3269	10754
安徽	290652	86114	204538
福建	16283	5546	10737
江西	4313	535	3778
山东	191199	84778	106421
河南	19522	2114	17408
湖北	298277	116662	181615
湖南	23318	3511	19807
广东	334790	203954	130837
广西			
海南	2073		2073
重庆	18931	2957	15974
四川	50033	14712	35321
贵州	2230	807	1424
云南	13781	5840	7940
西藏	6798	5932	866
陕西	22519	6215	16304
甘肃	176	76	100
青海			
宁夏			
新疆	596		596

各地区联营建筑业企业承包工程完成情况

单位:万元

地区	直接从建设单位承揽工程完成的产值	自行完成施工产值	分包出去工程的产值	从建设单位以外承揽工程完成的产值
全国总计	**1038934**	**985536**	**53398**	**28270**
北京	2464	2464		
天津	14205	14185	20	
河北	30732	30732		
山西	1560	1364	196	
内蒙古	543	543		
辽宁	28569	28569		1861
吉林	12297	12297		
黑龙江	20251	20251		
上海	52488	49758	2730	7022
江苏	40440	38000	2440	
浙江	10424	10424		
安徽	208537	197099	11438	984
福建	13624	13624		1288
江西	5133	5133		11
山东	75546	75475	71	239
河南	18147	18147		
湖北	148325	143739	4586	5755
湖南	19754	19625	129	201
广东	261522	230159	31363	9835
广西	746	619	127	
海南	515	515		
重庆	16966	16966		30
四川	33112	33112		520
贵州	957	957		226
云南	8405	8405		
西藏	1673	1375	298	298
陕西	11332	11332		
甘肃	116	116		
青海				
宁夏				
新疆	553	553		

各地区联营建筑业总产值和竣工产值

单位:万元

地区	建筑业总产值	#装饰装修产值	#在外省完成的产值	按构成分组			竣工产值
				建筑工程产值	安装工程产值	其他产值	
全国总计	**1013806**	**46418**	**140591**	**911049**	**78887**	**23870**	**666473**
北京	2464	2351		2351	113		2464
天津	14185	4256		12947	821	417	9503
河北	30732		13500	30178	290	264	34541
山西	1364	330		744	600	20	180
内蒙古	543			543			543
辽宁	30430	1129	3405	13788	16629	13	13745
吉林	12297			12297			12297
黑龙江	20251	3120		17621	2430	200	15011
上海	56780	7179	100	36722	14402	5656	37562
江苏	38000		12557	33137	3480	1383	24935
浙江	10424	634	145	7678	2653	93	7760
安徽	198083	1931	16890	181886	7090	9107	129116
福建	14912	1520	1625	12559	1797	557	8262
江西	5143			5143			2543
山东	75714	1290	59534	74245	344	1125	78535
河南	18147		6168	15625	2522		16580
湖北	149494	6346	13976	145024	3820	650	78070
湖南	19826		3719	17721	1905	200	18268
广东	239994	14195	6841	221196	16196	2601	113088
广西	619			619			
海南	515				515		
重庆	16996	259	936	16476	330	190	21478
四川	33632	763	567	30205	2724	702	28281
贵州	1183			1084		99	1295
云南	8405	445	628	7680	162	563	2731
西藏	1673			1673			293
陕西	11332			11302		30	8747
甘肃	116	116		53	63		102
青海							
宁夏							
新疆	553	553		553			545

各地区联营建筑业企业房屋建筑面积

地　　区	房屋建筑施工面积（万平方米）	#本　年新开工	#实行投标承包面积	#本年新开工	房屋建筑竣工面积（万平方米）	房屋建筑面积竣工率（%）
全国总计	**966.3**	**471.1**	**674.1**	**418.4**	**593.7**	**61.4**
北　　京						
天　　津	4.2	0.3	3.8		4.2	100.0
河　　北	52.3	17.6	39.6	17.6	37.8	72.3
山　　西	2.5	1.7	1.7	1.6		
内 蒙 古	1.0	1.0	1.0	1.0	1.0	100.0
辽　　宁	3.7					
吉　　林	18.7	18.7	18.7	18.7	18.7	100.0
黑 龙 江	17.4	8.3	10.8	7.8	11.9	68.5
上　　海	34.3	29.6	24.9	13.3	19.4	56.4
江　　苏						
浙　　江						
安　　徽	297.2	157.2	288.8	154.5	132.3	44.5
福　　建	10.3	6.9	10.3	6.9	3.5	34.2
江　　西	4.2	1.8	4.2	1.8	3.6	85.6
山　　东	3.6	1.9	3.6	1.9	3.6	97.8
河　　南	23.5	18.3	22.7	17.9	14.3	60.7
湖　　北	265.1	53.8	70.9	53.1	205.8	77.6
湖　　南	27.9	23.4	25.9	22.4	24.7	88.4
广　　东	71.6	33.3	53.6	22.2	20.4	28.5
广　　西						
海　　南						
重　　庆	36.4	27.2	25.0	25.0	32.9	90.5
四　　川	59.5	46.7	50.3	39.9	44.2	74.2
贵　　州	4.4	3.2	0.3	0.2	3.8	86.3
云　　南	0.2	0.2			0.2	100.0
西　　藏	0.4	0.2	0.2	0.2	0.3	75.4
陕　　西	27.9	20.0	17.8	12.5	11.4	40.8
甘　　肃						
青　　海						
宁　　夏						
新　　疆						

各地区按主要用途分的联营建筑业企业房屋建筑竣工面积

单位:万平方米

地区	合计	厂房、仓库	住宅	办公用房	批发和零售用房	住宿和餐饮用房
全国总计	**593.7**	**67.4**	**238.9**	**39.0**	**9.6**	**10.9**
北京						
天津	4.2	0.3	3.8			
河北	37.8		35.3	0.6		0.2
山西						
内蒙古	1.0	1.0				
辽宁						
吉林	18.7		14.4	0.5		
黑龙江	11.9	5.3	4.0	0.5		
上海	19.4	9.8	6.1	2.9		
江苏						
浙江						
安徽	132.3	18.1	67.4	12.8	8.6	2.6
福建	3.5	0.4	2.8	0.3		
江西	3.6	1.0	0.7	0.4		
山东	3.6		3.2			
河南	14.3		10.4	3.1	0.2	
湖北	205.8	0.8	15.0	10.0		
湖南	24.7		16.6	2.5		2.5
广东	20.4	4.2	12.6	0.3		
广西						
海南						
重庆	32.9	9.8	21.6		0.5	
四川	44.2	16.1	14.9	3.3		5.5
贵州	3.8	0.5	1.9	0.5	0.4	
云南	0.2	0.1				
西藏	0.3		0.1			
陕西	11.4		8.2	1.4		
甘肃						
青海						
宁夏						
新疆						

续表　　单位:万平方米

地　　区	居民服务业用房	教育用房	文化、体育和娱乐用房	卫生医疗用房	科研用房	其他用房
全国总计	**7.0**	**26.5**	**3.8**	**3.9**		**186.6**
北　　京						
天　　津						
河　　北		0.3		0.8		0.8
山　　西						
内 蒙 古						
辽　　宁						
吉　　林		2.2		0.2		1.4
黑 龙 江	0.3	0.9		0.4		0.4
上　　海		0.3		0.1		0.2
江　　苏						
浙　　江						
安　　徽	5.7	13.3	1.5	0.1		2.1
福　　建						
江　　西	0.3	0.7	0.3	0.2		
山　　东						0.4
河　　南	0.3		0.3			
湖　　北		0.8	0.9	0.1		178.3
湖　　南		1.3		1.8		
广　　东		1.7				1.6
广　　西						
海　　南						
重　　庆		0.8				0.3
四　　川		2.7	0.7			1.0
贵　　州		0.3				0.1
云　　南						0.1
西　　藏						0.2
陕　　西	0.4	1.2		0.2		
甘　　肃						
青　　海						
宁　　夏						
新　　疆						

各地区按主要用途分的联营建筑业企业房屋建筑竣工价值

单位:万元

地区	合计	厂房、仓库	住宅	办公用房	批发和零售用房	住宿和餐饮用房
全国总计	**333778**	**42399**	**158875**	**33527**	**4865**	**6475**
北京						
天津	3177	442	2735			
河北	33898		31852	635		180
山西						
内蒙古	543	543				
辽宁						
吉林	12297		8998	357		
黑龙江	11346	4646	3430	750		
上海	16481	7111	6317	2710		
江苏						
浙江						
安徽	87741	9915	42480	11202	4338	1669
福建	1954	130	1704	120		
江西	2543	663	324	198		
山东	2092		1403			
河南	11746		8605	2620	100	
湖北	71779	462	10378	10182		
湖南	11843		6941	1775		1473
广东	12115	2066	8230	175		
广西						
海南						
重庆	18417	7294	10278		318	
四川	26368	8901	8966	1685		3111
贵州	1228	172	558	209	109	
云南	162	55				42
西藏	293		173			
陕西	7755		5502	909		
甘肃						
青海						
宁夏						
新疆						

续表 单位:万元

地　区	居民服务业用房	教育用房	文化、体育和娱乐用房	卫生医疗用房	科研用房	其他用房
全国总计	**4289**	**21638**	**4880**	**3047**		**53782**
北　京						
天　津						
河　北		157		738		336
山　西						
内蒙古						
辽　宁						
吉　林		1892		140		910
黑龙江	350	1240		490		440
上　海		171		58		114
江　苏						
浙　江						
安　徽	3178	11561	2092	105		1201
福　建						
江　西	114	741	132	371		
山　东						689
河　南	270		150			
湖　北		510	1593	56		48599
湖　南		761		893		
广　东		888				756
广　西						
海　南						
重　庆		391				136
四　川		2406	900			400
贵　州	7	128	13	15		16
云　南						65
西　藏						120
陕　西	370	793		181		
甘　肃						
青　海						
宁　夏						
新　疆						

各地区联营建筑业企业施工机械设备情况

地　区	年末自有施工机械设备总台数(台)	年末自有施工机械设备总功率(千瓦)	年末自有施工机械设备净值(万元)	技术装备率(元/人)	动力装备率(千瓦/人)
全国总计	**26438**	**470771**	**82505**	**8894**	**5.1**
北　京					
天　津	516	16088	1428	21738	24.5
河　北	1220	10458	1575	3216	2.1
山　西	78	990	240	6446	2.7
内蒙古	30	800	123	16400	10.7
辽　宁	716	8325	1393	10446	6.2
吉　林	361	6955	1100	8118	5.1
黑龙江	682	5926	5904	32495	3.3
上　海	872	8094	1826	4510	2.0
江　苏	1013	16842	1596	5101	5.4
浙　江	563	7830	1133	11888	8.2
安　徽	5749	82568	14050	6274	3.7
福　建	588	10478	2613	17763	7.1
江　西	226	2900	171	6863	11.6
山　东	758	49311	6275	11526	9.1
河　南	3770	23840	1278	2942	5.5
湖　北	1651	81845	8492	9223	8.9
湖　南	361	4266	1545	12749	3.5
广　东	3440	90239	18242	13893	6.9
广　西	49	561	66	5240	4.5
海　南					
重　庆	516	5207	3631	12023	1.7
四　川	809	6334	2631	3194	0.8
贵　州	120	718	141	7966	4.1
云　南	571	20347	5177	40891	16.1
西　藏	71	210	593	5558	0.2
陕　西	1690	9320	1246	5738	4.3
甘　肃	6	175	13	2083	2.9
青　海					
宁　夏					
新　疆	12	144	26	4778	2.7

各地区联营建筑业企业主要生产效益指标

地　区	建筑业企业个数（个）	计算建筑业劳动生产率的平均人数（人）	按总产值计算的劳动生产率（元/人）	人均竣工产值（元/人）	人均施工面积（平方米/人）	人均竣工面积（平方米/人）
全国总计	**162**	**97103**	**104405**	**68636**	**99.5**	**61.1**
北　京	2	370	66595	66595		
天　津	4	1035	137050	91818	40.3	40.3
河　北	4	6521	47128	52969	80.2	58.0
山　西	3	351	38869	5128	70.9	
内蒙古	1	340	15965	15965	29.0	29.0
辽　宁	7	1852	164308	74215	20.1	
吉　林	1	2440	50398	50398	76.5	76.5
黑龙江	4	2040	99269	73583	85.1	58.3
上　海	18	4003	141844	93834	85.8	48.4
江　苏	7	3005	126456	82978		
浙　江	5	942	110659	82378		
安　徽	15	25771	76863	50101	115.3	51.3
福　建	8	1180	126373	70019	87.0	29.8
江　西	3	311	165370	81768	134.1	114.8
山　东	7	5291	143100	148430	6.9	6.7
河　南	5	4212	43084	39364	55.9	33.9
湖　北	9	8572	174398	91075	309.2	240.1
湖　南	5	1315	150766	138922	212.1	187.6
广　东	21	14990	160103	75442	47.8	13.6
广　西	1	120	51550			
海　南	1	243	21193			
重　庆	7	2667	63726	80532	136.5	123.5
四　川	10	5409	62177	52285	110.0	81.6
贵　州	2	232	50978	55806	187.6	161.9
云　南	3	1327	63340	20583	1.5	1.5
西　藏	2	331	50547	8861	13.0	9.8
陕　西	4	2142	52905	40837	130.5	53.3
甘　肃	1	21	55143	48571		
青　海						
宁　夏						
新　疆	2	70	79000	77857		

各地区联营建筑业企业营业额

单位:万元

地　区	企业营业额	在境外完成的营业额	企业总产值	#建筑业总产值
全国总计	**1093816**	**12135**	**1081681**	**1013806**
北　京	2464		2464	2464
天　津	14272		14272	14185
河　北	40175		40175	30732
山　西	1410		1410	1364
内蒙古	543		543	543
辽　宁	30700		30700	30430
吉　林	12297		12297	12297
黑龙江	20251		20251	20251
上　海	58694		58694	56780
江　苏	40440		40440	38000
浙　江	10424		10424	10424
安　徽	221724	1600	220124	198083
福　建	14912		14912	14912
江　西	5143		5143	5143
山　东	75714		75714	75714
河　南	18147		18147	18147
湖　北	166906	6616	160290	149494
湖　南	23745	3919	19826	19826
广　东	259478		259478	239994
广　西	746		746	619
海　南	515		515	515
重　庆	17036		17036	16996
四　川	34257		34257	33632
贵　州	1183		1183	1183
云　南	8405		8405	8405
西　藏	2221		2221	1673
陕　西	11332		11332	11332
甘　肃	116		116	116
青　海				
宁　夏				
新　疆	568		568	553

各地区联营建筑业企业资产构成

单位:万元

地　　区	资产合计	#流动资产小计	#长期投资	#固定资产小计	#无 形 及 递延资产
全国总计	**1028690**	**800450**	**17681**	**168032**	**37347**
北　　京	1118	1110		8	
天　　津	13557	10170	15	3371	
河　　北	16303	9266	20	7014	3
山　　西	8706	6737	275	1688	6
内 蒙 古	1215	868		342	5
辽　　宁	22576	16978	82	5235	281
吉　　林	9527	8342		1169	16
黑 龙 江	38096	28253		6644	1002
上　　海	80886	70360	1613	8687	106
江　　苏	40226	36273	399	3521	9
浙　　江	12657	11151	57	1448	1
安　　徽	176760	129426	2950	28398	15819
福　　建	22309	18121	88	3804	294
江　　西	4264	1813		2451	
山　　东	53783	44836	380	8499	
河　　南	8395	3259	2	4769	365
湖　　北	191474	155409	8219	19358	8441
湖　　南	11040	5569	1441	3911	118
广　　东	233210	197425	800	28265	4956
广　　西	1299	1233		66	
海　　南	1405	112		1279	13
重　　庆	13313	4513	4	7433	1020
四　　川	30052	20096	504	7169	2202
贵　　州	1067	219		795	18
云　　南	9818	2827	80	6911	
西　　藏	11757	7445	750	943	2620
陕　　西	12487	7416		4700	40
甘　　肃	165	149		16	
青　　海					
宁　　夏					
新　　疆	1227	1075	1	139	12

各地区联营建筑业企业流动资产、无形及递延资产

单位:万元

地　　区	流动资产	#存货	无形及递延资产	#无形资产
全国总计	**800450**	**188544**	**37347**	**35762**
北　　京	1110	124		
天　　津	10170	1788		
河　　北	9266	4978	3	3
山　　西	6737	5257	6	3
内 蒙 古	868	489	5	5
辽　　宁	16978	2197	281	260
吉　　林	8342	204	16	16
黑 龙 江	28253	11617	1002	941
上　　海	70360	13683	106	100
江　　苏	36273	11535	9	1
浙　　江	11151	2786	1	
安　　徽	129426	37371	15819	15724
福　　建	18121	5244	294	278
江　　西	1813	554		
山　　东	44836	3298		
河　　南	3259	790	365	365
湖　　北	155409	17092	8441	8422
湖　　南	5569	2252	118	115
广　　东	197425	53714	4956	4725
广　　西	1233	2		
海　　南	112		13	10
重　　庆	4513	1101	1020	1015
四　　川	20096	8042	2202	1158
贵　　州	219	109	18	1
云　　南	2827	1686		
西　　藏	7445	94	2620	2620
陕　　西	7416	2296	40	
甘　　肃	149	63		
青　　海				
宁　　夏				
新　　疆	1075	178	12	

各地区联营建筑业企业固定资产情况

单位：万元

地　　区	固定资产小　计	固定资产原　价	#生产经营用	固定资产折　旧	#本年折旧	在建工程
全国总计	**168032**	**231260**	**181692**	**88089**	**12703**	**20623**
北　京	8	32		25	6	
天　津	3371	6014	5980	2643	286	
河　北	7014	5588	5071	1254	180	2415
山　西	1688	1737	1684	218	100	160
内蒙古	342	387	304	45		
辽　宁	5235	9277	6146	4043	249	
吉　林	1169	2081	2081	912	175	
黑龙江	6644	9725	8656	3202	156	120
上　海	8687	6754	3803	3072	355	4877
江　苏	3521	6197	4720	2811	751	131
浙　江	1448	2959	2651	1511	174	
安　徽	28398	40914	32846	13897	2092	1273
福　建	3804	5177	3483	1976	172	604
江　西	2451	2653	2091	653	376	118
山　东	8499	16363	13705	8429	1045	5
河　南	4769	5858	3004	1170	203	81
湖　北	19358	28964	20743	12592	982	2535
湖　南	3911	3219	2319	879	38	1341
广　东	28265	46801	39358	22250	4482	3234
广　西	66	90	76	25	17	
海　南	1279	212		67		1067
重　庆	7433	8098	6959	757	83	92
四　川	7169	8033	6418	3297	253	978
贵　州	795	957	214	162	45	
云　南	6911	6444	5280	286	51	752
西　藏	943	1206	822	406	87	
陕　西	4700	5188	2959	1328	344	841
甘　肃	16	18	16	2	2	
青　海						
宁　夏						
新　疆	139	315	304	179	3	

各地区联营建筑业企业负债及所有者权益

单位:万元

地区	负债合计	流动负债	长期负债	所有者权益	#实收资本
全国总计	**702783**	**675913**	**26870**	**325907**	**274258**
北京	529	498	31	589	629
天津	11523	11346	177	2034	7998
河北	7215	7215		9088	7157
山西	7015	7015		1691	826
内蒙古	465	465		750	716
辽宁	10492	10000	492	12084	8676
吉林	6864	6840	24	2663	2115
黑龙江	21505	21121	383	16592	16360
上海	53381	53374	7	27505	12970
江苏	29390	29313	77	10836	9182
浙江	8165	8165		4492	3500
安徽	130520	129054	1466	46240	54232
福建	14243	14243		8066	7675
江西	1298	1012	286	2966	2821
山东	37615	37569	46	16168	16977
河南	2463	2361	102	5932	5490
湖北	155659	148648	7011	35815	29304
湖南	4900	3380	1520	6139	5466
广东	162455	161614	841	70755	40094
广西	238	238		1061	664
海南	674	674		730	730
重庆	6295	6154	141	7018	12007
四川	17280	3716	13563	12772	11785
贵州	101	65	36	966	958
云南	503	503		9316	5621
西藏	6298	5957	341	5459	3700
陕西	4979	4729	250	7508	5804
甘肃	52	52		113	110
青海					
宁夏					
新疆	667	592	75	560	694

各地区联营建筑业企业实收资本

单位:万元

地　区	合　计	国家资本	集体资本	法人资本	个人资本	港澳台资　本	外商资本
全国总计	**274258**	**72142**	**69879**	**81969**	**49168**	**1100**	
北　京	629		449	180			
天　津	7998		477	6573	948		
河　北	7157	1269	650		5238		
山　西	826		368	88	370		
内蒙古	716				716		
辽　宁	8676	2985	4514	977	200		
吉　林	2115	145	1970				
黑龙江	16360	611	14180	1528	40		
上　海	12970	1090	4394	2144	5342		
江　苏	9182	2127	791	6209	54		
浙　江	3500	787	1285	1178	250		
安　徽	54232	29055	15685	4668	4823		
福　建	7675	2604	1935	1300	1836		
江　西	2821	405	1911	505			
山　东	16977	2659	543	13440	334		
河　南	5490	2449	836		2204		
湖　北	29304	15387	2931	6671	4315		
湖　南	5466	2050	1105	1901	410		
广　东	40094	2284	8364	22054	6292	1100	
广　西	664	204	460				
海　南	730		730				
重　庆	12007	320	1422	6438	3827		
四　川	11785	1990	569	3152	6074		
贵　州	958		347		611		
云　南	5621	20	2184	301	3115		
西　藏	3700	948	200	2552			
陕　西	5804	2652	1090		2063		
甘　肃	110			110			
青　海							
宁　夏							
新　疆	694	99	489		106		

各地区联营建筑业企业收入情况

单位:万元

地区	工程结算收入	工程结算成本	工程结算税金及附加	工程结算利润	经营费用	其他业务收入	#其他业务利润
全国总计	**1011013**	**911370**	**30342**	**65212**	**4088**	**18942**	**5637**
北京	2696	2472	72	140	13	66	45
天津	14357	13949	374	33	1	178	71
河北	35600	32506	1140	1828	126		
山西	1160	883	66	180	31		
内蒙古	543	505	1	34	3		
辽宁	29456	27179	924	1305	48	328	59
吉林	11621	10244	445	931		7	7
黑龙江	20987	19285	709	888	105		
上海	57598	51237	1714	4600	46	4281	2024
江苏	33411	29950	1058	2069	334	172	32
浙江	9289	7553	311	1367	58	119	108
安徽	178212	163263	6240	8595	114	3782	1259
福建	15487	14466	482	467	72	30	
江西	6273	5407	201	612	53	15	
山东	75104	68973	2411	3114	606	3	-12
河南	17226	14531	335	2304	57		
湖北	142520	128265	4051	10083	121	8049	1564
湖南	16486	13905	597	1831	154	109	21
广东	283684	255454	7078	19550	1603	795	424
广西	706	263	18	305	120		
海南	515	310	40	158	7		
重庆	17107	15408	622	1074	3	28	3
四川	23456	21369	782	1126	181	8	7
贵州	1087	766	65	129	127	22	22
云南	2699	2450	93	141	15	32	
西藏	1673	676	128	852	17	914	
陕西	11332	9454	364	1450	64		
甘肃	175	142	6	19	9		
青海							
宁夏							
新疆	553	504	17	31		4	3

各地区联营建筑业企业费用情况

单位:万元

地区	管理费用	#税金	#财产保险费	#差旅费	#工会经费	财务费用	#利息支出
全国总计	**46199**	**1011**	**463**	**2265**	**524**	**3080**	**2085**
北京	157	5		1		28	28
天津	911	7	8	4	25	155	155
河北	628	27		1		26	11
山西	126	18	30	3	1	27	13
内蒙古	8	1	1	1		20	20
辽宁	1100	71		41	13	161	53
吉林	843	93			4	16	16
黑龙江	827	16		30	23	26	25
上海	3892	11	3	42	5	295	20
江苏	1927	26	1	28	27	-31	-34
浙江	1063	8		25	4	6	6
安徽	8822	262	260	483	217	337	292
福建	603	46		157	8	-33	-2
江西	533	1		30	6	-1	-1
山东	1831	23	5	233	18	667	261
河南	446	14	2		8	33	
湖北	9663	150	82	732	105	325	268
湖南	606	53	11	15	11	45	7
广东	9470	60	34	280	24	664	728
广西	65					-5	-5
海南	41	24				7	
重庆	711	10	15	71	3	25	25
四川	696	31	10	56	15	160	149
贵州	71			4	5	3	3
云南	29	7	2	6		7	
西藏	255	1		13	1	74	35
陕西	833	43		11	3	36	5
甘肃	12						
青海							
宁夏							
新疆	32	3				9	9

各地区联营建筑业企业利润及税金情况

单位:万元

地　　区	利润总额	#应交所得税	税金总额	工程结算税金及附加	管理费用中的税金
全国总计	**21923**	**4912**	**31354**	**30342**	**1011**
北　　京	10	3	77	72	5
天　　津	-985	21	381	374	7
河　　北	1188	351	1167	1140	27
山　　西	27	16	84	66	18
内 蒙 古	7	3	3	1	1
辽　　宁	-127	132	995	924	71
吉　　林	23	11	538	445	93
黑 龙 江	36	34	725	709	16
上　　海	2879	524	1725	1714	11
江　　苏	154	113	1084	1058	26
浙　　江	466	125	319	311	8
安　　徽	842	636	6502	6240	262
福　　建	-81	57	528	482	46
江　　西	48	2	202	201	1
山　　东	603	87	2435	2411	23
河　　南	1825	14	348	335	14
湖　　北	1819	74	4201	4051	150
湖　　南	1224	348	650	597	53
广　　东	9647	1684	7138	7078	60
广　　西	244	36	18	18	
海　　南	110	36	64	40	24
重　　庆	339	122	632	622	10
四　　川	275	56	812	782	31
贵　　州	77	8	65	65	
云　　南	104	4	100	93	7
西　　藏	586	211	129	128	1
陕　　西	585	201	407	364	43
甘　　肃	6	2	6	6	
青　　海					
宁　　夏					
新　　疆	-7		20	17	3

各地区联营建筑业企业应收工程款及企业亏损情况

地　　区	应收工程款（万元）	#竣工工程	企业个数（个）	#亏损企业	亏损企业的比重（%）
全国总计	**277521**	**174454**	**162**	**34**	**21.0**
北　　京	57	57	2	1	50.0
天　　津	3941	780	4	4	100.0
河　　北	3123	2443	4		
山　　西	886	98	3	1	33.3
内 蒙 古			1		
辽　　宁	3982	3234	7	2	28.6
吉　　林	3165	1980	1		
黑 龙 江	12353	8436	4	1	25.0
上　　海	2327	549	18	2	11.1
江　　苏	3233	2497	7	1	14.3
浙　　江	616	577	5		
安　　徽	33662	18070	15	4	26.7
福　　建	6954	565	8	3	37.5
江　　西	37	37	3		
山　　东	11176	6929	7	2	28.6
河　　南	939	895	5	1	20.0
湖　　北	97009	69090	9	2	22.2
湖　　南	602	552	5		
广　　东	68882	36821	21	4	19.0
广　　西	564	564	1		
海　　南			1		
重　　庆	5574	5343	7	1	14.3
四　　川	6986	4920	10	2	20.0
贵　　州	250	200	2		
云　　南	6882	6830	3		
西　　藏	1893	1057	2		
陕　　西	2215	1731	4	1	25.0
甘　　肃	30	20	1		
青　　海					
宁　　夏					
新　　疆	183	183	2	2	100.0

各地区联营建筑业企业主要经济效益指标

地　区	产值利润率（%）	产值利税率（%）	资本利润率（%）	资本利税率（%）	人均利润（元/人）	人均利税（元/人）	资产负债率（%）
全国总计	**2.2**	**5.3**	**8.0**	**19.4**	**2258**	**5487**	**68.3**
北　京	0.4	3.5	1.6	13.8	268	2343	47.3
天　津	-6.9	-4.3	-12.3	-7.5	-9513	-5830	85.0
河　北	3.9	7.7	16.6	32.9	1821	3610	44.3
山　西	2.0	8.1	3.3	13.4	772	3162	80.6
内蒙古	1.2	1.7	0.9	1.3	191	265	38.3
辽　宁	-0.4	2.9	-1.5	10.0	-683	4691	46.5
吉　林	0.2	4.6	1.1	26.5	93	2297	72.0
黑龙江	0.2	3.8	0.2	4.7	176	3731	56.4
上　海	5.1	8.1	22.2	35.5	7192	11502	66.0
江　苏	0.4	3.3	1.7	13.5	513	4121	73.1
浙　江	4.5	7.5	13.3	22.4	4949	8339	64.5
安　徽	0.4	3.7	1.6	13.5	327	2850	73.8
福　建	-0.5	3.0	-1.1	5.8	-690	3782	63.8
江　西	0.9	4.9	1.7	8.9	1540	8048	30.4
山　东	0.8	4.0	3.5	17.9	1139	5740	69.9
河　南	10.1	12.0	33.2	39.6	4332	5159	29.3
湖　北	1.2	4.0	6.2	20.5	2122	7023	81.3
湖　南	6.2	9.4	22.4	34.3	9305	14247	44.4
广　东	4.0	7.0	24.1	41.9	6435	11197	69.7
广　西	39.5	42.4	36.8	39.5	20358	21858	18.3
海　南	21.4	33.7	15.1	23.8	4527	7140	48.0
重　庆	2.0	5.7	2.8	8.1	1269	3637	47.3
四　川	0.8	3.2	2.3	9.2	508	2009	57.5
贵　州	6.5	12.0	8.0	14.8	3306	6103	9.5
云　南	1.2	2.4	1.9	3.6	785	1537	5.1
西　藏	35.0	42.7	15.8	19.3	17716	21607	53.6
陕　西	5.2	8.8	10.1	17.1	2731	4633	39.9
甘　肃	5.5	10.5	5.8	11.1	3048	5810	31.4
青　海							
宁　夏							
新　疆	-1.3	2.4	-1.0	1.9	-1029	1871	54.3

各地区股份制建筑业企业签订合同情况

单位:万元

地区	合同总额	上年结转合同额	本年新签合同额
全国总计	**206412777**	**74100567**	**132312210**
北京	15350832	6273895	9076937
天津	5357202	1957924	3399278
河北	6391349	2110035	4281314
山西	6015844	2508173	3507672
内蒙古	3345926	1139373	2206554
辽宁	7171719	2394135	4777584
吉林	2084848	568561	1516287
黑龙江	3464106	1101301	2362805
上海	17340441	7909804	9430637
江苏	23012696	6977063	16035633
浙江	35591658	13539765	22051893
安徽	5051122	1357678	3693445
福建	3981188	1432725	2548464
江西	2011128	666994	1344134
山东	11308816	3589968	7718849
河南	5375944	1727792	3648152
湖北	9492302	2789437	6702865
湖南	6283711	2142423	4141288
广东	12287892	5396383	6891509
广西	1139476	358606	780870
海南	107437	48167	59270
重庆	4801926	1732902	3069025
四川	6635392	2260640	4374752
贵州	780787	342692	438095
云南	3068692	881558	2187135
西藏	179749	78092	101657
陕西	3613336	1199085	2414251
甘肃	1703652	550364	1153288
青海	330365	130562	199803
宁夏	546258	128144	418114
新疆	2586983	806330	1780654

各地区股份制建筑业企业承包工程完成情况

单位:万元

地区	直接从建设单位承揽工程完成的产值	自行完成施工产值	分包出去工程的产值	从建设单位以外承揽工程完成的产值
全国总计	**125679806**	**122036176**	**3643630**	**5962704**
北京	8129542	7690764	438778	317848
天津	2887838	2754375	133463	108123
河北	4462057	4391626	70431	116380
山西	3348222	3309578	38644	34930
内蒙古	2473362	2465239	8124	56349
辽宁	4596215	4569995	26220	111197
吉林	1531194	1523493	7701	23669
黑龙江	2611765	2603758	8006	26064
上海	7446552	6126176	1320375	1179998
江苏	16564148	16260425	303723	1617554
浙江	20728140	20586777	141364	556501
安徽	3061453	3045960	15493	117284
福建	2473362	2461949	11413	22227
江西	1371356	1358887	12469	34577
山东	8717394	8617873	99521	363947
河南	3182690	3130070	52620	163250
湖北	5207685	4851869	355817	140177
湖南	4093281	4081659	11621	176694
广东	6978460	6547010	431450	289120
广西	717730	705024	12707	32537
海南	77364	75718	1646	5288
重庆	3096188	3045785	50403	116186
四川	4346299	4318738	27560	144193
贵州	551283	548904	2380	7137
云南	1512853	1496525	16328	27589
西藏	115957	114532	1425	3843
陕西	1655100	1628428	26672	57588
甘肃	1148274	1143789	4485	45444
青海	242950	235904	7046	31627
宁夏	436077	435375	702	6857
新疆	1915017	1909971	5045	28532

各地区股份制建筑业总产值和竣工产值

单位:万元

地 区	建筑业总产值	#装饰装修产 值	#在外省完成的产值	按构成分组 建筑工程产 值	安装工程产 值	其他产值	竣工产值
全国总计	**127998880**	**7588293**	**32396106**	**109602618**	**13522995**	**4873267**	**88911722**
北 京	8008612	1465129	1681703	7370315	479192	159105	5335591
天 津	2862498	92886	762712	2427510	366487	68501	1594448
河 北	4508006	144951	1205396	3753700	453032	301274	3408398
山 西	3344508	72399	1576869	2941849	222483	180176	1567772
内 蒙 古	2521588	48144	160908	2064512	408258	48818	1907289
辽 宁	4681192	207052	1020186	3983456	604413	93323	2868597
吉 林	1547162	61992	188415	1110562	368859	67741	1128050
黑 龙 江	2629823	144257	388361	2232446	313676	83701	2117779
上 海	7306175	664141	934756	5787076	1143618	375481	4747397
江 苏	17877978	722125	7083431	15840995	1629157	407827	13752873
浙 江	21143277	1182089	8241352	18405731	2113023	624523	13592259
安 徽	3163243	140178	943929	2820263	201021	141960	2135061
福 建	2484176	97664	621977	2037836	386750	59589	1709895
江 西	1393464	35093	253128	1236164	97090	60210	1119412
山 东	8981820	507089	1014915	7513778	1123681	344361	6000228
河 南	3293320	114680	1086356	2849293	334951	109076	2095413
湖 北	4992046	253167	1470101	4181673	441669	368705	3121590
湖 南	4258353	148528	683684	3550399	238798	469156	2906241
广 东	6836130	906523	714542	5581102	986413	268616	5454693
广 西	737561	53425	63571	550039	157434	30088	531141
海 南	81006	24832	10935	57172	20192	3641	42651
重 庆	3161970	116316	251785	2753872	281304	126795	2153920
四 川	4462931	187476	863922	3845122	410896	206913	4374749
贵 州	556040	19480	133261	487220	42619	26201	331218
云 南	1524114	48522	53665	1317387	159968	46758	960417
西 藏	118375	2008	621	111031	5319	2026	87390
陕 西	1686016	29866	715058	1526190	112966	46860	999771
甘 肃	1189233	34282	188523	974213	161647	53373	769669
青 海	267531	9046	1146	244606	16991	5934	182497
宁 夏	442232	2542	30582	392589	46750	2893	400067
新 疆	1938503	52413	50318	1654520	194338	89645	1515248

各地区股份制建筑业企业房屋建筑面积

地　　区	房屋建筑施工面积（万平方米）	#本　年新开工	#实行投标承包面积	#本年新开工	房屋建筑竣工面积（万平方米）	房屋建筑面积竣工率（%）
全国总计	**140543.8**	**79291.0**	**114724.0**	**67427.1**	**64421.0**	**45.8**
北　京	7799.5	3198.3	6800.0	2921.0	2887.2	37.0
天　津	1457.0	768.0	1404.5	742.6	669.8	46.0
河　北	5831.9	3724.6	4688.8	3317.6	3202.4	54.9
山　西	1397.3	836.8	1114.1	728.2	535.2	38.3
内蒙古	1724.5	1158.9	1336.5	970.4	1044.9	60.6
辽　宁	3760.4	2419.7	3063.1	1947.6	1889.3	50.2
吉　林	1197.0	838.6	1033.3	748.4	729.4	60.9
黑龙江	2092.3	1260.0	1709.9	1051.3	1262.4	60.3
上　海	5144.6	3056.9	3654.4	2267.3	1769.3	34.4
江　苏	23325.8	13809.5	21211.0	12536.7	10884.7	46.7
浙　江	27028.7	14437.9	23674.8	13005.7	10203.3	37.7
安　徽	2855.4	1836.8	2097.1	1509.2	1689.9	59.2
福　建	2716.5	1446.2	1810.6	998.5	1349.6	49.7
江　西	1585.5	983.6	1225.9	849.6	977.9	61.7
山　东	9673.3	5861.9	7356.6	4863.8	4859.7	50.2
河　南	3422.8	1874.8	2771.4	1647.2	1646.0	48.1
湖　北	5003.0	3203.7	3938.8	2623.3	2999.6	60.0
湖　南	5766.2	3502.9	4643.7	3004.6	2786.2	48.3
广　东	10177.3	3993.5	6980.2	2549.3	3307.1	32.5
广　西	999.3	574.6	697.6	472.6	432.4	43.3
海　南	54.0	22.4	19.3	10.4	23.4	43.4
重　庆	5043.0	2847.5	3919.0	2548.6	2467.2	48.9
四　川	5589.7	3551.0	3863.5	2689.6	3122.2	55.9
贵　州	645.3	297.1	511.5	262.2	328.7	50.9
云　南	1187.2	792.7	861.6	554.5	755.5	63.6
西　藏	42.7	32.0	30.7	25.2	41.0	96.0
陕　西	1151.3	673.6	966.2	556.9	524.5	45.6
甘　肃	1209.0	683.8	1043.5	580.7	599.3	49.6
青　海	195.1	118.3	162.5	92.6	118.7	60.8
宁　夏	447.0	245.7	393.4	214.1	234.1	52.4
新　疆	2021.1	1239.8	1740.1	1137.4	1079.9	53.4

各地区按主要用途分的股份制建筑业企业房屋建筑竣工面积

单位:万平方米

地区	合计	厂房、仓库	住宅	办公用房	批发和零售用房	住宿和餐饮用房
全国总计	**64421.0**	**10283.7**	**36461.4**	**5862.2**	**1650.5**	**955.9**
北京	2887.2	297.4	1900.6	288.5	51.5	12.8
天津	669.8	128.7	291.2	44.5	52.8	5.1
河北	3202.4	308.7	2080.1	240.6	81.0	33.6
山西	535.2	59.3	310.5	63.5	21.2	9.2
内蒙古	1044.9	112.5	533.9	150.2	39.0	29.4
辽宁	1889.3	219.8	1246.2	160.7	47.1	23.1
吉林	729.4	101.4	419.2	49.7	16.0	15.5
黑龙江	1262.4	130.7	754.0	88.9	39.2	14.2
上海	1769.3	511.5	811.9	177.9	25.0	13.7
江苏	10884.7	2101.5	6019.2	989.0	199.9	146.3
浙江	10203.3	2231.5	4902.9	1061.5	274.5	167.1
安徽	1689.9	185.4	959.1	145.0	41.5	35.1
福建	1349.6	307.8	773.0	99.0	4.1	8.4
江西	977.9	92.0	625.5	77.5	23.8	6.4
山东	4859.7	943.4	2722.2	383.3	147.5	86.0
河南	1646.0	217.3	898.4	170.2	39.3	26.5
湖北	2999.6	380.7	1806.2	298.6	17.5	17.1
湖南	2786.2	271.4	1530.7	356.1	95.8	51.9
广东	3307.1	913.0	1639.6	236.1	82.8	66.4
广西	432.4	47.3	268.0	47.5	1.1	11.2
海南	23.4	1.5	14.5	3.5		1.6
重庆	2467.2	195.1	1726.6	151.2	111.9	34.9
四川	3122.2	292.6	2067.4	219.4	83.3	58.0
贵州	328.7	18.9	193.7	36.2	3.3	0.7
云南	755.5	70.3	352.3	71.3	37.0	31.3
西藏	41.0	7.1	8.7	14.5	0.5	2.2
陕西	524.5	25.9	364.1	50.8	8.3	7.4
甘肃	599.3	35.4	393.0	55.7	4.0	8.3
青海	118.7	4.8	84.8	16.1	2.1	1.7
宁夏	234.1	10.0	164.9	16.5	12.2	5.0
新疆	1079.9	60.7	598.7	98.9	87.6	25.7

续表　　　　　　　　　　　　　　　　　　　　单位:万平方米

地　区	居民服务业用房	教育用房	文化、体育和娱乐用房	卫生医疗用房	科研用房	其他用房
全国总计	**1091.1**	**4096.6**	**717.1**	**653.6**	**239.3**	**2409.6**
北　京	34.6	113.7	23.8	7.5	22.2	134.7
天　津	7.0	39.7	8.5	26.1	9.2	57.1
河　北	100.2	207.4	34.1	27.9		88.7
山　西	5.9	34.0	4.1	3.7		23.7
内蒙古	12.5	77.3	19.2	11.7	0.6	58.7
辽　宁	16.0	103.9	14.1	9.3	2.5	46.5
吉　林	3.0	55.9	11.1	7.3	1.1	49.3
黑龙江	38.1	93.7	15.3	14.7	0.4	73.2
上　海	9.7	63.4	28.9	49.0	4.8	73.4
江　苏	185.5	617.6	128.9	117.9	44.9	334.0
浙　江	239.9	681.8	168.7	114.4	77.5	283.6
安　徽	48.3	169.2	19.1	16.7	3.8	66.7
福　建	19.1	80.3	5.8	7.5	3.1	41.5
江　西	18.2	74.0	4.8	3.7	3.7	48.3
山　东	61.5	262.6	29.5	23.7	16.6	183.4
河　南	23.8	159.8	26.8	27.4	6.3	50.2
湖　北	37.9	250.7	28.9	43.5	15.6	102.8
湖　南	39.2	235.8	23.7	36.1	3.4	142.1
广　东	24.9	171.5	22.6	8.0	7.4	134.9
广　西	2.5	31.6	6.0	4.7	0.9	11.5
海　南	0.2	0.4	1.2			0.5
重　庆	33.7	87.2	26.5	8.7	3.5	87.9
四　川	38.2	180.2	29.1	22.8	3.1	128.0
贵　州	2.5	48.1	1.2	4.9	0.5	18.7
云　南	17.6	80.7	7.7	16.7	0.6	70.1
西　藏	0.6	2.6	0.8	0.5		3.4
陕　西	10.6	38.9	3.0	4.8	0.5	10.4
甘　肃	19.3	48.2	6.3	8.8	3.6	16.8
青　海	0.7	1.9	0.6	0.6	0.2	5.2
宁　夏	2.9	13.9	0.8	0.7		7.1
新　疆	37.0	70.5	16.3	24.0	3.3	57.2

各地区按主要用途分的股份制建筑业企业房屋建筑竣工价值

单位:万元

地区	合计	厂房、仓库	住宅	办公用房	批发和零售用房	住宿和餐饮用房
全国总计	**52196507**	**7916836**	**27692549**	**5645927**	**1368916**	**843813**
北京	3672979	392099	2162700	478576	62780	22474
天津	770981	130023	254209	60308	64532	5445
河北	2257399	225247	1377943	193487	59718	30375
山西	407153	49358	205601	62139	13798	9053
内蒙古	804769	115490	369485	121919	30897	21797
辽宁	1482101	204517	852540	148260	54961	19725
吉林	582305	133056	271043	37352	10800	12344
黑龙江	1089690	119173	588622	88896	34258	15100
上海	2077760	542827	882369	258603	26669	12554
江苏	9181841	1606605	4898063	933416	169716	166090
浙江	9426944	1634319	4475840	1194123	244638	170477
安徽	1034685	111515	569346	103805	27988	18352
福建	982684	186735	587632	83294	3821	6094
江西	493790	55610	286965	41774	12376	2937
山东	3583964	647818	1905906	327749	123756	73305
河南	1061359	165831	531710	130302	24642	17451
湖北	1934353	265537	1056979	215697	10578	13661
湖南	1976296	209691	990366	311942	58590	39713
广东	2788737	579434	1464648	231990	67184	57234
广西	273609	23302	172230	30012	754	6067
海南	21556	892	14562	2512	22	1539
重庆	1593080	128631	1053893	119764	82492	23609
四川	1896926	193607	1181516	153021	55421	42734
贵州	182227	10242	100878	19039	2138	395
云南	526187	48049	254289	53801	35851	9260
西藏	40729	6781	8897	14598	506	2903
陕西	385570	21277	250714	49212	6623	6631
甘肃	463861	31786	276776	49367	3074	7467
青海	87916	3776	59291	14745	1487	1446
宁夏	173739	6401	110334	18609	9071	5393
新疆	941318	67209	477204	97620	69778	22190

续表 单位:万元

地　　区	居民服务业用　　房	教育用房	文化、体育和娱乐用房	卫生医疗用　　房	科研用房	其他用房
全国总计	**956830**	**3608576**	**816322**	**666996**	**306594**	**2373149**
北　京	42622	196702	41819	14474	39342	219391
天　津	17491	61565	24484	48507	23593	80825
河　北	83342	153765	28909	22045		82567
山　西	4603	26614	4058	3499		28430
内蒙古	11666	64554	17551	10395	366	40648
辽　宁	14836	97306	21649	14058	1555	52697
吉　林	1960	48342	12074	5820	968	48548
黑龙江	50257	89602	18808	14020	363	70590
上　海	14149	94589	58048	74146	9350	104458
江　苏	163021	567262	135663	102030	50624	389352
浙　江	232915	722644	217193	143737	95529	295529
安　徽	33855	103475	13414	11812	2038	39086
福　建	13582	50528	4026	7303	2593	37077
江　西	9310	45638	4171	1650	2564	30796
山　东	49336	223202	32981	19198	20679	160036
河　南	12230	102727	23683	14809	5532	32444
湖　北	30202	163694	25658	45403	16884	90060
湖　南	23589	180850	17863	23122	2804	117766
广　东	29247	191645	25707	12059	8736	120853
广　西	1825	20176	4992	3594	809	9849
海　南	90	276	1300			363
重　庆	20907	62012	20305	8921	1890	70656
四　川	23900	115806	21790	14184	6722	88226
贵　州	2229	22575	633	3308	473	20318
云　南	11428	54757	6367	11394	389	40603
西　藏	774	2536	1032	606		2097
陕　西	10583	25308	1884	3404	501	9433
甘　肃	10744	36188	5840	6155	8023	28442
青　海	633	1223	473	624	129	4090
宁　夏	2555	13682	689	701		6306
新　疆	32948	69334	23259	26022	4140	51613

各地区股份制建筑业企业施工机械设备情况

地　　区	年末自有施工机械设备总台数(台)	年末自有施工机械设备总功率(千瓦)	年末自有施工机械设备净值(万元)	技术装备率(元/人)	动力装备率(千瓦/人)
全国总计	**3247869**	**60923859**	**9234594**	**9023**	**6.0**
北　　京	161887	2264809	340356	13278	8.8
天　　津	30543	960530	307904	37713	11.8
河　　北	231442	3028889	476476	8441	5.4
山　　西	71389	1596524	272775	11483	6.7
内 蒙 古	67557	2266567	229059	12021	11.9
辽　　宁	83112	1876679	323110	8864	5.1
吉　　林	37585	805791	153882	13628	7.1
黑 龙 江	92585	2306902	366644	15237	9.6
上　　海	72249	1177732	321858	13743	5.0
江　　苏	323068	5233658	978574	7546	4.0
浙　　江	267353	3710835	780040	5915	2.8
安　　徽	125298	1592598	251186	7535	4.8
福　　建	76274	1152569	178284	8999	5.8
江　　西	44866	630981	137422	8415	3.9
山　　东	249289	9461578	688617	7163	9.8
河　　南	164220	2114692	366101	8709	5.0
湖　　北	175875	2829519	527339	12398	6.7
湖　　南	169297	2256688	408081	8030	4.4
广　　东	211428	6220891	489948	9693	12.3
广　　西	47407	555044	81883	11000	7.5
海　　南	4353	51343	9226	10434	5.8
重　　庆	88821	1206128	263604	6902	3.2
四　　川	155266	2329718	442001	7165	3.8
贵　　州	17753	339194	53715	7565	4.8
云　　南	53365	863908	166485	10253	5.3
西　　藏	3852	120980	15093	15924	12.8
陕　　西	65509	990604	148578	9808	6.5
甘　　肃	75175	1313904	189002	10839	7.5
青　　海	13383	220003	36353	11421	6.9
宁　　夏	13054	281730	53538	16676	8.8
新　　疆	54614	1162871	177463	16796	11.0

各地区股份制建筑业企业主要生产效益指标

地　区	建筑业企业个数（个）	计算建筑业劳动生产率的平均人数（人）	按总产值计算的劳动生产率（元/人）	人均竣工产值（元/人）	人均施工面积（平方米/人）	人均竣工面积（平方米/人）
全国总计	**20085**	**11213884**	**114143**	**79287**	**125.3**	**57.4**
北　京	810	529840	151152	100702	147.2	54.5
天　津	317	169002	169377	94345	86.2	39.6
河　北	945	564741	79824	60353	103.3	56.7
山　西	460	247395	135189	63371	56.5	21.6
内蒙古	401	274176	91970	69564	62.9	38.1
辽　宁	804	429971	108872	66716	87.5	43.9
吉　林	372	147537	104866	76459	81.1	49.4
黑龙江	828	326691	80499	64825	64.0	38.6
上　海	769	366062	199588	129688	140.5	48.3
江　苏	1642	1409389	126849	97580	165.5	77.2
浙　江	1127	1345442	157147	101024	200.9	75.8
安　徽	664	313881	100778	68021	91.0	53.8
福　建	508	213005	116625	80275	127.5	63.4
江　西	404	144858	96195	77276	109.5	67.5
山　东	1888	1028006	87371	58368	94.1	47.3
河　南	847	390221	84396	53698	87.7	42.2
湖　北	830	409494	121908	76230	122.2	73.3
湖　南	794	494096	86185	58819	116.7	56.4
广　东	1327	515633	132577	105786	197.4	64.1
广　西	260	73769	99982	72001	135.5	58.6
海　南	40	8655	93594	49279	62.4	27.1
重　庆	823	365643	86477	58908	137.9	67.5
四　川	1390	616551	72385	70955	90.7	50.6
贵　州	206	68271	81446	48515	94.5	48.1
云　南	396	159006	95853	60401	74.7	47.5
西　藏	33	10756	110055	81248	39.7	38.1
陕　西	294	143976	117104	69440	80.0	36.4
甘　肃	329	166160	71572	46321	72.8	36.1
青　海	133	34725	77043	52555	56.2	34.2
宁　夏	125	64336	68738	62184	69.5	36.4
新　疆	319	182596	106163	82984	110.7	59.1

各地区股份制建筑业企业营业额

单位:万元

地区	企业营业额	在境外完成的营业额	企业总产值	#建筑业总产值
全国总计	**171997018**	**1663688**	**170333330**	**127998880**
北京	8443931	41929	8402002	8008612
天津	3350836	100870	3249966	2862498
河北	4760614	88493	4672121	4508006
山西	3537052	35164	3501887	3344508
内蒙古	2563918	1790	2562128	2521588
辽宁	4833992	98994	4734997	4681192
吉林	1648870	42870	1606000	1547162
黑龙江	2699745	17164	2682581	2629823
上海	9391134	27838	9363295	7306175
江苏	19145626	426818	18718807	17877978
浙江	21918465	133239	21785226	21143277
安徽	3510860	53138	3457722	3163243
福建	3153187	198524	2954663	2484176
江西	1444448	9024	1435424	1393464
山东	42036608	62963	41973645	8981820
河南	3567609	14646	3552964	3293320
湖北	5351237	115888	5235350	4992046
湖南	6010412	47194	5963218	4258353
广东	7578804	31896	7546908	6836130
广西	778797	2823	775974	737561
海南	82670		82670	81006
重庆	3343574	481	3343093	3161970
四川	4687032	82115	4604917	4462931
贵州	581010	86	580924	556040
云南	1673682	5341	1668341	1524114
西藏	118708		118708	118375
陕西	1780829	15567	1765262	1686016
甘肃	1226995		1226995	1189233
青海	271929		271929	267531
宁夏	475259	3434	471825	442232
新疆	2029188	5400	2023788	1938503

各地区股份制建筑业企业资产构成

单位:万元

地区	资产合计	#流动资产小计	#长期投资	#固定资产小计	#无形及递延资产
全国总计	**116491401**	**86305919**	**6198312**	**20677006**	**2790800**
北京	10188377	8399723	726583	891493	125710
天津	2712303	1931541	93470	626161	42347
河北	4168566	2859665	123020	1023172	150960
山西	2881746	2085741	137171	592628	52070
内蒙古	2116832	1464970	47343	542430	53411
辽宁	4137400	3075811	212403	747239	92214
吉林	1781844	1307220	55448	367605	45976
黑龙江	3316008	2260146	116539	881495	54543
上海	8552165	6838006	723081	827050	71640
江苏	12430511	9797400	563216	1802857	234713
浙江	10746303	8544835	596783	1421212	136985
安徽	2771620	1932693	63972	648856	121332
福建	2371945	1852674	82226	399511	30857
江西	1121327	723164	39829	305778	48572
山东	9395868	6964953	401443	1678397	330515
河南	3181643	2096604	95821	831546	142040
湖北	5370286	3291657	634890	1156343	265841
湖南	2905184	1887210	89534	822305	97831
广东	9071650	7083511	479967	1241891	170026
广西	763293	525919	31923	183089	21886
海南	124244	94455	4650	24226	904
重庆	2645626	1869107	80608	607733	72891
四川	4742625	3025196	345562	1170909	187439
贵州	621562	439821	41444	123721	15954
云南	2117688	1506008	148241	407952	49087
西藏	159947	86698	22073	48043	2438
陕西	1842859	1358713	84423	369973	25768
甘肃	1365335	974633	38259	322462	21917
青海	326666	205989	7048	106422	6773
宁夏	576948	424849	20599	116661	14208
新疆	1983032	1397010	90746	387848	103949

各地区股份制建筑业企业流动资产、无形及递延资产

单位:万元

地区	流动资产	#存货	无形及递延资产	#无形资产
全国总计	**86305919**	**23115090**	**2790800**	**2598099**
北京	8399723	2146999	125710	112303
天津	1931541	433592	42347	38083
河北	2859665	668290	150960	145501
山西	2085741	383694	52070	49703
内蒙古	1464970	293400	53411	52074
辽宁	3075811	643825	92214	88672
吉林	1307220	135043	45976	43627
黑龙江	2260146	431675	54543	47133
上海	6838006	2102462	71640	60517
江苏	9797400	3334277	234713	209315
浙江	8544835	2552701	136985	124640
安徽	1932693	451565	121332	114516
福建	1852674	643690	30857	26715
江西	723164	171610	48572	45738
山东	6964953	1547292	330515	310749
河南	2096604	619150	142040	134671
湖北	3291657	664284	265841	259331
湖南	1887210	498232	97831	92098
广东	7083511	2335911	170026	152642
广西	525919	146085	21886	17225
海南	94455	16541	904	888
重庆	1869107	674529	72891	67517
四川	3025196	899434	187439	177612
贵州	439821	95841	15954	14789
云南	1506008	322598	49087	44321
西藏	86698	12614	2438	2423
陕西	1358713	311058	25768	22793
甘肃	974633	173730	21917	21194
青海	205989	82947	6773	6312
宁夏	424849	125977	14208	13900
新疆	1397010	196047	103949	101098

各地区股份制建筑业企业固定资产情况

单位：万元

地　　区	固定资产小计	固定资产原价	#生产经营用	固定资产折旧	#本年折旧	在建工程
全国总计	**20677006**	**26757094**	**20767071**	**8685106**	**1505425**	**2016141**
北　京	891493	1279140	984766	473327	79056	72166
天　津	626161	877586	638773	290424	51585	36345
河　北	1023172	1347632	1088529	417376	75692	73625
山　西	592628	800249	615716	271600	54437	45783
内蒙古	542430	700870	586150	224460	42303	42920
辽　宁	747239	1074752	879719	356569	51458	26378
吉　林	367605	486494	351210	145035	30536	21265
黑龙江	881495	1127810	929827	312198	52329	49777
上　海	827050	1331547	1075713	582433	80120	69351
江　苏	1802857	2361325	1981119	796742	148034	193027
浙　江	1421212	1772427	1480810	534520	102597	107369
安　徽	648856	806843	612884	244140	47995	71004
福　建	399511	472930	377018	137752	21058	50825
江　西	305778	368633	276866	97833	16536	21095
山　东	1678397	2073953	1560341	652626	111138	163225
河　南	831546	969365	755145	284408	59951	114205
湖　北	1156343	1567187	905946	537477	83642	92576
湖　南	822305	1036242	814564	307559	51422	76000
广　东	1241891	1501069	1143395	547166	85781	240079
广　西	183089	206070	148589	45703	7958	18519
海　南	24226	30839	22123	7230	1586	413
重　庆	607733	718026	566217	194907	33469	72271
四　川	1170909	1359551	979489	401615	75958	187047
贵　州	123721	155001	120978	40935	7649	5018
云　南	407952	566924	448531	204185	32885	36180
西　藏	48043	57214	47907	20210	4762	9056
陕　西	369973	479447	393586	164680	30558	44293
甘　肃	322462	430748	356508	142909	20645	26643
青　海	106422	128880	84485	35354	6224	9682
宁　夏	116661	156066	132649	47069	8897	5191
新　疆	387848	512274	407521	166665	29167	34813

各地区股份制建筑业企业负债及所有者权益

单位:万元

地　区	负债合计	流动负债	长期负债	所有者权益	#实收资本
全国总计	**76125323**	**73123818**	**3001506**	**40366077**	**29769898**
北　京	7567797	7223358	344440	2620579	1944965
天　津	1942618	1852345	90274	769684	502662
河　北	2307822	2248129	59694	1860744	1400176
山　西	2031065	1943998	87067	850681	734181
内蒙古	1313516	1232330	81186	803316	622738
辽　宁	2528256	2468761	59495	1609143	1208142
吉　林	1183089	1160302	22787	598755	464832
黑龙江	1955145	1857819	97327	1360863	1210488
上　海	6277193	6047713	229481	2274972	1386238
江　苏	8827003	8591717	235287	3603508	2559168
浙　江	7373446	7136570	236876	3372857	2100110
安　徽	1694899	1613637	81263	1076721	805121
福　建	1511240	1469467	41772	860705	733831
江　西	617667	596321	21346	503659	445350
山　东	6220272	5964659	255614	3175596	2280146
河　南	1878090	1796588	81503	1303553	1064441
湖　北	3003144	2744444	258700	2367142	1626865
湖　南	1502613	1426780	75833	1402571	1143698
广　东	6238704	6046270	192434	2832946	1819796
广　西	400698	372425	28273	362595	293145
海　南	39878	37702	2175	84366	50355
重　庆	1382317	1291649	90668	1263309	1038419
四　川	2396930	2279362	117568	2345695	1785880
贵　州	351056	336386	14670	270506	218593
云　南	1438987	1373660	65327	678701	563839
西　藏	52328	52108	220	107619	89741
陕　西	1282140	1236785	45355	560719	469087
甘　肃	873257	836290	36967	492077	439362
青　海	172920	169279	3641	153747	147796
宁　夏	402163	396455	5708	174785	156589
新　疆	1359070	1320511	38559	623962	464143

各地区股份制建筑业企业实收资本

单位:万元

地　　区	合　　计	国家资本	集体资本	法人资本	个人资本	港澳台资本	外商资本
全国总计	**29769898**	**2829573**	**2173086**	**12626205**	**12098938**	**30826**	**11271**
北　京	1944965	149378	101461	1305137	384829	560	3600
天　津	502662	45073	23803	314626	116160	3000	
河　北	1400176	96207	124463	468005	711501		
山　西	734181	137002	40993	388331	167856		
内蒙古	622738	135682	79404	84255	323397		
辽　宁	1208142	255235	94725	385170	472385	386	242
吉　林	464832	60289	22671	211037	170539		296
黑龙江	1210488	170393	35615	498401	505930	149	
上　海	1386238	207689	164961	684397	327209	1343	640
江　苏	2559168	158184	146844	1010056	1238416	5169	500
浙　江	2100110	85924	96649	747047	1170490		
安　徽	805121	79039	59282	425466	241236	99	
福　建	733831	56612	53601	183352	439764	503	
江　西	445350	74857	27667	188338	153529	960	
山　东	2280146	146083	219615	924451	984472	4443	1082
河　南	1064441	93138	109620	441215	410868	9599	
湖　北	1626865	173939	125196	809606	512956	619	4550
湖　南	1143698	93618	112926	404449	532525	180	
广　东	1819796	123270	126557	865940	702886	1142	
广　西	293145	41986	29234	133821	87430	675	
海　南	50355		513	27609	22233		
重　庆	1038419	32891	61094	327936	615339	800	360
四　川	1785880	147946	77784	670682	889468		
贵　州	218593	32981	16564	85803	83246		
云　南	563839	35749	54493	220443	253154		
西　藏	89741	42224	5788	29888	11841		
陕　西	469087	40169	46000	243222	139696		
甘　肃	439362	40147	51482	178431	168703	600	
青　海	147796	11674	2435	104186	29501		
宁　夏	156589	14711	7351	68840	65688		
新　疆	464143	47487	54297	196067	165692	600	

各地区股份制建筑业企业收入情况

单位:万元

地区	工程结算收入	工程结算成本	工程结算税金及附加	工程结算利润	经营费用	其他业务收入	#其他业务利润
全国总计	**118993911**	**106136926**	**3854855**	**8361729**	**640401**	**2890359**	**468239**
北京	8374810	7459332	250117	594784	70576	240406	41311
天津	3056704	2748579	74774	227711	5641	64385	5680
河北	4359648	3849490	147213	325203	37741	61499	13251
山西	3350470	3042290	102559	187445	18175	54909	7455
内蒙古	2385824	2082575	85750	210441	7059	45949	8529
辽宁	4485101	4004692	141463	314174	24772	66832	12374
吉林	1526884	1354684	53355	110865	7981	22193	6085
黑龙江	2631136	2353943	83288	185804	8101	26525	4800
上海	8706333	7911081	242766	517839	34646	260213	48936
江苏	12838589	11430273	428510	917154	62652	467092	64009
浙江	17658410	16095122	607628	921074	34586	225203	36174
安徽	3190657	2831595	106661	240948	11454	72808	5836
福建	2308287	2069212	82733	148005	8337	38040	9612
江西	1237790	1096943	44038	91438	5371	13921	2347
山东	7950047	6966948	247198	666019	69882	345411	49263
河南	3232685	2863256	103021	249385	17023	36868	7979
湖北	5126276	4515178	162589	396513	51996	205229	29905
湖南	3992434	3519530	147569	295172	30164	44716	10383
广东	7556812	6636368	259783	623409	37252	227904	47302
广西	728869	636714	26864	62253	3038	13243	4165
海南	79469	66010	2831	9780	848	152	31
重庆	2861075	2537191	98596	216300	8989	62068	6867
四川	4022191	3552860	130653	307386	31292	56624	8967
贵州	523975	454032	18149	45667	6127	12229	2870
云南	1459222	1293653	46895	109876	8798	35534	6777
西藏	109922	94349	2430	9607	3536	1249	137
陕西	1622945	1446112	46897	111064	18872	73022	7060
甘肃	1142857	1016525	32812	85786	7733	19068	5931
青海	241000	216864	7215	15823	1099	2841	594
宁夏	431031	388497	12609	28602	1323	11563	1541
新疆	1802460	1603028	57890	136202	5340	82665	12068

各地区股份制建筑业企业费用情况

单位:万元

地区	管理费用	#税金	#财产保险费	#差旅费	#工会经费	财务费用	#利息支出
全国总计	**5220934**	**162298**	**45232**	**228456**	**86232**	**523304**	**391909**
北京	449200	5911	1925	21427	4037	60621	55790
天津	131822	1948	597	5341	1469	10379	8893
河北	201402	8412	1959	8035	3534	14817	9650
山西	153517	3562	535	9239	1958	11996	10987
内蒙古	123376	7945	1558	4990	1679	15102	12848
辽宁	202488	5128	1110	7484	4081	10707	5764
吉林	90174	3006	554	3735	1213	4584	3805
黑龙江	155369	3524	684	7633	1751	12017	9374
上海	395620	4885	1348	12510	4303	8961	13074
江苏	574373	19278	4340	25334	12265	44620	27365
浙江	402379	13996	4965	22171	7200	63202	53057
安徽	159751	5947	1337	5984	11937	16519	11002
福建	91378	3988	720	3714	918	2399	2648
江西	63554	3388	1236	3202	551	5439	3617
山东	352885	16292	4788	14940	5438	57490	40765
河南	158784	5444	1256	6852	1953	16401	10922
湖北	255936	8963	3807	12394	4710	30268	20031
湖南	160864	7496	2320	6780	2488	23605	13906
广东	347531	9819	3122	11275	4417	33420	18266
广西	39472	1819	223	1535	443	2866	1071
海南	4889	86	8	447	22	147	25
重庆	123054	3492	1069	6067	1454	15650	12482
四川	205385	6642	2566	10384	2714	22576	13749
贵州	26088	614	176	1227	380	1265	1183
云南	75343	2298	516	3447	1327	9536	8105
西藏	3565	203	31	242	100	352	281
陕西	82114	2868	867	3413	1050	8765	5827
甘肃	58751	1834	620	2606	705	6225	6113
青海	12342	277	160	477	118	1230	822
宁夏	20649	600	117	691	333	2326	1401
新疆	98880	2638	721	4885	1688	9821	9088

各地区股份制建筑业企业利润及税金情况

单位:万元

地　　区	利润总额	#应交所得税	税金总额	工程结算税金及附加	管理费用中的税金
全国总计	**3399753**	**905044**	**4017153**	**3854855**	**162298**
北　　京	165975	48020	256028	250117	5911
天　　津	90847	29606	76722	74774	1948
河　　北	133096	40470	155625	147213	8412
山　　西	30534	8196	106122	102559	3562
内 蒙 古	82305	13480	93694	85750	7945
辽　　宁	114537	39745	146592	141463	5128
吉　　林	26190	10664	56361	53355	3006
黑 龙 江	27180	16597	86811	83288	3524
上　　海	228667	37553	247651	242766	4885
江　　苏	383966	114735	447788	428510	19278
浙　　江	528244	151751	621624	607628	13996
安　　徽	71690	15582	112608	106661	5947
福　　建	65444	20120	86722	82733	3988
江　　西	26807	7355	47426	44038	3388
山　　东	317361	81496	263490	247198	16292
河　　南	85430	18137	108465	103021	5444
湖　　北	159350	33800	171552	162589	8963
湖　　南	129345	32126	155065	147569	7496
广　　东	337691	79475	269602	259783	9819
广　　西	27437	7061	28683	26864	1819
海　　南	5218	1437	2917	2831	86
重　　庆	87691	25123	102087	98596	3492
四　　川	104643	29721	137295	130653	6642
贵　　州	24717	4671	18763	18149	614
云　　南	35035	9763	49193	46895	2298
西　　藏	7125	997	2632	2430	203
陕　　西	24343	5308	49765	46897	2868
甘　　肃	28780	7239	34646	32812	1834
青　　海	2971	542	7491	7215	277
宁　　夏	6338	2210	13208	12609	600
新　　疆	40799	12065	60528	57890	2638

各地区股份制建筑业企业应收工程款及企业亏损情况

地　区	应收工程款（万元）	#竣工工程	企业个数（个）	#亏损企业	亏损企业的比重（%）
全国总计	**22939346**	**12905345**	**20085**	**3873**	**19.3**
北　京	2569445	1208583	810	208	25.7
天　津	651500	264287	317	73	23.0
河　北	1244001	778881	945	130	13.8
山　西	599708	275621	460	96	20.9
内蒙古	675233	467735	401	53	13.2
辽　宁	700847	347457	804	199	24.8
吉　林	673050	347334	372	100	26.9
黑龙江	746059	416645	828	259	31.3
上　海	1202651	546963	769	99	12.9
江　苏	1941206	1182645	1642	253	15.4
浙　江	1462637	798711	1127	77	6.8
安　徽	647138	411320	664	123	18.5
福　建	405229	292882	508	88	17.3
江　西	109495	59889	404	72	17.8
山　东	2593470	1572322	1888	305	16.2
河　南	397248	199462	847	243	28.7
湖　北	1010969	599244	830	119	14.3
湖　南	633849	355376	794	121	15.2
广　东	1322052	787642	1327	201	15.1
广　西	148467	92767	260	67	25.8
海　南	18420	12229	40	8	20.0
重　庆	434693	240937	823	177	21.5
四　川	678828	416123	1390	301	21.7
贵　州	95951	38123	206	59	28.6
云　南	433292	252785	396	109	27.5
西　藏	32710	19128	33	2	6.1
陕　西	309141	146649	294	68	23.1
甘　肃	342047	183704	329	80	24.3
青　海	48648	27287	133	54	40.6
宁　夏	130370	76344	125	31	24.8
新　疆	680996	486272	319	98	30.7

各地区股份制建筑业企业主要经济效益指标

地　　区	产　值利润率（%）	产　值利税率（%）	资　本利润率（%）	资　本利税率（%）	人均利润（元/人）	人均利税（元/人）	资　产负债率（%）
全国总计	**2.7**	**5.8**	**11.4**	**24.9**	**3032**	**6614**	**65.3**
北　　京	2.1	5.3	8.5	21.7	3133	7965	74.3
天　　津	3.2	5.9	18.1	33.3	5376	9915	71.6
河　　北	3.0	6.4	9.5	20.6	2357	5112	55.4
山　　西	0.9	4.1	4.2	18.6	1234	5524	70.5
内 蒙 古	3.3	7.0	13.2	28.3	3002	6419	62.1
辽　　宁	2.4	5.6	9.5	21.6	2664	6073	61.1
吉　　林	1.7	5.3	5.6	17.8	1775	5595	66.4
黑 龙 江	1.0	4.3	2.2	9.4	832	3489	59.0
上　　海	3.1	6.5	16.5	34.4	6247	13012	73.4
江　　苏	2.1	4.7	15.0	32.5	2724	5902	71.0
浙　　江	2.5	5.4	25.2	54.8	3926	8546	68.6
安　　徽	2.3	5.8	8.9	22.9	2284	5872	61.2
福　　建	2.6	6.1	8.9	20.7	3072	7144	63.7
江　　西	1.9	5.3	6.0	16.7	1851	5124	55.1
山　　东	3.5	6.5	13.9	25.5	3087	5650	66.2
河　　南	2.6	5.9	8.0	18.2	2189	4969	59.0
湖　　北	3.2	6.6	9.8	20.3	3891	8081	55.9
湖　　南	3.0	6.7	11.3	24.9	2618	5756	51.7
广　　东	4.9	8.9	18.6	33.4	6549	11778	68.8
广　　西	3.7	7.6	9.4	19.1	3719	7608	52.5
海　　南	6.4	10.0	10.4	16.2	6029	9400	32.1
重　　庆	2.8	6.0	8.4	18.3	2398	5190	52.2
四　　川	2.3	5.4	5.9	13.5	1697	3924	50.5
贵　　州	4.4	7.8	11.3	19.9	3620	6369	56.5
云　　南	2.3	5.5	6.2	14.9	2203	5297	68.0
西　　藏	6.0	8.2	7.9	10.9	6624	9071	32.7
陕　　西	1.4	4.4	5.2	15.8	1691	5147	69.6
甘　　肃	2.4	5.3	6.6	14.4	1732	3817	64.0
青　　海	1.1	3.9	2.0	7.1	856	3013	52.9
宁　　夏	1.4	4.4	4.0	12.5	985	3038	69.7
新　　疆	2.1	5.2	8.8	21.8	2234	5549	68.5

各地区外商投资建筑业企业签订合同情况

单位:万元

地区	合同总额	上年结转合同额	本年新签合同额
全国总计	**3016581**	**908338**	**2108243**
北京	444193	156886	287306
天津	64301	17821	46480
河北	4094	996	3098
山西	28137	14949	13188
内蒙古	2371	510	1861
辽宁	519574	259569	260004
吉林	29074	13200	15874
黑龙江	78264	3827	74437
上海	761137	127325	633812
江苏	346739	73152	273587
浙江	397618	94822	302797
安徽	17354	3160	14194
福建	55030	13793	41237
江西	3864	62	3802
山东	41071	6344	34727
河南	11289	614	10675
湖北	20600	4845	15755
湖南	2317	868	1449
广东	107036	62775	44261
广西	17629	1569	16060
海南	47452	46248	1204
重庆	1182	354	828
四川	13618	4275	9344
贵州			
云南	1837	197	1640
西藏			
陕西	20		20
甘肃	582	179	403
青海	200		200
宁夏			
新疆			

各地区外商投资建筑业企业承包工程完成情况

单位:万元

地区	直接从建设单位承揽工程完成的产值	自行完成施工产值	分包出去工程的产值	从建设单位以外承揽工程完成的产值
全国总计	**1962560**	**1800352**	**162208**	**224235**
北京	269792	235891	33900	44184
天津	53864	53864		
河北	2455	2455		
山西	10755	10755		228
内蒙古	1281	1281		
辽宁	296486	296474	11	10703
吉林	18036	18036		
黑龙江	42619	42619		305
上海	467961	359860	108101	97682
江苏	274551	264648	9903	21969
浙江	263951	259573	4378	37746
安徽	13007	12120	887	4410
福建	45008	44963	46	1036
江西	1555	1555		1204
山东	37398	37074	324	996
河南	10366	10366		
湖北	14236	14236		408
湖南	2317	2317		
广东	75915	71257	4659	1830
广西	9332	9332		
海南	41425	41425		
重庆	1565	1565		2
四川	6317	6317		1345
贵州				
云南	1606	1606		65
西藏				
陕西	25	25		
甘肃	738	738		
青海				122
宁夏				
新疆				

各地区外商投资建筑业总产值和竣工产值

单位：万元

地区	建筑业总产值	#装饰装修产值	#在外省完成的产值	按构成分组			竣工产值
				建筑工程产值	安装工程产值	其他产值	
全国总计	**2024587**	**800867**	**597335**	**1571597**	**395998**	**56992**	**1361433**
北京	280075	163918	60362	222636	54707	2732	168932
天津	53864	7147	23201	38833	11780	3251	24840
河北	2455	1660				2455	2455
山西	10983	102		9538	1445		3636
内蒙古	1281	144		336	801	144	801
辽宁	307178	182912	29613	264301	40675	2202	163098
吉林	18036	100	2412	17936		100	19472
黑龙江	42924	1524	25930	42837		87	14119
上海	457542	170618	104238	334916	100800	21826	273696
江苏	286617	166157	71154	239588	44007	3022	268071
浙江	297319	17696	212681	234329	62869	121	228148
安徽	16530	2112	2642	8979	4722	2829	9775
福建	45998	4821	7861	32571	8520	4908	21026
江西	2760	317		2465	278	17	2520
山东	38070	2826	3595	21005	6225	10840	32245
河南	10366	536	9379	9672	158	536	10007
湖北	14644	9484	1108	13707	322	615	9751
湖南	2317	268		268	2049		
广东	73087	33376	12170	43113	29725	249	58594
广西	9332	832		9332			9285
海南	41425	31239	30991	16365	24891	169	31790
重庆	1566	1179		1566			556
四川	7662	1422		5181	1594	888	6565
贵州							
云南	1671			1671			1671
西藏							
陕西	25	25			25		25
甘肃	738	332		332	406		356
青海	122	122		122			
宁夏							
新疆							

各地区外商投资建筑业企业房屋建筑面积

地　　区	房屋建筑施工面积（万平方米）	#本　年新开工	#实行投标承包面积		房屋建筑竣工面积（万平方米）	房 屋 建 筑面积竣工率（%）
				#本年新开工		
全国总计	**1339.7**	**1130.9**	**1083.1**	**593.9**	**544.0**	**40.6**
北　　京	54.8	22.2	39.2	22.2	19.7	35.9
天　　津	55.3	38.2	6.6	4.9	20.2	36.6
河　　北						
山　　西	31.3	21.6	22.3	12.6	4.9	15.5
内 蒙 古						
辽　　宁	72.9	55.8	55.7	40.5	56.3	77.2
吉　　林	25.6	25.6	25.6	25.6	25.6	100.0
黑 龙 江						
上　　海	92.6	78.1	70.9	70.5	41.1	44.4
江　　苏	55.0	29.3	44.3	28.4	39.3	71.3
浙　　江	833.5	792.9	773.0	360.0	265.3	31.8
安　　徽	9.0	5.8	5.8	5.3	5.0	55.6
福　　建	56.7	27.9	5.2	5.2	27.9	49.2
江　　西	2.1	2.1	1.3	1.3	2.1	99.0
山　　东	16.9	11.6	11.2	9.6	13.7	80.7
河　　南						
湖　　北	13.6	8.9	11.1	5.7	10.3	75.5
湖　　南						
广　　东						
广　　西	10.6	8.7	8.7		10.6	100.0
海　　南	6.4					
重　　庆	1.2	0.1	0.1	0.1	1.0	87.6
四　　川	2.0	2.0	2.0	2.0	1.0	50.0
贵　　州						
云　　南	0.1	0.1	0.1	0.1	0.1	100.0
西　　藏						
陕　　西						
甘　　肃						
青　　海						
宁　　夏						
新　　疆						

各地区按主要用途分的外商投资建筑业企业房屋建筑竣工面积

单位:万平方米

地区	合计	厂房、仓库	住宅	办公用房	批发和零售用房	住宿和餐饮用房
全国总计	**544.0**	**331.1**	**135.9**	**17.6**	**7.9**	**4.2**
北京	19.7	5.5		0.5		
天津	20.2	18.6				
河北						
山西	4.9	1.1	2.2	1.3		
内蒙古						
辽宁	56.3	14.2	17.0	2.4	7.1	0.6
吉林	25.6	0.3	20.2			1.1
黑龙江						
上海	41.1	34.1	5.2	0.2		0.5
江苏	39.3	14.3	23.2	0.7		0.3
浙江	265.3	229.5	24.2	0.2	0.5	1.6
安徽	5.0	1.2	1.9	1.1		
福建	27.9	3.6	20.3	4.0		
江西	2.1		1.2	0.5		
山东	13.7	8.7	4.2	0.3		
河南						
湖北	10.3		4.0	6.2		
湖南						
广东						
广西	10.6		10.6			
海南						
重庆	1.0		1.0			
四川	1.0		0.6	0.1	0.3	
贵州						
云南	0.1					
西藏						
陕西						
甘肃						
青海						
宁夏						
新疆						

续表 单位:万平方米

地区	居民服务业用房	教育用房	文化、体育和娱乐用房	卫生医疗用房	科研用房	其他用房
全国总计	**3.9**	**15.3**	**1.9**	**11.1**	**0.2**	**14.9**
北京			1.0	10.1	0.2	2.4
天津						1.6
河北						
山西			0.1	0.3		
内蒙古						
辽宁		11.0		0.7		3.3
吉林	3.9	0.1				
黑龙江						
上海		1.1				
江苏		0.5				0.1
浙江		1.7	0.4			7.1
安徽		0.4				0.3
福建						
江西		0.3				
山东			0.4			
河南						
湖北						
湖南						
广东						
广西						
海南						
重庆						
四川						
贵州						
云南						
西藏						
陕西						
甘肃						
青海						
宁夏						
新疆						

各地区按主要用途分的外商投资建筑业企业房屋建筑竣工价值

单位:万元

地区	合计	厂房、仓库	住宅	办公用房	批发和零售用房	住宿和餐饮用房
全国总计	**479754**	**266467**	**127909**	**14507**	**2319**	**5294**
北京	45297	12860		1422		
天津	13174	10538				
河北						
山西	3534	521	1210	1268		
内蒙古						
辽宁	44605	15915	10955	1819	1870	477
吉林	17060	66	12254			700
黑龙江						
上海	49150	42496	3854	328		742
江苏	63012	17033	43899	482		372
浙江	196322	158044	27528	144	324	3000
安徽	3728	1058	1271	957		
福建	16095	3451	11244	1400		
江西	960		547	250		
山东	10233	4485	4716	489		
河南						
湖北	7591		1703	5888		
湖南						
广东						
广西	8100		8100			
海南						
重庆	387		387			
四川	410		240	36	125	
贵州						
云南	94			24		3
西藏						
陕西						
甘肃						
青海						
宁夏						
新疆						

续表

单位:万元

地　　区	居民服务业用房	教育用房	文化、体育和娱乐用房	卫生医疗用房	科研用房	其他用房
全国总计	**3940**	**13753**	**2579**	**29120**	**219**	**13647**
北　京			1546	28209	150	1110
天　津						2636
河　北						
山　西			150	386		
内蒙古						
辽　宁		9694		525		3350
吉　林	3940	100				
黑龙江						
上　海		1730				
江　苏		1022			69	136
浙　江		739	349			6195
安　徽		252				190
福　建						
江　西		143				20
山　东		8	534			
河　南						
湖　北						
湖　南						
广　东						
广　西						
海　南						
重　庆						
四　川						9
贵　州						
云　南		65				2
西　藏						
陕　西						
甘　肃						
青　海						
宁　夏						
新　疆						

各地区外商投资建筑业企业施工机械设备情况

地　　区	年末自有施工机械设备总台数（台）	年末自有施工机械设备总功率（千瓦）	年末自有施工机械设备净值（万元）	技术装备率（元/人）	动力装备率（千瓦/人）
全国总计	**36248**	**323798**	**118799**	**14630**	**4.0**
北　京	6698	22708	7293	11242	3.5
天　津	2115	7665	2883	18980	5.0
河　北	1288	1085	609	20846	3.7
山　西	82	780	191	2346	1.0
内 蒙 古	107	1470	232	13488	8.5
辽　宁	3401	43193	19425	15702	3.5
吉　林	343	13175	198	1425	9.5
黑 龙 江	880	42467	9235	29723	13.7
上　海	2896	47693	40810	57961	6.8
江　苏	2917	13929	6041	6957	1.6
浙　江	2220	31179	4759	3132	2.1
安　徽	782	7261	1371	4789	2.5
福　建	943	6435	2577	13041	3.3
江　西	165	1767	154	2489	2.9
山　东	1233	22709	7482	16226	4.9
河　南	56	346	263	5857	0.8
湖　北	2797	7947	2127	11324	4.2
湖　南	30	682	124	3547	2.0
广　东	2757	29845	7500	9998	4.0
广　西	1872	5808	1702	11102	3.8
海　南	293	5519	362	5472	8.3
重　庆	987	1037	763	30024	4.1
四　川	981	4879	428	4396	5.0
贵　州					
云　南	75	3407	1568	72588	15.8
西　藏					
陕　西					
甘　肃	304	592	661	33211	3.0
青　海	26	220	45	12500	6.1
宁　夏					
新　疆					

各地区外商投资建筑业企业主要生产效益指标

地　　区	建筑业企业个数（个）	计算建筑业劳动生产率的平均人数（人）	按总产值计算的劳动生产率（元/人）	人均竣工产值（元/人）	人均施工面积（平方米/人）	人均竣工面积（平方米/人）
全国总计	**386**	**116228**	**174191**	**117135**	**115.3**	**46.8**
北　　京	46	14375	194835	117518	38.1	13.7
天　　津	17	2223	242302	111740	248.7	90.9
河　　北	3	427	57501	57501		
山　　西	3	812	135260	44783	385.8	59.9
内 蒙 古	2	346	37023	23150		
辽　　宁	50	18992	161740	85877	38.4	29.6
吉　　林	4	6845	26349	28447	37.4	37.4
黑 龙 江	7	5237	81962	26960		
上　　海	57	14338	319112	190889	64.6	28.7
江　　苏	41	11816	242567	226871	46.6	33.2
浙　　江	16	18983	156624	120185	439.1	139.7
安　　徽	9	2059	80283	47475	43.6	24.2
福　　建	17	1853	248237	113471	306.0	150.4
江　　西	6	413	66818	61007	51.9	51.4
山　　东	34	5189	73366	62141	32.6	26.3
河　　南	6	371	279402	269736		
湖　　北	10	1787	81949	54565	76.1	57.4
湖　　南	2	249	93052			
广　　东	27	6404	114127	91496		
广　　西	2	1350	69122	68776	78.7	78.7
海　　南	5	656	631479	484599	97.6	
重　　庆	5	235	66651	23660	49.6	43.4
四　　川	10	838	91433	78342	23.9	11.9
贵　　州						
云　　南	1	158	105747	105747	6.7	6.7
西　　藏						
陕　　西	1	11	22636	22636		
甘　　肃	4	237	31152	15008		
青　　海	1	24	50833			
宁　　夏						
新　　疆						

各地区外商投资建筑业企业营业额

单位:万元

地　区	企业营业额	在境外完成的营业额	企业总产值	#建筑业总产值
全国总计	**2173192**	**3412**	**2169780**	**2024587**
北　京	293120		293120	280075
天　津	53864		53864	53864
河　北	2455		2455	2455
山　西	10983		10983	10983
内蒙古	2341		2341	1281
辽　宁	308534		308534	307178
吉　林	20448	2412	18036	18036
黑龙江	42924		42924	42924
上　海	538017		538017	457542
江　苏	301586		301586	286617
浙　江	307339		307339	297319
安　徽	18466		18466	16530
福　建	48639		48639	45998
江　西	2760		2760	2760
山　东	39703		39703	38070
河　南	12368		12368	10366
湖　北	14644		14644	14644
湖　南	2339		2339	2317
广　东	89600	999	88601	73087
广　西	9332		9332	9332
海　南	41425		41425	41425
重　庆	1566		1566	1566
四　川	7663		7662	7662
贵　州				
云　南	2102		2102	1671
西　藏				
陕　西	25		25	25
甘　肃	738		738	738
青　海	212		212	122
宁　夏				
新　疆				

各地区外商投资建筑业企业资产构成

单位:万元

地 区	资产合计	#流动资产小计	#长期投资	#固定资产小计	#无形及递延资产
全国总计	**1995935**	**1620223**	**30287**	**301622**	**40177**
北 京	277610	244753	5790	25742	847
天 津	83629	75987		6299	1342
河 北	6520	4334	750	1436	
山 西	8542	7493	856	192	1
内蒙古	3907	2883	422	491	111
辽 宁	260978	198918	673	47641	13048
吉 林	14565	7181		7354	
黑龙江	43123	30057	1830	11014	184
上 海	469721	388313	6691	73321	1291
江 苏	219508	189636	2676	24118	3038
浙 江	184043	154419	1165	26214	1988
安 徽	18960	14774	706	2936	535
福 建	46260	34351	1849	8794	1262
江 西	4936	2440		2308	189
山 东	76139	46905	2058	24590	2528
河 南	11134	9536	240	1349	1
湖 北	23044	15505	1489	3605	1837
湖 南	1869	1635		233	
广 东	127026	101562	841	22529	1758
广 西	10363	7228		3107	28
海 南	54942	44880		621	9442
重 庆	5588	3612	25	1949	2
四 川	37440	30860	2105	2828	688
贵 州					
云 南	2500	932		1568	
西 藏					
陕 西	507	233		274	
甘 肃	2898	1706	70	1064	58
青 海	184	88	50	46	
宁 夏					
新 疆					

各地区外商投资建筑业企业流动资产、无形及递延资产

单位:万元

地区	流动资产	#存货	无形及递延资产	#无形资产
全国总计	**1620223**	**360789**	**40177**	**37271**
北京	244753	55694	847	112
天津	75987	37342	1342	1322
河北	4334	778		
山西	7493	73	1	1
内蒙古	2883	263	111	111
辽宁	198918	36658	13048	12489
吉林	7181	2257		
黑龙江	30057	6020	184	184
上海	388313	58643	1291	1173
江苏	189636	49094	3038	2861
浙江	154419	24046	1988	1982
安徽	14774	2058	535	509
福建	34351	4618	1262	1248
江西	2440	671	189	110
山东	46905	10979	2528	2381
河南	9536	3370	1	1
湖北	15505	1683	1837	1835
湖南	1635	88		
广东	101562	33317	1758	779
广西	7228	2565	28	
海南	44880	26539	9442	9442
重庆	3612	570	2	
四川	30860	3112	688	675
贵州				
云南	932	20		
西藏				
陕西	233	32		
甘肃	1706	243	58	58
青海	88	56		
宁夏				
新疆				

各地区外商投资建筑业企业固定资产情况

单位:万元

地区	固定资产小计	固定资产原价	#生产经营用	固定资产折旧	#本年折旧	在建工程
全国总计	**301622**	**406245**	**290417**	**131028**	**24235**	**17766**
北京	25742	33842	17282	12191	1989	4066
天津	6299	9416	5337	4237	582	1035
河北	1436	1618	810	772	113	591
山西	192	435	274	243	30	
内蒙古	491	681	390	388	97	198
辽宁	47641	65851	45262	20946	2949	2693
吉林	7354	8756	2359	1630	535	
黑龙江	11014	20534	18166	9646	938	126
上海	73321	95309	75859	25212	6624	1116
江苏	24118	24382	16411	5996	1518	3990
浙江	26214	35213	32604	9570	2364	567
安徽	2936	3480	3018	1145	198	597
福建	8794	8271	3971	3498	575	375
江西	2308	3806	3693	1674	227	176
山东	24590	36483	28879	12230	2655	152
河南	1349	2663	1194	1320	188	
湖北	3605	5078	1331	1606	315	133
湖南	233	310	143	155	67	78
广东	22529	35509	22994	14568	1615	1476
广西	3107	3360	2768	253	47	
海南	621	994	371	381	80	
重庆	1949	3062	1762	1113	104	
四川	2828	4059	2773	1675	179	328
贵州						
云南	1568	1489	1202	250	142	
西藏						
陕西	274	295	295	21	21	
甘肃	1064	1260	1224	268	76	72
青海	46	89	45	43	8	
宁夏						
新疆						

各地区外商投资建筑业企业负债及所有者权益

单位:万元

地　　区	负债合计	流动负债	长期负债	所有者权益	#实收资本
全国总计	**1284812**	**1251094**	**33719**	**711123**	**574027**
北　　京	193788	191479	2309	83822	81310
天　　津	60512	60497	15	23117	19662
河　　北	2738	2738		3783	3074
山　　西	7037	7037		1505	1759
内 蒙 古	2035	2035		1871	1772
辽　　宁	140811	134169	6642	120167	92052
吉　　林	5028	5028		9537	9112
黑 龙 江	17094	17094		26030	16693
上　　海	323486	302860	20626	146235	122599
江　　苏	137438	136588	850	82070	51744
浙　　江	147848	147658	190	36196	23775
安　　徽	10240	10240		8720	7096
福　　建	26421	26421		19840	17874
江　　西	1235	1235		3701	3689
山　　东	43260	42380	880	32879	32855
河　　南	6514	6514		4620	4795
湖　　北	7265	6849	417	15779	15466
湖　　南	754	754		1115	2007
广　　东	80088	78296	1792	46938	34811
广　　西	811	811		9552	3861
海　　南	36995	36995		17947	12448
重　　庆	3753	3753		1834	3179
四　　川	27581	27581		9859	8150
贵　　州					
云　　南	465	465		2035	2035
西　　藏					
陕　　西	65	65		442	442
甘　　肃	1426	1426		1472	1714
青　　海	125	125		59	56
宁　　夏					
新　　疆					

各地区外商投资建筑业企业实收资本

单位:万元

地区	合计	国家资本	集体资本	法人资本	个人资本	港澳台资本	外商资本
全国总计	**574027**	**15488**	**15549**	**172559**	**26880**	**14130**	**329421**
北京	81310	4261	2607	31355	248	1406	41432
天津	19662	1874		6091			11696
河北	3074			2318			756
山西	1759	25		510	71		1152
内蒙古	1772			1504			268
辽宁	92052	6257	2610	30897	10443	623	41222
吉林	9112	329		1000		1430	6353
黑龙江	16693			8197	26	2911	5559
上海	122599	795	2516	29154	1037	749	88348
江苏	51744	1110	668	16460	4282	382	28841
浙江	23775		2830	10189	667	1617	8473
安徽	7096	236	508	2384	42		3927
福建	17874	120	258	3630	39	110	13717
江西	3689			1237	169		2283
山东	32855	241	3356	10501	488	34	18235
河南	4795	92		1313	1415		1975
湖北	15466		184	2099	2284	298	10600
湖南	2007						2007
广东	34811	50	13	6709	2339	4570	21130
广西	3861			1449	375		2037
海南	12448			375			12073
重庆	3179	99		534			2546
四川	8150			4397	618		3135
贵州							
云南	2035				2000		35
西藏							
陕西	442				317		125
甘肃	1714			255	21		1438
青海	56						56
宁夏							
新疆							

各地区外商投资建筑业企业收入情况

单位:万元

地区	工程结算收入	工程结算成本	工程结算税金及附加	工程结算利润	经营费用	其他业务收入	#其他业务利润
全国总计	**2045042**	**1768321**	**49960**	**207435**	**19327**	**57039**	**8538**
北京	326145	289438	8140	27508	1060	1094	386
天津	43929	38099	888	4743	200	495	163
河北	2455	1963	72	415	6		
山西	6361	5946	192	185	38	60	51
内蒙古	1526	940	108	476	2		
辽宁	284295	233031	7440	40401	3422	1182	698
吉林	15602	14368	572	642	21		
黑龙江	41784	36978	1266	3507	33		
上海	527635	457738	13221	51591	5086	9213	2826
江苏	225345	194092	6054	21616	3583	422	294
浙江	259855	236285	3674	17539	2358	35336	904
安徽	13286	10603	304	2276	103	820	83
福建	52559	46398	774	5273	114	188	86
江西	3098	2632	68	396	1		
山东	37491	29825	1071	5931	664	574	183
河南	12382	10572	387	1354	70		
湖北	12412	11125	384	817	85	65	61
湖南	2317	1916	83	282	37	28	12
广东	112802	94579	3255	13219	1750	7490	2734
广西	9305	8393	283	579	49	7	5
海南	43013	33308	1280	7802	622	23	13
重庆	1236	1134	118	-17	1	1	
四川	9059	7958	291	788	21		
贵州							
云南	350	226	12	112			
西藏							
陕西	25	24			1		
甘肃	565	565	17	-19	2	41	41
青海	212	187	6	19			
宁夏							
新疆							

各地区外商投资建筑业企业费用情况

单位:万元

地区	管理费用	#税金	#财产保险费	#差旅费	#工会经费	财务费用	#利息支出
全国总计	**125936**	**1675**	**545**	**8690**	**1257**	**12007**	**7830**
北京	24636	181	80	1492	130	226	126
天津	4754	117	5	190	40	217	149
河北	329		6	14		57	5
山西	352	1		14		-24	
内蒙古	360	12		2	9	-2	-2
辽宁	14473	160	68	805	258	2129	496
吉林	696	27	16	13		38	24
黑龙江	2972	5		20	84	70	48
上海	31821	292	71	1612	112	2761	2517
江苏	15110	268	64	903	55	1177	258
浙江	6441	167	77	1895	390	2994	2572
安徽	949	36	3	136	27	104	98
福建	2797	60	11	186	9	232	114
江西	339	2	7	12		18	
山东	4774	79	86	228	53	544	236
河南	1075	5	17	350	5	216	196
湖北	569	105	4	52	7	174	25
湖南	313			79	3	-2	-2
广东	9830	134	24	541	64	962	960
广西	360						
海南	1752	23		62	3	-2	-4
重庆	205			9		19	
四川	795	2	4	65	9	82	-5
贵州							
云南	35	1	4	2		11	11
西藏							
陕西	13						
甘肃	169			8		8	8
青海	20						
宁夏							
新疆							

各地区外商投资建筑业企业利润及税金情况

单位:万元

地　区	利润总额	#应交所得税	税金总额	工程结算税金及附加	管理费用中的税金
全国总计	**76430**	**16175**	**51635**	**49960**	**1675**
北　京	877	2488	8321	8140	181
天　津	-155	140	1005	888	117
河　北	70	30	72	72	
山　西	-36	1	193	192	1
内蒙古	118	3	120	108	12
辽　宁	24983	1433	7600	7440	160
吉　林	-93	18	599	572	27
黑龙江	463	95	1271	1266	5
上　海	20526	5149	13513	13221	292
江　苏	5040	2672	6322	6054	268
浙　江	9007	1401	3840	3674	167
安　徽	1185	416	340	304	36
福　建	2267	427	834	774	60
江　西	40	15	70	68	2
山　东	968	310	1151	1071	79
河　南	58	6	392	387	5
湖　北	153	26	489	384	105
湖　南	-18	9	83	83	
广　东	5132	422	3388	3255	134
广　西	223	127	283	283	
海　南	6017	969	1303	1280	23
重　庆	-248	2	118	118	
四　川	-43	7	293	291	2
贵　州					
云　南	67	5	12	12	1
西　藏					
陕　西	-12				
甘　肃	-159	6	17	17	
青　海	-1		6	6	
宁　夏					
新　疆					

各地区外商投资建筑业企业应收工程款及企业亏损情况

地　　区	应收工程款（万元）	#竣工工程	企业个数（个）	#亏损企业	亏损企业的比重（%）
全国总计	**315259**	**184827**	**386**	**141**	**36.5**
北　京	52661	35181	46	17	37.0
天　津	19246	11185	17	5	29.4
河　北	629	579	3		
山　西	10078	2313	3	2	66.7
内蒙古	1430	1080	2		
辽　宁	13471	12295	50	19	38.0
吉　林	3664	3664	4	2	50.0
黑龙江	2735	1078	7	3	42.9
上　海	72191	37335	57	20	35.1
江　苏	48867	34678	41	15	36.6
浙　江	31719	13726	16	5	31.3
安　徽	2132	1563	9	2	22.2
福　建	6258	607	17	5	29.4
江　西	536	476	6	1	16.7
山　东	8349	5956	34	10	29.4
河　南	2576	2243	6	2	33.3
湖　北	4982	2705	10	5	50.0
湖　南	364	364	2	1	50.0
广　东	27971	14839	27	11	40.7
广　西			2		
海　南	2241	1217	5	3	60.0
重　庆	213	2	5	4	80.0
四　川	1247	186	10	5	50.0
贵　州					
云　南	1396	1352	1		
西　藏					
陕　西			1	1	100.0
甘　肃	299	203	4	2	50.0
青　海	3		1	1	100.0
宁　夏					
新　疆					

各地区外商投资建筑业企业主要经济效益指标

地　区	产值利润率（%）	产值利税率（%）	资本利润率（%）	资本利税率（%）	人均利润（元/人）	人均利税（元/人）	资产负债率（%）
全国总计	**3.8**	**6.3**	**13.3**	**22.3**	**6576**	**11018**	**64.4**
北　京	0.3	3.3	1.1	11.3	610	6398	69.8
天　津	-0.3	1.6	-0.8	4.3	-699	3821	72.4
河　北	2.9	5.8	2.3	4.6	1646	3330	42.0
山　西	-0.3	1.4	-2.1	8.9	-448	1929	82.4
内蒙古	9.2	18.6	6.7	13.4	3408	6870	52.1
辽　宁	8.1	10.6	27.1	35.4	13155	17157	54.0
吉　林	-0.5	2.8	-1.0	5.6	-135	740	34.5
黑龙江	1.1	4.0	2.8	10.4	884	3311	39.6
上　海	4.5	7.4	16.7	27.8	14316	23740	68.9
江　苏	1.8	4.0	9.7	22.0	4265	9616	62.6
浙　江	3.0	4.3	37.9	54.0	4745	6768	80.3
安　徽	7.2	9.2	16.7	21.5	5756	7406	54.0
福　建	4.9	6.7	12.7	17.4	12236	16737	57.1
江　西	1.4	4.0	1.1	3.0	966	2656	25.0
山　东	2.5	5.6	2.9	6.4	1865	4082	56.8
河　南	0.6	4.3	1.2	9.4	1563	12129	58.5
湖　北	1.0	4.4	1.0	4.2	856	3593	31.5
湖　南	-0.8	2.8	-0.9	3.2	-739	2574	40.3
广　东	7.0	11.7	14.7	24.5	8014	13305	63.0
广　西	2.4	5.4	5.8	13.1	1655	3751	7.8
海　南	14.5	17.7	48.3	58.8	91729	111598	67.3
重　庆	-15.8	-8.3	-7.8	-4.1	-10545	-5532	67.2
四　川	-0.6	3.3	-0.5	3.1	-517	2982	73.7
贵　州							
云　南	4.0	4.7	3.3	3.9	4215	4981	18.6
西　藏							
陕　西	-49.4	-49.4	-2.8	-2.8	-11182	-11182	12.9
甘　肃	-21.5	-19.2	-9.3	-8.3	-6705	-5992	49.2
青　海	-0.5	4.7	-1.1	10.3	-250	2375	68.2
宁　夏							
新　疆							

各地区港澳台商投资建筑业企业签订合同情况

单位:万元

地　　区	合同总额	上年结转合同额	本年新签合同额
全国总计	**1701086**	**500534**	**1200552**
北　京	213582	48874	164708
天　津	49589	10484	39105
河　北	12105	112	11993
山　西	23598	11376	12223
内蒙古			
辽　宁	53173	11701	41472
吉　林	7088	2113	4976
黑龙江	4341	2224	2117
上　海	388648	89006	299643
江　苏	161785	32438	129347
浙　江	97345	25646	71699
安　徽	14280	4978	9302
福　建	107399	26720	80679
江　西	21748	14981	6767
山　东	71928	10938	60989
河　南	7139	2146	4993
湖　北	17607	3783	13824
湖　南	22767	4498	18268
广　东	387972	193287	194685
广　西	1691	42	1650
海　南			
重　庆	22150	2994	19156
四　川	11362	1272	10090
贵　州	428	427	1
云　南	871	265	606
西　藏	28		28
陕　西			
甘　肃	266	201	66
青　海	1303		1303
宁　夏	173		173
新　疆	720	29	691

各地区港澳台商投资建筑业企业承包工程完成情况

单位:万元

地　区	直接从建设单位承揽工程完成的产值	自行完成施工产值	分包出去工程的产值	从建设单位以外承揽工程完成的产值
全国总计	**1206622**	**1138643**	**67979**	**231667**
北　京	135777	130423	5354	21722
天　津	25507	23294	2213	53092
河　北	12046	12046		
山　西	21117	21117		1201
内蒙古				
辽　宁	45852	45852		54
吉　林	15117	15117		94
黑龙江	4579	4579		
上　海	253983	228528	25455	89322
江　苏	143626	143475	152	7721
浙　江	68522	68522		1337
安　徽	9548	9548		3748
福　建	59438	59438		886
江　西	15251	15251		
山　东	71565	71085	480	1942
河　南	6300	6300		84
湖　北	12653	11700	953	953
湖　南	14755	14255	500	3640
广　东	250281	217409	32873	44704
广　西	1303	1303		
海　南				
重　庆	20924	20924		380
四　川	9714	9714		720
贵　州	294	294		69
云　南	4576	4576		
西　藏	28	28		
陕　西				
甘　肃	266	266		
青　海	1217	1217		
宁　夏	923	923		
新　疆	1461	1461		

各地区港澳台商投资建筑业总产值和竣工产值

单位:万元

地区	建筑业总产值	#装饰装修产值	#在外省完成的产值	按构成分组 建筑工程产值	安装工程产值	其他产值	竣工产值
全国总计	**1370310**	**648182**	**147083**	**962601**	**316804**	**90905**	**880083**
北京	152145	101275	18760	111058	35613	5474	114995
天津	76386	18094	789	19045	55635	1706	19649
河北	12046	7580	3113	9008	1045	1993	10475
山西	22317	6440	7002	20717	182	1418	16070
内蒙古							
辽宁	45905	35162	15836	37347	8558		29519
吉林	15211	5581		5477	9630	104	5521
黑龙江	4579	4573	610	4541		38	
上海	317849	206387	35657	240390	43767	33692	203704
江苏	151195	59146	10412	111276	27872	12048	126772
浙江	69859	8605	2821	54996	14863		52176
安徽	13296	983	10365	11726	1570		8131
福建	60324	34308	7229	51519	4017	4789	38757
江西	15251	1663		10078	3589	1585	10205
山东	73027	16043	1276	65070	6888	1069	49347
河南	6384	1857	308	1438	4129	817	6361
湖北	12653	6701	2091	5527	7057	69	1693
湖南	17894	6986	852	16691	374	830	5233
广东	262113	99807	28900	154168	84264	23681	162316
广西	1303	820		984		319	960
海南							
重庆	21304	20746		20651	558	95	7774
四川	10434	2268	935	7571	1813	1050	4264
贵州	363	199	129	294		69	115
云南	4576	552		552	4024		4338
西藏	28			28			28
陕西							
甘肃	266	215		198	7	62	204
青海	1217	1160		1217			
宁夏	923	923		923			173
新疆	1461	111		111	1350		1305

各地区港澳台商投资建筑业企业房屋建筑面积

地　　区	房屋建筑施工面积（万平方米）	#本　年新开工	#实行投标承包面积	#本年新开工	房屋建筑竣工面积（万平方米）	房屋建筑面积竣工率（%）
全国总计	**537.0**	**308.4**	**430.7**	**267.0**	**220.0**	**41.0**
北　　京	53.6	24.2	24.2	24.2	18.4	34.3
天　　津	6.2	5.1				
河　　北	3.2	3.2	3.2	3.2	3.2	100.0
山　　西	7.9	7.9			7.9	100.0
内 蒙 古						
辽　　宁	2.7	2.7	2.7	2.7	2.6	95.6
吉　　林						
黑 龙 江						
上　　海	56.2	40.6	39.6	39.6	43.3	77.1
江　　苏	17.2	15.3	14.5	11.1	15.7	91.5
浙　　江	20.0	13.4	7.5	7.5	12.0	60.1
安　　徽	9.8	2.9	9.2	2.5	9.8	100.0
福　　建	37.2	23.9	37.1	23.9	13.7	36.8
江　　西	13.0		13.0		10.0	76.9
山　　东	28.7	22.5	27.5	20.9	26.8	93.4
河　　南						
湖　　北	0.4	0.4			0.2	44.4
湖　　南	20.3	18.9	8.6	7.2	5.0	24.7
广　　东	252.0	119.1	235.4	117.4	50.9	20.2
广　　西	1.5	1.5	1.5			
海　　南						
重　　庆						
四　　川	5.9	5.4	5.4	5.4	0.4	7.6
贵　　州						
云　　南						
西　　藏						
陕　　西						
甘　　肃						
青　　海	1.4	1.4	1.4	1.4		
宁　　夏						
新　　疆						

各地区按主要用途分的港澳台商投资建筑业企业房屋建筑竣工面积

单位:万平方米

地　　区	合　　计	厂房、仓库	住宅	办公用房	批发和零售用房	住宿和餐饮用房
全国总计	**220.0**	**94.2**	**87.1**	**14.9**	**2.1**	**4.1**
北　　京	18.4	1.4	6.6	10.4		
天　　津						
河　　北	3.2	0.6	2.2	0.4		
山　　西	7.9		7.9			
内 蒙 古						
辽　　宁	2.6	2.6				
吉　　林						
黑 龙 江						
上　　海	43.3	30.7	10.6	0.8	0.6	
江　　苏	15.7	13.0	2.4	0.4		
浙　　江	12.0	6.3	2.3	0.2		3.3
安　　徽	9.8	6.8	2.5	0.5		
福　　建	13.7	0.9	11.5			0.8
江　　西	10.0		10.0			
山　　东	26.8	22.0	4.3		0.4	
河　　南						
湖　　北	0.2			0.2		
湖　　南	5.0	1.3	0.7			
广　　东	50.9	8.7	25.9	1.6	1.1	
广　　西						
海　　南						
重　　庆						
四　　川	0.4			0.4		
贵　　州						
云　　南						
西　　藏						
陕　　西						
甘　　肃						
青　　海						
宁　　夏						
新　　疆						

续表 单位:万平方米

地区	居民服务业用房	教育用房	文化、体育和娱乐用房	卫生医疗用房	科研用房	其他用房
全国总计	**0.1**	**0.6**	**0.1**	**0.3**	**6.8**	**9.8**
北京						
天津						
河北						
山西						
内蒙古						
辽宁						
吉林						
黑龙江						
上海						0.5
江苏						
浙江						
安徽						
福建		0.1		0.3		
江西						
山东						0.1
河南						
湖北						
湖南			0.1			2.9
广东	0.1	0.5			6.8	6.2
广西						
海南						
重庆						
四川						
贵州						
云南						
西藏						
陕西						
甘肃						
青海						
宁夏						
新疆						

各地区按主要用途分的港澳台商投资建筑业企业房屋建筑竣工价值

单位:万元

地　区	合　计	厂房、仓库	住宅	办公用房	批发和零售用房	住宿和餐饮用房
全国总计	**180220**	**46924**	**82282**	**23363**	**3594**	**6778**
北　京	31988	2582	11090	18317		
天　津						
河　北	1880	300	1320	260		
山　西	6101		6101			
内蒙古						
辽　宁	867	867				
吉　林						
黑龙江						
上　海	24025	8992	12872	283	1153	
江　苏	11916	5589	2372	1522	1000	
浙　江	9222	1922	1200	100		6000
安　徽	7934	6734	1000	200		
福　建	14023	620	10962			778
江　西	7000		7000			
山　东	17941	15049	2592		270	
河　南						
湖　北	39			39		
湖　南	1703	570	360			
广　东	45289	3699	25415	2350	1171	
广　西						
海　南						
重　庆						
四　川	292			292		
贵　州						
云　南						
西　藏						
陕　西						
甘　肃						
青　海						
宁　夏						
新　疆						

续表

单位:万元

地区	居民服务业用房	教育用房	文化、体育和娱乐用房	卫生医疗用房	科研用房	其他用房
全国总计	**113**	**1888**	**608**	**345**	**5922**	**8403**
北京						
天津						
河北						
山西						
内蒙古						
辽宁						
吉林						
黑龙江						
上海			55			670
江苏			500			933
浙江						
安徽						
福建		1318		345		
江西						
山东						30
河南						
湖北						
湖南			53			720
广东	113	570			5922	6050
广西						
海南						
重庆						
四川						
贵州						
云南						
西藏						
陕西						
甘肃						
青海						
宁夏						
新疆						

各地区港澳台商投资建筑业企业施工机械设备情况

地　　区	年末自有施工机械设备总台数（台）	年末自有施工机械设备总功率（千瓦）	年末自有施工机械设备净值（万元）	技术装备率（元/人）	动力装备率（千瓦/人）
全国总计	**38506**	**318658**	**66595**	**9775**	**4.7**
北　京	5422	20699	2753	4122	3.1
天　津	1105	3472	1238	6535	1.8
河　北	306	9608	935	11448	11.8
山　西	1628	34790	1773	10292	20.2
内蒙古					
辽　宁	1450	8681	3090	9592	2.7
吉　林	338	2174	287	2673	2.0
黑龙江	100	467	210	3670	0.8
上　海	4386	17313	9351	9641	1.8
江　苏	4920	52954	14767	17768	6.4
浙　江	967	19048	2523	5701	4.3
安　徽	368	4008	1498	11925	3.2
福　建	3676	12093	2142	4438	2.5
江　西	498	9389	4289	18439	4.0
山　东	2520	34093	6351	13522	7.3
河　南	508	5597	578	12500	12.1
湖　北	1599	4308	1913	25995	5.9
湖　南	437	7641	2009	7801	3.0
广　东	6243	59853	8607	8578	6.0
广　西	23	48	50	1466	0.1
海　南					
重　庆	983	1052	630	7792	1.3
四　川	298	1386	317	4080	1.8
贵　州	18	294	232	55262	7.0
云　南	53	1393	66	5946	12.5
西　藏	1	246	420	120000	7.0
陕　西					
甘　肃	520	4572	382	20428	24.4
青　海	44	420	22	1280	2.4
宁　夏	26	49	25	1531	0.3
新　疆	69	3010	139	8528	18.5

各地区港澳台商投资建筑业企业主要生产效益指标

地区	建筑业企业个数（个）	计算建筑业劳动生产率的平均人数（人）	按总产值计算的劳动生产率（元/人）	人均竣工产值（元/人）	人均施工面积（平方米/人）	人均竣工面积（平方米/人）
全国总计	**511**	**92652**	**147899**	**94988**	**58.0**	**23.7**
北京	55	11320	134404	101586	47.4	16.3
天津	19	2551	299436	77024	24.2	
河北	7	1230	97938	85162	26.3	26.3
山西	10	2880	77491	55799	27.6	27.6
内蒙古						
辽宁	29	3358	136704	87906	8.0	7.7
吉林	7	961	158279	57446		
黑龙江	5	554	82653			
上海	90	15658	202995	130096	35.9	27.7
江苏	51	11549	130916	109768	14.9	13.6
浙江	19	5025	139023	103833	39.7	23.9
安徽	6	1433	92784	56741	68.0	68.0
福建	35	4002	150735	96844	93.1	34.2
江西	11	2270	67185	44954	57.3	44.1
山东	34	7588	96240	65033	37.8	35.3
河南	6	598	106754	106365		
湖北	11	1015	124661	16679	3.5	1.6
湖南	10	2271	78795	23043	89.4	22.0
广东	68	14358	182555	113049	175.5	35.5
广西	3	239	54498	40155	60.7	
海南						
重庆	8	1448	147128	53687		
四川	9	1327	78628	32134	44.1	3.4
贵州	2	44	82500	26136		
云南	5	280	163411	154914		
西藏	1	5	56000	56000		
陕西						
甘肃	3	186	14317	10984		
青海	2	175	69543		79.3	
宁夏	1	148	62365	11689		
新疆	4	179	81626	72905		

各地区港澳台商投资建筑业企业营业额

单位:万元

地　　区	企业营业额	在境外完成的营业额	企业总产值	#建筑业总产值
全国总计	**1436181**	**14969**	**1421213**	**1370310**
北　京	155896	1924	153972	152145
天　津	76682		76682	76386
河　北	12046		12046	12046
山　西	27117		27117	22317
内蒙古				
辽　宁	46293		46293	45905
吉　林	15211		15211	15211
黑龙江	4579		4579	4579
上　海	333682		333682	317849
江　苏	158246	5175	153071	151195
浙　江	71083		71083	69859
安　徽	13310		13310	13296
福　建	60338		60338	60324
江　西	15251		15251	15251
山　东	77218		77218	73027
河　南	6384		6384	6384
湖　北	12653		12653	12653
湖　南	17894		17894	17894
广　东	290232	7870	282362	262113
广　西	1303		1303	1303
海　南				
重　庆	21317		21317	21304
四　川	10434		10434	10434
贵　州	363		363	363
云　南	4576		4576	4576
西　藏	28		28	28
陕　西				
甘　肃	266		266	266
青　海	1217		1217	1217
宁　夏	923		923	923
新　疆	1640		1640	1461

各地区港澳台商投资建筑业企业资产构成

单位:万元

地区	资产合计	#流动资产小计	#长期投资	#固定资产小计	#无形及递延资产
全国总计	**1775264**	**1483424**	**22764**	**225020**	**41649**
北京	215558	189742	919	11229	13210
天津	80171	64002	30	10548	5470
河北	8983	6771		1798	415
山西	34911	26556	13	8338	5
内蒙古					
辽宁	81077	53532	75	26445	952
吉林	26231	23659	81	1884	607
黑龙江	8121	5990		2129	2
上海	347150	316233	7155	22664	769
江苏	196522	156729	1646	35810	2287
浙江	47643	38722	1845	5942	1090
安徽	10957	7727		2790	421
福建	80010	69270	2412	6912	1394
江西	27216	21776	513	4857	46
山东	82257	61797	1607	18161	654
河南	12805	10831		1938	20
湖北	21131	16963	101	3956	104
湖南	30838	24734	266	2263	3576
广东	405686	340493	3396	50487	10250
广西	3192	3127		65	
海南					
重庆	9546	7874	73	1599	
四川	13669	9501	1357	2464	266
贵州	5685	4974	334	377	
云南	13709	13573	3	125	
西藏	1028	594		434	
陕西					
甘肃	3969	2529	894	497	
青海	1693	1307	1	384	
宁夏	401	371		30	
新疆	5104	4048	45	897	114

各地区港澳台商投资建筑业企业流动资产、无形及递延资产

单位:万元

地　　区	流动资产	#存货	无形及递延资产	#无形资产
全国总计	**1483424**	**389035**	**41649**	**39354**
北　　京	189742	39546	13210	13041
天　　津	64002	16545	5470	5359
河　　北	6771	2931	415	412
山　　西	26556	5346	5	
内 蒙 古				
辽　　宁	53532	4802	952	448
吉　　林	23659	768	607	607
黑 龙 江	5990	1195	2	
上　　海	316233	99765	769	506
江　　苏	156729	38495	2287	2199
浙　　江	38722	11211	1090	999
安　　徽	7727	962	421	420
福　　建	69270	20244	1394	758
江　　西	21776	11140	46	46
山　　东	61797	11411	654	647
河　　南	10831	2226	20	10
湖　　北	16963	2740	104	
湖　　南	24734	2684	3576	3576
广　　东	340493	108650	10250	10002
广　　西	3127	67		
海　　南				
重　　庆	7874	1076		
四　　川	9501	2923	266	210
贵　　州	4974	473		
云　　南	13573	1568		
西　　藏	594			
陕　　西				
甘　　肃	2529	1545		
青　　海	1307	416		
宁　　夏	371			
新　　疆	4048	307	114	114

各地区港澳台商投资建筑业企业固定资产情况

单位:万元

地区	固定资产小计	固定资产原价	#生产经营用	固定资产折旧	#本年折旧	在建工程
全国总计	**225020**	**337614**	**230717**	**129461**	**17814**	**12444**
北京	11229	22241	14348	12213	1202	1153
天津	10548	13324	8880	5007	1230	2175
河北	1798	2609	2266	974	173	95
山西	8338	10537	8651	3689	901	188
内蒙古						
辽宁	26445	31042	9307	5027	545	430
吉林	1884	2710	842	900	213	
黑龙江	2129	2390	2352	295	53	34
上海	22664	44826	33318	23569	2408	1273
江苏	35810	52660	40340	18269	3039	709
浙江	5942	9399	8400	3911	568	94
安徽	2790	4480	1723	1741	226	
福建	6912	11179	8367	5420	807	744
江西	4857	7311	7097	2454	562	
山东	18161	29539	14513	12827	1798	1228
河南	1938	2904	2635	1009	231	43
湖北	3956	5627	4254	2315	206	623
湖南	2263	3969	3597	1796	201	
广东	50487	69689	52854	23671	2989	3588
广西	65	124	124	69	1	10
海南						
重庆	1599	1954	1659	356	53	
四川	2464	3793	1464	1329	121	
贵州	377	701	414	323	24	
云南	125	743	602	651	50	32
西藏	434	470	470	36	8	
陕西						
甘肃	497	1107	889	610	68	
青海	384	562	84	178	25	
宁夏	30	45	45	15	4	
新疆	897	1680	1224	810	109	26

各地区港澳台商投资建筑业企业负债及所有者权益

单位:万元

地区	负债合计	流动负债	长期负债	所有者权益	#实收资本
全国总计	**1101963**	**1069978**	**31985**	**673301**	**617832**
北京	122809	121264	1545	92749	93904
天津	67278	67278		12894	21935
河北	3650	3350	300	5333	4522
山西	17090	16850	240	17821	18074
内蒙古					
辽宁	57489	55826	1664	23588	21764
吉林	16218	16218		10013	5397
黑龙江	2678	2678		5442	4361
上海	222104	220329	1775	125046	122661
江苏	127019	123224	3795	69503	60299
浙江	27766	26982	783	19877	18716
安徽	3441	3441		7517	7580
福建	38331	38057	274	41679	39859
江西	12964	12630	334	14252	10162
山东	50085	46420	3665	32172	29394
河南	8518	8486	32	4288	5479
湖北	4290	4246	44	16841	13784
湖南	14269	13151	1118	16569	18164
广东	277625	262061	15564	128062	94752
广西	1510	1510		1682	1486
海南					
重庆	3598	3598		5948	6057
四川	5209	4364	844	8460	8150
贵州	2674	2674		3012	2943
云南	9750	9749	1	3959	1618
西藏	250	250		778	530
陕西					
甘肃	864	864		3105	3959
青海	772	772		921	921
宁夏	356	349	7	45	100
新疆	3357	3357		1747	1262

各地区港澳台商投资建筑业企业实收资本

单位:万元

地　区	合　计	国家资本	集体资本	法人资本	个人资本	港澳台资本	外商资本
全国总计	**617832**	**32938**	**25493**	**204960**	**19643**	**331440**	**3360**
北　京	93904	1311	1387	41770	311	49126	
天　津	21935	2345		6121	1075	12395	
河　北	4522		805	1262		2456	
山　西	18074	87	20	9747	9	8211	
内蒙古							
辽　宁	21764	4613	1822	4684	735	9910	
吉　林	5397	425		3346		1626	
黑龙江	4361			512	1811	2038	
上　海	122661	8467	4697	37733	294	69970	1500
江　苏	60299	609	3306	15064	5515	35806	
浙　江	18716	3260	3167	2228	2326	7736	
安　徽	7580	491	949	830		5310	
福　建	39859	2270	2458	8223	529	24519	1860
江　西	10162	247		2804		7111	
山　东	29394	1477	3734	8152	1197	14834	
河　南	5479		262	1254		3963	
湖　北	13784	1150	1071	3498	200	7866	
湖　南	18164	1275		6968	728	9193	
广　东	94752	2712	600	42097	3938	45404	
广　西	1486		421	250		815	
海　南							
重　庆	6057	1258		2480	544	1776	
四　川	8150	375	389	3790		3596	
贵　州	2943	80		876		1987	
云　南	1618		406	496		716	
西　藏	530					530	
陕　西							
甘　肃	3959			777	106	3076	
青　海	921				325	596	
宁　夏	100	40				60	
新　疆	1262	446				816	

各地区港澳台商投资建筑业企业收入情况

单位:万元

地　　区	工程结算收　　入	工程结算成　　本	工程结算税金及附加	工程结算利　　润	经营费用	其他业务收　　入	#其他业务利　　润
全国总计	**1380510**	**1204486**	**36861**	**119834**	**19328**	**62481**	**8136**
北　京	157373	142180	4489	9313	1391	960	153
天　津	76728	59184	1778	8510	7257	27921	882
河　北	12005	10222	409	1082	291	12	8
山　西	24459	21266	726	2330	137	445	169
内蒙古							
辽　宁	34148	29889	1030	3171	58	389	30
吉　林	14917	9302	447	4346	821		
黑龙江	3870	2839	123	907			
上　海	347604	316801	7999	20009	2796	4020	2326
江　苏	133296	116958	3577	11246	1515	18982	2378
浙　江	59435	53142	1759	4471	63	685	441
安　徽	13371	11694	436	1234	7	543	
福　建	66093	58626	2112	5234	121	72	52
江　西	10351	8815	308	1148	80	36	19
山　东	80292	71092	1835	6679	685	71	16
河　南	6820	4630	184	2006		9	5
湖　北	10479	8483	307	1558	131		
湖　南	13389	10486	424	2218	262	52	33
广　东	287822	244341	8047	31995	3439	4691	1210
广　西	1111	923	33	149	6		
海　南							
重　庆	12846	11654	386	806		65	63
四　川	4832	3996	149	474	212	302	155
贵　州	1122	1049	33	19	22	20	20
云　南	4518	4091	153	273		3032	54
西　藏	28	20	1	-1	8	130	127
陕　西							
甘　肃	266	212	8	45	1		
青　海	1333	1119	37	177			
宁　夏	443	418	13	10	2		
新　疆	1558	1056	55	424	23	45	-2

各地区港澳台商投资建筑业企业费用情况

单位:万元

地区	管理费用	#税金	#财产保险费	#差旅费	#工会经费	财务费用	#利息支出
全国总计	**92808**	**2989**	**607**	**4556**	**397**	**8854**	**4776**
北京	11839	101	54	644	62	975	936
天津	11374	1618	93	63	2	299	-23
河北	752	92	16	23	4	21	-11
山西	1969	7	7	110	20	452	401
内蒙古							
辽宁	2776	32	28	163	14	198	182
吉林	845	7	3	30		-1	-1
黑龙江	112	3	1	5		8	-11
上海	18733	381	82	858	51	1109	1244
江苏	8501	119	107	1155	28	876	729
浙江	2925	83	17	174	20	182	146
安徽	1188	4		4	2	7	
福建	3491	111	16	198	16	231	82
江西	906	3	1	38	2	72	63
山东	3569	75	30	122	3	611	361
河南	850	1	1	45	1	215	209
湖北	1084	20	4	30	1	-12	-15
湖南	1727	19	17	40	9	202	64
广东	17589	262	122	705	152	3321	338
广西	130			10		3	3
海南							
重庆	781	14	1	48		7	7
四川	472	1	3	46	3	67	52
贵州	143	5		12	1	-13	
云南	400		2	2		-23	-23
西藏	30	23					
陕西							
甘肃	129	9	3	21	2	10	9
青海	137					3	
宁夏	54			4			
新疆	305		1	6	4	35	35

各地区港澳台商投资建筑业企业利润及税金情况

单位:万元

地区	利润总额	#应交所得税	税金总额	工程结算税金及附加	管理费用中的税金
全国总计	**31454**	**7340**	**39850**	**36861**	**2989**
北京	-2642	314	4590	4489	101
天津	-932	25	3396	1778	1618
河北	316	34	502	409	92
山西	143	91	733	726	7
内蒙古					
辽宁	373	242	1063	1030	32
吉林	3506	11	455	447	7
黑龙江	366	66	126	123	3
上海	3726	1515	8380	7999	381
江苏	3270	933	3695	3577	119
浙江	1803	318	1843	1759	83
安徽	31	22	439	436	4
福建	1289	268	2224	2112	111
江西	190	62	311	308	3
山东	2474	507	1910	1835	75
河南	942	384	186	184	1
湖北	489	229	327	307	20
湖南	325	149	442	424	19
广东	15637	2076	8309	8047	262
广西	16	7	34	33	
海南					
重庆	73	30	400	386	14
四川	76	25	150	149	1
贵州	-69		38	33	5
云南	-38	2	153	153	
西藏	96	1	24	1	23
陕西					
甘肃	-93		17	8	9
青海	38	1	37	37	
宁夏	-51		13	13	
新疆	100	29	55	55	

各地区港澳台商投资建筑业应收工程款及企业亏损情况

地　区	应收工程款（万元）	#竣工工程	企业个数（个）	#亏损企业	亏损企业的比重（%）
全国总计	**262479**	**151089**	**511**	**193**	**37.8**
北　京	46537	30805	55	28	50.9
天　津	3369	2463	19	9	47.4
河　北	2236	1273	7	3	42.9
山　西	7621	4351	10	5	50.0
内蒙古					
辽　宁	3640	1127	29	13	44.8
吉　林	3917	3623	7	3	42.9
黑龙江	914		5	1	20.0
上　海	39197	16640	90	33	36.7
江　苏	24300	15347	51	19	37.3
浙　江	7434	5067	19	4	21.1
安　徽	4322	4322	6	3	50.0
福　建	7611	4803	35	11	31.4
江　西	5474	3628	11	3	27.3
山　东	22290	10933	34	9	26.5
河　南	2197	712	6	3	50.0
湖　北	5326	4173	11	4	36.4
湖　南	10387	8158	10	4	40.0
广　东	61456	30941	68	18	26.5
广　西	793	635	3	1	33.3
海　南					
重　庆	1449	1245	8	4	50.0
四　川	397	306	9	3	33.3
贵　州	109	80	2	2	100.0
云　南	292	209	5	4	80.0
西　藏			1		
陕　西					
甘　肃	6	6	3	2	66.7
青　海	32		2		
宁　夏	923	132	1	1	100.0
新　疆	250	109	4	3	75.0

各地区港澳台商投资建筑业企业主要经济效益指标

地　　区	产　值 利润率 （%）	产　值 利税率 （%）	资　本 利润率 （%）	资　本 利税率 （%）	人均 利润 （元/人）	人均 利税 （元/人）	资　产 负债率 （%）
全国总计	**2.3**	**5.2**	**5.1**	**11.5**	**3395**	**7696**	**62.1**
北　　京	-1.7	1.3	-2.8	2.1	-2334	1721	57.0
天　　津	-1.2	3.2	-4.2	11.2	-3652	9660	83.9
河　　北	2.6	6.8	7.0	18.1	2568	6647	40.6
山　　西	0.6	3.9	0.8	4.8	498	3042	49.0
内 蒙 古							
辽　　宁	0.8	3.1	1.7	6.6	1111	4275	70.9
吉　　林	23.1	26.0	65.0	73.4	36484	41215	61.8
黑 龙 江	8.0	10.7	8.4	11.3	6608	8874	33.0
上　　海	1.2	3.8	3.0	9.9	2379	7731	64.0
江　　苏	2.2	4.6	5.4	11.6	2831	6031	64.6
浙　　江	2.6	5.2	9.6	19.5	3588	7255	58.3
安　　徽	0.2	3.5	0.4	6.2	217	3283	31.4
福　　建	2.1	5.8	3.2	8.8	3222	8778	47.9
江　　西	1.2	3.3	1.9	4.9	835	2206	47.6
山　　东	3.4	6.0	8.4	14.9	3261	5778	60.9
河　　南	14.7	17.7	17.2	20.6	15746	18849	66.5
湖　　北	3.9	6.4	3.5	5.9	4816	8038	20.3
湖　　南	1.8	4.3	1.8	4.2	1430	3378	46.3
广　　东	6.0	9.1	16.5	25.3	10891	16678	68.4
广　　西	1.3	3.8	1.1	3.4	682	2084	47.3
海　　南							
重　　庆	0.3	2.2	1.2	7.8	503	3266	37.7
四　　川	0.7	2.2	0.9	2.8	574	1704	38.1
贵　　州	-18.9	-8.5	-2.3	-1.1	-15591	-7045	47.0
云　　南	-0.8	2.5	-2.3	7.1	-1343	4132	71.1
西　　藏							
陕　　西							
甘　　肃	-35.1	-28.8	-2.4	-1.9	-5022	-4118	21.8
青　　海	3.1	6.1	4.1	8.1	2154	4257	45.6
宁　　夏	-5.5	-4.1	-50.7	-37.4	-3426	-2527	88.7
新　　疆	6.9	10.6	7.9	12.3	5598	8682	65.8

三、中央和地方建筑业企业

各地区中央建筑业企业签订合同情况

单位:万元

地区	合同总额	上年结转合同额	本年新签合同额
全国总计	**103463734**	**39483306**	**63980428**
北京	13647635	5262823	8384812
天津	6211778	2139801	4071977
河北	4263576	1547308	2716269
山西	7592752	2449935	5142818
内蒙古	529291	228199	301092
辽宁	4654315	2092343	2561972
吉林	2848617	1115337	1733280
黑龙江	1192698	340255	852444
上海	7309600	2697117	4612483
江苏	2250932	698265	1552667
浙江	1909773	1188281	721492
安徽	2975102	822867	2152235
福建	1411363	699059	712304
江西	1273117	392033	881085
山东	5796772	2396035	3400736
河南	4935481	1769221	3166260
湖北	8493984	2925865	5568119
湖南	2970784	1225448	1745336
广东	3065509	1221755	1843754
广西	648916	333919	314997
海南	16124	2221	13903
重庆	1007709	401623	606086
四川	6256242	2404454	3851789
贵州	1347088	762454	584635
云南	1407463	671398	736065
西藏			
陕西	5956404	2461430	3494974
甘肃	999134	309318	689816
青海	953279	474081	479198
宁夏	234633	106737	127896
新疆	1303661	343727	959935

各地区中央建筑业企业承包工程完成情况

单位:万元

地区	直接从建设单位承揽工程完成的产值	自行完成施工产值	分包出去工程的产值	从建设单位以外承揽工程完成的产值
全国总计	**50964560**	**47393246**	**3571314**	**1992899**
北京	6095133	5715582	379551	140074
天津	3116352	2839507	276844	37315
河北	2365137	2297726	67411	10890
山西	3582157	3428967	153190	88043
内蒙古	275079	275079		8014
辽宁	2422779	2327590	95189	96099
吉林	1000799	997547	3252	27896
黑龙江	811396	763430	47965	11490
上海	3865526	3326110	539416	260745
江苏	1633833	1299593	334240	60759
浙江	789181	637061	152120	111429
安徽	1445630	1407464	38166	20099
福建	717785	705032	12753	4037
江西	688662	659342	29319	2978
山东	3159552	2969071	190481	70189
河南	2261662	2196263	65400	161698
湖北	4207103	3758039	449064	153572
湖南	1293814	1282107	11707	115727
广东	1600149	1182913	417236	247424
广西	305516	300104	5412	52587
海南	9284	8320	964	
重庆	459661	446684	12977	24430
四川	2869441	2757708	111732	171566
贵州	803318	789691	13627	369
云南	513927	508250	5677	109
西藏				
陕西	2540540	2472802	67738	70433
甘肃	743968	701224	42744	21067
青海	350752	330702	20050	925
宁夏	155573	141603	13970	619
新疆	880854	867735	13119	22317

各地区中央建筑业总产值和竣工产值

单位:万元

地区	建筑业总产值	#装饰装修产值	#在外省完成的产值	按构成分组			竣工产值
				建筑工程产值	安装工程产值	其他产值	
全国总计	**49386145**	**1190571**	**25526037**	**39406466**	**8239040**	**1740639**	**26390962**
北京	5855657	633583	2856553	5150514	614222	90921	2984283
天津	2876823	14635	1708737	2341457	460981	74385	1458449
河北	2308615	19286	1632073	1649060	561002	98553	1122445
山西	3517010	14897	2043667	3042461	299651	174898	1419223
内蒙古	283093	10755	26920	266992	13354	2748	150310
辽宁	2423689	61943	1323289	1830470	481414	111805	1095148
吉林	1025443	555	738522	817747	200623	7072	515226
黑龙江	774921	23378	254931	331705	413807	29409	528945
上海	3586855	127539	1513046	2646419	756570	183867	1846298
江苏	1360353	16705	596317	783269	560141	16943	900981
浙江	748490	52	159437	419438	237431	91621	416234
安徽	1427564	2231	1048920	1289443	132630	5490	878843
福建	709068	7473	262139	670861	30659	7548	376689
江西	662320	16152	268793	519218	136822	6281	483255
山东	3039260	47302	1559745	2367459	631530	40271	1705215
河南	2357961	8760	1510335	1811322	494795	51843	1240916
湖北	3911610	29635	2486056	3402188	370685	138738	2159167
湖南	1397834	22015	1007500	1121914	222094	53825	846976
广东	1430337	21603	233766	1267931	98307	64099	874038
广西	352691	12313	99055	232161	100171	20359	284076
海南	8320			513	7734	73	6436
重庆	471114	7259	219877	376113	66986	28015	244480
四川	2929274	44946	1601661	2323720	369418	236137	1186786
贵州	790060	10026	211115	545831	217253	26976	628220
云南	508359	2843	260222	418965	70359	19036	358229
西藏							
陕西	2543234	18823	1273816	2264479	192705	86050	1273664
甘肃	722291	8132	295229	443308	238044	40939	482643
青海	331627		164773	243382	83201	5045	152553
宁夏	142223	140	15360	58480	81233	2509	120237
新疆	890052	7589	154183	769650	95219	25183	650998

各地区中央建筑业企业房屋建筑面积

地　　区	房屋建筑施工面积（万平方米）	#本　年新开工	#实行投标承包面积	#本年新开工	房屋建筑竣工面积（万平方米）	房屋建筑面积竣工率（%）
全国总计	**20131.4**	**9525.4**	**18119.8**	**8755.6**	**6381.8**	**31.7**
北　　京	4928.1	2142.9	4597.0	2084.5	1373.4	27.9
天　　津	834.1	422.0	829.7	396.6	339.8	40.7
河　　北	702.4	304.8	674.8	299.1	187.0	26.6
山　　西	762.5	381.3	658.4	350.0	163.7	21.5
内 蒙 古	46.2	38.0	25.0	24.1	21.1	45.6
辽　　宁	295.8	119.8	286.4	116.8	108.0	36.5
吉　　林	150.2	89.8	136.2	82.7	78.7	52.4
黑 龙 江	130.3	96.9	113.1	84.0	84.2	64.6
上　　海	1799.0	931.1	1704.1	869.0	412.2	22.9
江　　苏	541.6	197.5	533.7	196.7	161.7	29.9
浙　　江	168.4	109.4	47.9	29.7	18.1	10.7
安　　徽	314.3	147.2	314.1	147.1	93.5	29.8
福　　建	336.6	200.6	297.6	183.5	98.8	29.3
江　　西	144.5	61.9	134.6	59.4	59.6	41.2
山　　东	1001.4	453.4	692.7	360.7	344.5	34.4
河　　南	682.0	278.1	654.7	269.0	185.6	27.2
湖　　北	2566.5	1280.4	2292.0	1152.4	998.1	38.9
湖　　南	769.3	316.5	689.9	309.2	218.6	28.4
广　　东	1068.2	510.9	933.7	487.2	287.9	27.0
广　　西	103.2	46.1	88.8	37.1	50.7	49.1
海　　南	0.6	0.6	0.6	0.6	0.6	100.0
重　　庆	268.9	154.1	240.5	137.0	91.9	34.2
四　　川	784.2	386.7	681.4	339.8	260.3	33.2
贵　　州	495.3	163.5	479.8	162.1	210.9	42.6
云　　南	47.9	27.0	24.1	15.7	10.0	20.9
西　　藏						
陕　　西	451.1	208.8	402.4	176.6	156.9	34.8
甘　　肃	100.5	34.4	68.5	18.6	35.1	34.9
青　　海	19.0	5.5	17.0	3.3	9.9	52.2
宁　　夏	68.3	55.9	67.2	55.9	15.7	23.0
新　　疆	550.9	360.2	433.8	307.3	305.3	55.4

各地区按主要用途分的中央建筑业企业房屋建筑竣工面积

单位:万平方米

地区	合计	厂房、仓库	住宅	办公用房	批发和零售用房	住宿和餐饮用房
全国总计	**6381.8**	**1501.6**	**2846.0**	**636.3**	**142.0**	**84.4**
北京	1373.4	154.3	741.9	207.0	38.5	12.6
天津	339.8	117.8	103.5	32.7	17.0	0.7
河北	187.0	62.0	78.6	14.0	3.0	2.9
山西	163.7	90.7	40.1	13.3	0.4	3.6
内蒙古	21.1	1.8	12.4	0.5		
辽宁	108.0	34.3	50.8	8.3	1.7	0.3
吉林	78.7	23.2	37.3	5.6		
黑龙江	84.2	26.2	43.6	2.6	0.1	1.0
上海	412.2	144.4	129.5	45.3	13.8	6.2
江苏	161.7	80.7	32.9	17.8	2.1	
浙江	18.1	16.5	0.4	0.7		0.4
安徽	93.5	45.8	23.6	3.9	0.3	
福建	98.8	7.1	57.3	4.8		
江西	59.6	13.1	26.9	2.8	4.6	0.3
山东	344.5	63.4	140.0	31.7	1.9	0.2
河南	185.6	67.1	60.8	8.6	21.4	
湖北	998.1	162.8	456.3	97.8	9.8	3.8
湖南	218.6	27.9	106.1	51.3		2.1
广东	287.9	78.5	155.9	12.8	3.0	4.6
广西	50.7	2.0	43.2	1.2	0.6	
海南	0.6		0.6			
重庆	91.9	40.7	31.7	3.8		
四川	260.3	103.1	106.9	10.1	5.4	4.1
贵州	210.9	36.9	95.0	11.6	5.7	11.0
云南	10.0	4.2	4.1	0.8		0.1
西藏						
陕西	156.9	48.0	59.5	14.6	0.1	17.5
甘肃	35.1	3.5	22.0	5.6		
青海	9.9	3.4	6.3	0.2		
宁夏	15.7	5.7	8.9	1.1		
新疆	305.3	36.5	169.7	25.8	12.7	13.0

续表 单位:万平方米

地区	居民服务业用房	教育用房	文化、体育和娱乐用房	卫生医疗用房	科研用房	其他用房
全国总计	**85.4**	**443.7**	**111.2**	**101.8**	**45.9**	**383.4**
北京	10.0	84.7	18.6	27.8	12.2	65.7
天津	16.8	10.7	13.2	5.0	0.5	21.9
河北	1.7	7.0	0.5	1.9	0.6	14.8
山西	0.1	8.0	0.5	1.2	0.2	5.7
内蒙古		2.0				4.4
辽宁	1.0	2.3	1.1			8.1
吉林		0.3		1.3		11.0
黑龙江	2.3	6.4	0.9	0.3		0.6
上海		14.8	7.5	3.6		47.2
江苏		11.6	2.5	1.7		12.5
浙江						0.1
安徽	6.9	6.3			0.2	6.5
福建	3.5	6.1	0.4	2.0		17.6
江西	0.1	8.0	0.2			3.6
山东	7.0	46.7	24.8	8.3	0.1	20.2
河南	1.3	14.0	4.7			7.7
湖北	4.7	147.6	10.9	19.8	17.4	67.4
湖南	2.1	8.9	6.8	8.9		4.6
广东	0.1	9.5			6.8	16.8
广西			0.3			3.4
海南						
重庆		4.1	7.3	2.9	0.5	0.9
四川	0.8	8.3	1.9	4.0	1.0	14.8
贵州	20.7	5.2	4.7	6.9	2.4	10.9
云南						0.7
西藏						
陕西	0.2	9.7		0.1	3.5	3.7
甘肃		0.2	0.1			3.5
青海						
宁夏						
新疆	6.4	21.0	4.4	6.0	0.8	9.0

各地区按主要用途分的中央建筑业企业房屋建筑竣工价值

单位:万元

地　区	合　计	厂房、仓库	住宅	办公用房	批发和零售用房	住宿和餐饮用房
全国总计	**7091882**	**1896148**	**2687627**	**897136**	**154021**	**94633**
北　京	1915044	246082	925314	344019	51353	20039
天　津	424288	145102	98170	67845	22180	841
河　北	218231	105167	57802	16791	3072	4819
山　西	179238	114651	33399	13128	329	5607
内蒙古	14268	1553	7274	299		
辽　宁	87665	24662	33008	11428	1674	221
吉　林	115398	64230	27385	2388		
黑龙江	85005	35339	31961	2756	59	1363
上　海	481256	217705	118322	47441	15833	7093
江　苏	175336	78529	37918	23917	2288	
浙　江	23440	22321	287	395		317
安　徽	98628	53323	23609	4815	225	
福　建	104789	6932	52059	7005		
江　西	48599	7693	20144	2384	5129	300
山　东	355760	90033	131901	34347	1415	112
河　南	148786	52487	42880	8875	17391	
湖　北	863651	137983	330864	129558	6692	2319
湖　南	259675	22044	121153	70599		2192
广　东	342188	102501	156969	18841	3873	3223
广　西	44324	1801	38246	1105	728	
海　南	513		513			
重　庆	127506	80148	21755	7711		
四　川	256922	125036	80600	8163	2815	3478
贵　州	186454	41444	71890	10585	7812	8683
云　南	8842	3474	3887	665		130
西　藏						
陕　西	185633	52438	69541	21682	183	23969
甘　肃	55008	3808	22244	10852		
青　海	7113	2446	4512	155		
宁　夏	11341	5315	4906	1120		
新　疆	266980	51904	119116	28264	10971	9927

续表

单位:万元

地　　区	居民服务业用　　房	教育用房	文化、体育和娱乐用房	卫生医疗用　　房	科研用房	其他用房
全国总计	**77620**	**477096**	**141678**	**113309**	**55485**	**497129**
北　京	10748	149271	25972	40144	18951	83152
天　津	15969	12011	23355	5605	666	32547
河　北	503	10014	609	2001	670	16784
山　西	37	5462	200	1453	78	4894
内蒙古		1715				3428
辽　宁	864	2769	722			12317
吉　林		459		1798		19138
黑龙江	2943	8523	1054	402		605
上　海	10	17099	16813	4328		36613
江　苏		12377	3675	1810	1211	13611
浙　江						119
安　徽	5192	4905			120	6439
福　建	5757	8048	365	3118		21505
江　西	52	10903	165			1830
山　东	5536	43115	22134	5425	24	21719
河　南	966	13953	5124			7110
湖　北	2655	98875	12464	11466	19187	111589
湖　南	1323	15492	9471	12083		5319
广　东	113	9901			5922	40844
广　西			225			2220
海　南						
重　庆		5135	7589	4456	310	402
四　川	827	10539	1615	6246	1370	16234
贵　州	17017	4747	5067	6748	1302	11158
云　南						686
西　藏						
陕　西	90	10768		84	4848	2031
甘　肃		163	246			17694
青　海						
宁　夏						
新　疆	7018	20855	4814	6143	826	7142

各地区中央建筑业企业施工机械设备情况

地　　区	年末自有施工机械设备总台数（台）	年末自有施工机械设备总功率（千瓦）	年末自有施工机械设备净值（万元）	技术装备率（元/人）	动力装备率（千瓦/人）
全国总计	**552129**	**18211290**	**3566043**	**17604**	**9.0**
北　　京	46952	1357868	247585	17142	9.4
天　　津	21133	964772	356199	59223	16.0
河　　北	35766	1014146	149264	15764	10.7
山　　西	24165	864951	151446	9780	5.6
内 蒙 古	5661	1120471	16965	8482	56.0
辽　　宁	29901	1015495	206377	16642	8.2
吉　　林	19713	456896	77636	11526	6.8
黑 龙 江	19868	539707	84076	21065	13.5
上　　海	27070	937507	301396	24850	7.7
江　　苏	19843	261889	69891	13805	5.2
浙　　江	10881	186467	59529	34776	10.9
安　　徽	11158	283350	90110	17798	5.6
福　　建	6475	159558	16637	6223	6.0
江　　西	7476	211720	35970	8391	4.9
山　　东	27455	1391419	242030	17497	10.1
河　　南	33008	1091622	191324	14313	8.2
湖　　北	46930	1223159	274615	16898	7.5
湖　　南	19474	851833	105594	15260	12.3
广　　东	13798	544865	95044	24265	13.9
广　　西	12270	368663	51334	22339	16.0
海　　南	67	1543	146	2156	2.3
重　　庆	3513	129834	24519	8011	4.2
四　　川	32333	984426	268093	22099	8.1
贵　　州	8696	195551	48865	12437	5.0
云　　南	10586	258366	54195	19362	9.2
西　　藏					
陕　　西	19880	838685	154419	14227	7.7
甘　　肃	10011	276415	55125	14103	7.1
青　　海	6622	142212	45740	28192	8.8
宁　　夏	3889	65268	17646	26741	9.9
新　　疆	17535	472632	74276	12742	7.5

各地区中央建筑业企业主要生产效益指标

地　区	建筑业企业个数（个）	计算建筑业劳动生产率的平均人数（人）	按总产值计算的劳动生产率（元/人）	人均竣工产值（元/人）	人均施工面积（平方米/人）	人均竣工面积（平方米/人）
全国总计	**1569**	**2462655**	**200540**	**107165**	**81.7**	**25.9**
北　京	188	326907	179123	91288	150.7	42.0
天　津	77	108133	266045	134875	77.1	31.4
河　北	70	115733	199478	96986	60.7	16.2
山　西	69	161544	217712	87854	47.2	10.1
内蒙古	13	22106	128061	67995	20.9	9.5
辽　宁	95	124821	194173	87737	23.7	8.6
吉　林	40	66604	153961	77357	22.6	11.8
黑龙江	59	58409	132671	90559	22.3	14.4
上　海	85	147008	243990	125592	122.4	28.0
江　苏	38	65078	209034	138446	83.2	24.9
浙　江	13	21498	348167	193615	78.3	8.4
安　徽	29	64532	221218	136187	48.7	14.5
福　建	27	38495	184198	97854	87.4	25.7
江　西	29	39196	168976	123292	36.9	15.2
山　东	93	166906	182094	102166	60.0	20.6
河　南	61	152273	154851	81493	44.8	12.2
湖　北	103	151932	257458	142114	168.9	65.7
湖　南	35	74711	187099	113367	103.0	29.3
广　东	67	54161	264090	161378	197.2	53.2
广　西	15	22220	158727	127847	46.4	22.8
海　南	5	681	122172	94502	9.4	9.4
重　庆	24	33726	139689	72490	79.7	27.2
四　川	94	137624	212846	86234	57.0	18.9
贵　州	23	37150	212668	169104	133.3	56.8
云　南	18	21791	233288	164393	22.0	4.6
西　藏						
陕　西	51	96008	264898	132662	47.0	16.3
甘　肃	45	40227	179554	119980	25.0	8.7
青　海	13	17703	187328	86173	10.8	5.6
宁　夏	13	13985	101696	85975	48.8	11.2
新　疆	77	81493	109218	79884	67.6	37.5

各地区中央建筑业企业营业额

单位:万元

地　区	企业营业额	在境外完成的营业额	企业总产值	#建筑业总产值
全国总计	**55616160**	**2709323**	**52906837**	**49386145**
北　京	8010719	1902671	6108047	5855657
天　津	3386648	155513	3231136	2876823
河　北	2526001	41228	2484773	2308615
山　西	3766240	50513	3715727	3517010
内蒙古	283894	300	283594	283093
辽　宁	2537590	26126	2511465	2423689
吉　林	1216411	41533	1174878	1025443
黑龙江	838502	4165	834338	774921
上　海	4157970	11112	4146859	3586855
江　苏	1694521	56529	1637992	1360353
浙　江	759644	4320	755324	748490
安　徽	1702307	11416	1690891	1427564
福　建	725282	2800	722482	709068
江　西	685006	1992	683014	662320
山　东	3247189	28772	3218418	3039260
河　南	2483792	27564	2456228	2357961
湖　北	4282286	125763	4156523	3911610
湖　南	1533219	21190	1512029	1397834
广　东	1512228	18689	1493539	1430337
广　西	392356	656	391700	352691
海　南	10077		10077	8320
重　庆	506384		506384	471114
四　川	3156496	139091	3017405	2929274
贵　州	805745		805745	790060
云　南	555780	13895	541885	508359
西　藏				
陕　西	2652656	17334	2635321	2543234
甘　肃	745120	188	744932	722291
青　海	359053	163	358890	331627
宁　夏	143082		143082	142223
新　疆	939965	5803	934162	890052

各地区中央建筑业企业资产构成

单位:万元

地区	资产合计	#流动资产小计	#长期投资	#固定资产小计	#无形及递延资产
全国总计	**51468006**	**35071451**	**7654736**	**7812739**	**601810**
北京	12831795	6848717	4888830	930661	106974
天津	2390805	1710980	90492	549592	18195
河北	1864875	1439701	55790	337760	18137
山西	2614186	1957675	178911	410729	53431
内蒙古	172328	123338	3331	42410	1195
辽宁	1818085	1365607	66254	370865	9984
吉林	852945	639597	18783	157318	27627
黑龙江	882464	644055	45087	189955	3253
上海	3918792	2892683	377859	619047	10245
江苏	1062649	855783	35408	152599	16622
浙江	495565	341469	21260	110408	3494
安徽	1004485	778538	19793	171489	32071
福建	442325	349672	15348	70370	3219
江西	557713	413545	30705	102781	9141
山东	2631277	2042637	99835	452420	18306
河南	2058493	1559487	78805	389031	17578
湖北	4336857	2846550	640337	649022	173268
湖南	1100919	832890	50611	182753	6606
广东	1497482	1162063	74757	231621	12215
广西	543760	288654	109572	138970	6352
海南	17971	14880	288	2007	796
重庆	365400	270240	12496	78002	3331
四川	3003495	1942328	513275	508930	20733
贵州	602530	463588	33611	95204	2388
云南	382231	278775	10186	90590	2280
西藏					
陕西	2068505	1589616	103318	350594	15812
甘肃	691668	533755	13527	139862	3613
青海	295848	201444	16749	64088	1325
宁夏	122610	74468	9128	36546	687
新疆	839948	608719	40394	187116	2935

各地区中央建筑业企业流动资产、无形及递延资产

单位:万元

地区	流动资产	#存货	无形及递延资产	#无形资产
全国总计	**35071451**	**6534650**	**601810**	**510407**
北京	6848717	1232772	106974	50688
天津	1710980	366910	18195	17379
河北	1439701	299716	18137	17416
山西	1957675	317624	53431	52269
内蒙古	123338	19700	1195	1134
辽宁	1365607	286907	9984	9256
吉林	639597	159404	27627	26971
黑龙江	644055	158249	3253	2658
上海	2892683	677170	10245	8648
江苏	855783	178507	16622	16061
浙江	341469	55698	3494	2636
安徽	778538	126415	32071	31660
福建	349672	60497	3219	1935
江西	413545	99032	9141	8792
山东	2042637	359716	18306	16373
河南	1559487	330228	17578	15928
湖北	2846550	436296	173268	169346
湖南	832890	135503	6606	2646
广东	1162063	168544	12215	9834
广西	288654	49462	6352	5896
海南	14880	663	796	626
重庆	270240	37253	3331	3322
四川	1942328	320835	20733	19720
贵州	463588	51686	2388	733
云南	278775	53017	2280	1838
西藏				
陕西	1589616	314114	15812	10241
甘肃	533755	97870	3613	3500
青海	201444	25316	1325	419
宁夏	74468	18755	687	618
新疆	608719	96793	2935	1866

各地区中央建筑业企业固定资产情况

单位:万元

地区	固定资产小计	固定资产原价	#生产经营用	固定资产折旧	#本年折旧	在建工程
全国总计	**7812739**	**12603376**	**9978741**	**5410957**	**870554**	**533396**
北京	930661	1360978	1036366	541278	87417	100584
天津	549592	958698	827003	436113	59435	25708
河北	337760	568021	479264	245591	39617	13282
山西	410729	631382	474245	252983	51131	24621
内蒙古	42410	65500	60696	27219	5266	2132
辽宁	370865	685195	572821	328455	46578	13647
吉林	157318	268671	196122	115537	19961	3336
黑龙江	189955	330544	292747	142904	20057	2225
上海	619047	1096741	952399	518778	62725	35711
江苏	152599	238885	193866	93545	11287	5254
浙江	110408	175275	138424	72648	12584	7133
安徽	171489	270427	228023	106007	17737	447
福建	70370	112681	90166	45600	8520	3056
江西	102781	167792	120615	72980	8059	3055
山东	452420	748582	608810	325566	50732	28314
河南	389031	609583	492325	266135	64456	40031
湖北	649022	1059433	570900	474032	70726	54533
湖南	182753	326898	283631	152195	25472	7961
广东	231621	339973	274382	131846	21386	11938
广西	138970	180245	148102	71026	9068	29503
海南	2007	1887	1511	1014	314	1067
重庆	78002	114557	102406	38229	6178	933
四川	508930	811355	618311	352046	68245	47601
贵州	95204	128554	110572	50061	10418	14955
云南	90590	155452	136458	66860	12761	1995
西藏						
陕西	350594	535208	445686	219031	38068	27595
甘肃	139862	224484	200707	87834	11410	4005
青海	64088	123664	71309	60085	12825	509
宁夏	36546	51922	45785	16662	3178	843
新疆	187116	260794	205088	98697	14946	21424

各地区中央建筑业企业负债及所有者权益

单位:万元

地　区	负债合计	流动负债	长期负债	所有者权益	#实收资本
全国总计	**36879042**	**34063701**	**2815342**	**14588964**	**10569507**
北　京	7321094	5878273	1442821	5510701	3717043
天　津	1812582	1732600	79982	578223	386282
河　北	1526074	1480006	46069	338800	258464
山　西	2128433	2062601	65832	485753	449936
内蒙古	128803	122467	6336	43525	35727
辽　宁	1371873	1359187	12686	446212	394960
吉　林	667474	634946	32528	185472	161102
黑龙江	649288	635751	13536	233177	266914
上　海	3088245	2837892	250353	830547	489934
江　苏	895660	886874	8786	166989	147635
浙　江	330694	321088	9606	164871	113346
安　徽	790189	769255	20934	214296	152275
福　建	334946	330168	4778	107379	88182
江　西	436955	419652	17303	120758	98504
山　东	2088699	1987041	101658	542578	458041
河　南	1653212	1602112	51100	405281	368961
湖　北	2994709	2780246	214463	1342148	826271
湖　南	875068	851343	23725	225851	215705
广　东	1192830	1141696	51134	304652	250679
广　西	338428	204948	133480	205333	97240
海　南	8026	7976	50	9945	4610
重　庆	282592	279411	3181	82808	88207
四　川	2084858	1984494	100364	918637	583127
贵　州	456591	431562	25028	145939	85057
云　南	291972	283150	8821	90259	79046
西　藏					
陕　西	1656000	1601148	54852	412505	325649
甘　肃	528688	521472	7216	162980	155939
青　海	220659	217842	2817	75189	66150
宁　夏	88023	87908	115	34587	32368
新　疆	636381	610592	25789	203568	172154

各地区中央建筑业企业实收资本

单位:万元

地区	合计	国家资本	集体资本	法人资本	个人资本	港澳台资本	外商资本
全国总计	**10569507**	**5581818**	**196205**	**4528717**	**233137**	**20203**	**9427**
北京	3717043	2980418	26443	679842	17970	9170	3200
天津	386282	110153	11504	248017	16486		123
河北	258464	79374	16961	158292	3836		
山西	449936	78868	8565	361008	1495		
内蒙古	35727	29669		1224	4834		
辽宁	394960	308723	32190	51819	1638	590	
吉林	161102	121353	1359	32120	6270		
黑龙江	266914	161647	10802	91176	3289		
上海	489934	56929	20830	403789	364	6314	1709
江苏	147635	35315	1230	107846	3243		
浙江	113346	39072		74274			
安徽	152275	8678	31	143289	195		83
福建	88182	12456	92	74574	1061		
江西	98504	21834	4401	71970	300		
山东	458041	128928	11947	308704	8462		
河南	368961	78853	6367	283368	374		
湖北	826271	110541	9676	575515	125747	480	4313
湖南	215705	85661	2581	127167	296		
广东	250679	92674	1032	153248	2115	1610	
广西	97240	58595	288	38047	310		
海南	4610	2095	730	1785			
重庆	88207	38877		47427	1833	70	
四川	583127	487149	10375	75663	9941		
贵州	85057	80115	522		2450	1970	
云南	79046	23254	1261	53044	1488		
西藏							
陕西	325649	117428	5950	197090	5181		
甘肃	155939	69570	1215	84782	372		
青海	66150	52857	3109	9869	314		
宁夏	32368	14155	730	14009	3474		
新疆	172154	96581	6016	59759	9798		

各地区中央建筑业企业收入情况

单位:万元

地区	工程结算收入	工程结算成本	工程结算税金及附加	工程结算利润	经营费用	其他业务收入	#其他业务利润
全国总计	**54076353**	**48743177**	**1572811**	**3592390**	**167976**	**1655720**	**202627**
北京	7547297	6882876	208260	437001	19160	177011	22368
天津	3127486	2811389	86349	227407	2341	46949	2048
河北	2315816	2058662	75715	175023	6416	115229	6942
山西	3724305	3408920	110590	192808	11987	54983	12730
内蒙古	271991	242224	12712	15651	1404	1223	241
辽宁	2389909	2158677	69201	148314	13717	122563	12571
吉林	1042057	944416	29182	64869	3590	11083	5660
黑龙江	934535	837031	34513	61064	1927	12275	1610
上海	4338182	3888254	126414	316282	7232	257004	24697
江苏	1649454	1502200	50690	95134	1431	35545	2903
浙江	955584	852891	23127	78973	593	7542	1480
安徽	1622414	1450373	50169	115167	6705	52369	-1033
福建	753418	681902	25358	43674	2484	15579	1273
江西	631727	564637	18991	46729	1370	19909	2807
山东	3075510	2746347	88480	229074	11609	43197	8073
河南	2536539	2285992	80559	165820	4168	40611	5613
湖北	4067243	3651170	117970	273553	24550	221210	33234
湖南	1410429	1277498	38343	93236	1352	19455	3983
广东	1875121	1719611	52915	99474	3121	33842	6334
广西	364171	320221	11395	32327	227	26885	2424
海南	10061	6483	360	3118	100	16	16
重庆	474778	427949	14712	29951	2167	12129	2826
四川	2957895	2639893	74782	237648	5572	154006	17728
贵州	792318	702020	24712	59381	6205	24752	5939
云南	544210	482938	15969	42960	2343	10037	332
西藏							
陕西	2687143	2436225	78973	156275	15670	80698	8049
甘肃	692415	617886	14558	55466	4504	13194	581
青海	313186	277243	9736	25639	568	10535	2610
宁夏	156617	141531	4729	10238	120	955	397
新疆	814544	725718	23350	60134	5342	34933	8193

各地区中央建筑业企业费用情况

单位:万元

地区	管理费用	#税金	#财产保险费	#差旅费	#工会经费	财务费用	#利息支出
全国总计	**2920809**	**45869**	**14275**	**150104**	**56973**	**238092**	**198919**
北京	377264	4130	999	18509	3168	50237	37294
天津	147579	3380	462	7146	2065	5530	5053
河北	144408	3566	716	7007	3222	13522	12021
山西	172684	2460	702	10144	2719	8663	10571
内蒙古	12816	259	293	421	247	1039	820
辽宁	152306	3072	968	7567	2441	7491	5335
吉林	54622	846	112	2999	747	6012	5558
黑龙江	53504	1214	297	2577	1123	1539	1472
上海	274954	3232	803	12204	3557	9670	10882
江苏	78042	829	385	3257	1783	5307	4795
浙江	50253	661	435	2777	619	1656	1358
安徽	86683	1071	120	1663	10979	6967	4849
福建	36230	734	140	1722	490	1558	1770
江西	39718	423	115	2122	690	3390	3459
山东	164523	3268	2029	9271	3053	13206	10972
河南	127393	3127	439	7933	1992	11286	8367
湖北	217057	2786	1017	13424	3619	20976	20991
湖南	83353	1784	429	4794	1332	7646	6917
广东	81679	1283	292	3206	1266	8044	6493
广西	25391	368	113	1527	602	3323	1990
海南	1005	36		2	7	-25	-32
重庆	21587	516	421	1721	938	1832	1718
四川	186359	1840	781	10381	5777	24852	14391
贵州	39202	426	72	1427	524	2207	1622
云南	37494	442	114	1661	559	1090	1259
西藏							
陕西	120438	2160	966	7009	1505	12789	11477
甘肃	45802	649	282	2027	766	3705	3454
青海	24280	507	236	1251	430	1054	680
宁夏	7495	164	22	324	83	-16	-39
新疆	56691	637	517	4030	671	3543	3423

各地区中央建筑业企业利润及税金情况

单位:万元

地　　区	利润总额	#应交所得税	税金总额	工程结算税金及附加	管理费用中的税金
全国总计	**785074**	**175095**	**1618679**	**1572811**	**45869**
北　　京	138390	21244	212390	208260	4130
天　　津	81238	29318	89728	86349	3380
河　　北	32296	9893	79281	75715	3566
山　　西	21890	5499	113050	110590	2460
内 蒙 古	1887	545	12971	12712	259
辽　　宁	10475	5374	72272	69201	3072
吉　　林	9570	4590	30028	29182	846
黑 龙 江	7994	4164	35727	34513	1214
上　　海	75525	11799	129646	126414	3232
江　　苏	16472	4114	51518	50690	829
浙　　江	16892	8759	23788	23127	661
安　　徽	21608	1565	51240	50169	1071
福　　建	8271	2222	26092	25358	734
江　　西	5517	1478	19414	18991	423
山　　东	61982	12346	91748	88480	3268
河　　南	34900	4647	83686	80559	3127
湖　　北	72020	15525	120757	117970	2786
湖　　南	9209	3370	40127	38343	1784
广　　东	21752	5878	54197	52915	1283
广　　西	7119	970	11763	11395	368
海　　南	1871	638	395	360	36
重　　庆	10911	1223	15228	14712	516
四　　川	50010	5896	76622	74782	1840
贵　　州	20913	3709	25138	24712	426
云　　南	1289	811	16410	15969	442
西　　藏					
陕　　西	26371	4367	81133	78973	2160
甘　　肃	5185	2682	15207	14558	649
青　　海	699	380	10243	9736	507
宁　　夏	2152	858	4893	4729	164
新　　疆	10669	1234	23986	23350	637

各地区中央建筑业企业应收工程款及企业亏损情况

地　区	应收工程款（万元）	#竣工工程	企业个数（个）	#亏损企业	亏损企业的比重（%）
全国总计	**10466769**	**4493861**	**1569**	**303**	**19.3**
北　京	1667419	519942	188	44	23.4
天　津	558538	234169	77	10	13.0
河　北	495684	250786	70	12	17.1
山　西	636322	249756	69	12	17.4
内蒙古	34355	17854	13	2	15.4
辽　宁	499645	132903	95	17	17.9
吉　林	290265	140798	40	15	37.5
黑龙江	206958	164561	59	11	18.6
上　海	705852	297848	85	12	14.1
江　苏	306625	127118	38	8	21.1
浙　江	57163	25006	13		
安　徽	373472	214229	29	6	20.7
福　建	117392	59193	27	1	3.7
江　西	99998	36804	29	4	13.8
山　东	755635	471594	93	15	16.1
河　南	359625	148514	61	9	14.8
湖　北	943571	449181	103	21	20.4
湖　南	257854	97123	35	8	22.9
广　东	442233	149861	67	8	11.9
广　西	26593	12048	15	1	6.7
海　南	4360	4360	5	1	20.0
重　庆	101414	56881	24	5	20.8
四　川	490789	175301	94	19	20.2
贵　州	112207	43071	23	6	26.1
云　南	57501	27179	18	6	33.3
西　藏					
陕　西	342532	143879	51	5	9.8
甘　肃	181568	61123	45	13	28.9
青　海	67467	23987	13	4	30.8
宁　夏	11403	6964	13	3	23.1
新　疆	262329	151831	77	25	32.5

各地区中央建筑业企业主要经济效益指标

地　　区	产　值 利润率 （%）	产　值 利税率 （%）	资　本 利润率 （%）	资　本 利税率 （%）	人均 利润 （元/人）	人均 利税 （元/人）	资　产 负债率 （%）
全国总计	**1.6**	**4.9**	**7.4**	**22.7**	**3188**	**9761**	**66.2**
北　　京	2.4	6.0	3.7	9.4	4233	10730	45.8
天　　津	2.8	5.9	21.0	44.3	7513	15811	72.5
河　　北	1.4	4.8	12.5	43.2	2791	9641	79.4
山　　西	0.6	3.8	4.9	30.0	1355	8353	78.9
内 蒙 古	0.7	5.2	5.3	41.6	854	6721	71.1
辽　　宁	0.4	3.4	2.7	21.0	839	6629	74.8
吉　　林	0.9	3.9	5.9	24.6	1437	5945	74.4
黑 龙 江	1.0	5.6	3.0	16.4	1369	7485	72.0
上　　海	2.1	5.7	15.4	41.9	5138	13956	72.4
江　　苏	1.2	5.0	11.2	46.1	2531	10447	83.5
浙　　江	2.3	5.4	14.9	35.9	7857	18923	64.8
安　　徽	1.5	5.1	14.2	47.8	3348	11289	76.6
福　　建	1.2	4.8	9.4	39.0	2149	8927	74.6
江　　西	0.8	3.8	5.6	25.3	1407	6360	75.2
山　　东	2.0	5.1	13.5	33.6	3714	9211	75.5
河　　南	1.5	5.0	9.5	32.1	2292	7788	77.8
湖　　北	1.8	4.9	8.7	23.3	4740	12688	64.1
湖　　南	0.7	3.5	4.3	22.9	1233	6604	77.3
广　　东	1.5	5.3	8.7	30.3	4016	14023	76.2
广　　西	2.0	5.4	7.3	19.4	3204	8498	37.7
海　　南	22.5	27.2	40.6	49.2	27471	33275	44.4
重　　庆	2.3	5.5	12.4	29.6	3235	7750	76.5
四　　川	1.7	4.3	8.6	21.7	3634	9201	66.1
贵　　州	2.6	5.8	24.6	54.1	5629	12396	71.6
云　　南	0.3	3.5	1.6	22.4	591	8122	74.1
西　　藏							
陕　　西	1.0	4.2	8.1	33.0	2747	11197	77.4
甘　　肃	0.7	2.8	3.3	13.1	1289	5069	75.4
青　　海	0.2	3.3	1.1	16.5	395	6181	73.6
宁　　夏	1.5	5.0	6.6	21.8	1539	5037	71.7
新　　疆	1.2	3.9	6.2	20.1	1309	4253	72.7

各地区地方建筑业企业签订合同情况

单位:万元

地　　区	合同总额	上年结转合同额	本年新签合同额
全国总计	**358527971**	**121083592**	**237444379**
北　　京	19238248	7205563	12032686
天　　津	4926684	1605101	3321583
河　　北	10646421	3273244	7373176
山　　西	4821059	1593299	3227759
内 蒙 古	4301169	1533152	2768018
辽　　宁	13328533	3336160	9992373
吉　　林	3820531	1137697	2682834
黑 龙 江	5434896	1619728	3815168
上　　海	25448780	10358291	15090489
江　　苏	44325702	12637422	31688281
浙　　江	61492609	22328023	39164586
安　　徽	8703066	2386922	6316143
福　　建	9126135	3110079	6016057
江　　西	5826725	1995116	3831609
山　　东	20228944	5799619	14429325
河　　南	8250629	2785412	5465217
湖　　北	10341497	2449923	7891574
湖　　南	14037349	4731724	9305625
广　　东	32614641	13692037	18922604
广　　西	4851754	1899959	2951795
海　　南	893374	386928	506446
重　　庆	8984913	3002608	5982305
四　　川	14270905	4644683	9626222
贵　　州	3012378	1161331	1851047
云　　南	6256102	1853172	4402930
西　　藏	395849	139901	255948
陕　　西	4401245	1671180	2730065
甘　　肃	3070684	1140716	1929969
青　　海	779418	265484	513934
宁　　夏	1275895	331762	944134
新　　疆	3421839	1007359	2414480

各地区地方建筑业企业承包工程完成情况

单位:万元

地区	直接从建设单位承揽工程完成的产值	自行完成施工产值	分包出去工程的产值	从建设单位以外承揽工程完成的产值
全国总计	**234901427**	**228669930**	**6231497**	**12158436**
北京	10498960	10061854	437106	652080
天津	3519525	3389429	130095	270816
河北	7579982	7560064	19918	171714
山西	3546063	3495183	50880	113557
内蒙古	3216196	3205532	10664	56466
辽宁	9851183	9760822	90361	266970
吉林	3063334	3049272	14062	36392
黑龙江	4346149	4319790	26358	65121
上海	12962608	11119740	1842868	2181407
江苏	32540682	31939268	601414	3256542
浙江	37147028	36878572	268456	1329376
安徽	6296241	6182357	113884	277637
福建	5876156	5813159	62997	194095
江西	3925839	3845371	80467	110002
山东	16220627	16075678	144949	575123
河南	5765775	5658195	107580	155192
湖北	7068773	6967688	101085	242040
湖南	8733789	8662779	71010	218302
广东	18205425	16611091	1594334	966971
广西	2839672	2827733	11938	106219
海南	570888	569007	1881	8507
重庆	6401892	6211673	190219	219988
四川	9960383	9876413	83971	288142
贵州	1750664	1739712	10953	24758
云南	3895507	3870826	24682	103335
西藏	288908	285133	3774	5669
陕西	2653560	2609529	44031	78003
甘肃	2152167	2130720	21447	85843
青海	529397	513224	16173	41554
宁夏	953984	953193	791	16498
新疆	2540072	2486922	53150	40119

各地区地方建筑业总产值和竣工产值

单位:万元

地区	建筑业总产值	#装饰装修产值	#在外省完成的产值	按构成分组			竣工产值
				建筑工程产值	安装工程产值	其他产值	
全国总计	**240828366**	**16927152**	**41430218**	**205960504**	**24930783**	**9937079**	**176272766**
北京	10713934	2335831	876112	9229764	1205174	278996	7721392
天津	3660245	243553	261987	2945328	536398	178519	2504468
河北	7731777	303607	1338840	6534243	672047	525488	5741675
山西	3608740	216952	225842	2996283	446676	165781	2164776
内蒙古	3261998	70506	172145	2682377	489451	90170	2481250
辽宁	10027792	767847	1030125	8271614	1510406	245773	7383169
吉林	3085664	124882	324206	2598382	383883	103399	2020742
黑龙江	4384911	273537	528064	3679164	555963	149784	3531487
上海	13301147	1642754	1039547	10630867	1827007	843273	9558285
江苏	35195810	1812502	11440526	31536373	2769747	889691	27561150
浙江	38207947	2312780	13300627	33580999	3484042	1142907	26127858
安徽	6459994	420500	875561	5373006	727007	359981	4492892
福建	6007255	408915	1144818	5101801	689812	215641	4289016
江西	3955373	168310	507951	3396141	285706	273527	3007818
山东	16650802	1038365	757126	13782306	2072087	796409	11805531
河南	5813387	319882	698953	4937824	595687	279876	4144102
湖北	7209727	459744	651909	5865243	633052	711433	4871647
湖南	8881081	359800	1419410	7543816	606358	730907	6044342
广东	17578062	2093337	1878165	14690186	2266492	621384	13882835
广西	2933953	196121	121188	2598742	272000	63211	2071349
海南	577514	66146	52064	468465	60603	48447	360531
重庆	6431661	338850	474071	5642144	541856	247661	4438801
四川	10164555	470254	1469296	8725391	999831	439333	9015377
贵州	1764469	27457	225866	1567642	138798	58029	1110628
云南	3974161	173540	94549	3511655	342262	120244	2821986
西藏	290802	6873	1024	266987	13554	10261	238032
陕西	2687532	57447	251123	2448493	172886	66153	1970808
甘肃	2216563	84652	165411	1908817	223860	83886	1738657
青海	554778	17593	12039	481292	49128	24359	399345
宁夏	969691	27883	50452	898142	57723	13825	842899
新疆	2527041	86732	41222	2067017	301290	158733	1929920

各地区地方建筑业企业房屋建筑面积

地　　区	房屋建筑施工面积（万平方米）	#本　年新开工	#实行投标承包面积	#本年新开工	房屋建筑竣工面积（万平方米）	房屋建筑面积竣工率（%）
全国总计	**290854.3**	**169923.2**	**225584.6**	**137973.0**	**140982.3**	**48.5**
北　　京	9496.3	4130.0	7883.8	3597.6	3884.3	40.9
天　　津	2672.2	1500.6	2204.4	1223.1	1278.9	47.9
河　　北	10466.8	6686.9	8206.7	5774.6	5649.6	54.0
山　　西	3163.5	1897.3	2278.8	1462.6	1361.9	43.0
内 蒙 古	2515.6	1696.6	1905.6	1426.0	1582.6	62.9
辽　　宁	8509.9	5776.3	7070.4	4801.6	4643.2	54.6
吉　　林	2672.7	1808.2	2423.5	1647.6	1671.1	62.5
黑 龙 江	3647.1	2251.5	2955.0	1902.2	2329.9	63.9
上　　海	9719.8	6375.7	6410.9	4137.8	4144.9	42.6
江　　苏	42632.6	26602.8	35693.4	22727.4	21598.7	50.7
浙　　江	50814.0	28577.8	42101.4	23705.3	20362.4	40.1
安　　徽	8056.5	5120.2	6214.2	4215.9	4665.0	57.9
福　　建	7250.6	3843.5	4736.3	2671.0	3488.3	48.1
江　　西	6065.9	3740.1	4938.8	3241.8	3340.4	55.1
山　　东	20639.1	12789.9	15316.9	10258.1	10918.5	52.9
河　　南	8404.5	4779.1	6877.4	4210.1	4001.2	47.6
湖　　北	9205.8	6011.8	6571.6	4767.1	5648.9	61.4
湖　　南	11753.6	6987.0	9358.5	5933.4	6032.1	51.3
广　　东	25412.2	11574.8	16638.6	7722.7	9546.7	37.6
广　　西	4606.5	2537.7	3479.3	2012.4	1905.3	41.4
海　　南	677.0	350.0	520.6	275.8	301.8	44.6
重　　庆	9915.5	5721.9	7188.5	4722.8	5075.8	51.2
四　　川	15112.7	9235.9	10675.6	7209.4	8577.6	56.8
贵　　州	2396.4	1136.8	1791.8	992.9	1040.4	43.4
云　　南	4245.5	2635.3	3135.2	2026.8	2493.2	58.7
西　　藏	183.3	142.7	121.1	103.7	146.2	79.8
陕　　西	3838.7	2047.1	3086.7	1713.4	1727.4	45.0
甘　　肃	3049.0	1723.4	2546.7	1501.9	1570.9	51.5
青　　海	419.3	245.6	315.0	180.4	253.4	60.4
宁　　夏	1050.4	565.5	944.9	501.9	563.7	53.7
新　　疆	2261.4	1431.3	1993.0	1305.9	1178.0	52.1

各地区按主要用途分的地方建筑业企业房屋建筑竣工面积

单位:万平方米

地区	合计	厂房、仓库	住宅	办公用房	批发和零售用房	住宿和餐饮用房
全国总计	**140982.3**	**24674.7**	**79013.3**	**12297.0**	**3660.8**	**2261.2**
北京	3884.3	357.1	2668.0	326.3	91.8	22.8
天津	1278.9	277.3	642.2	64.8	59.4	6.4
河北	5649.6	592.0	3650.9	448.7	138.3	67.2
山西	1361.9	146.2	792.1	142.5	48.9	29.9
内蒙古	1582.6	153.1	828.6	241.7	56.4	38.4
辽宁	4643.2	652.6	2942.6	335.4	124.7	75.4
吉林	1671.1	189.2	1057.8	124.3	32.5	22.5
黑龙江	2329.9	222.0	1417.0	168.1	60.1	24.4
上海	4144.9	1436.5	1958.2	268.6	56.0	25.5
江苏	21598.7	4557.8	11760.8	1833.6	512.2	297.7
浙江	20362.4	5752.9	9418.6	1888.5	466.4	350.3
安徽	4665.0	602.8	2651.2	408.8	144.4	93.9
福建	3488.3	795.5	1914.8	244.0	37.4	46.1
江西	3340.4	269.2	2110.7	313.4	102.6	49.4
山东	10918.5	2102.4	6313.3	847.3	307.6	163.3
河南	4001.2	481.5	2308.4	434.4	99.4	70.4
湖北	5648.9	851.5	3258.6	486.1	61.3	70.8
湖南	6032.1	561.8	3339.1	736.4	240.7	128.3
广东	9546.7	2567.6	4536.0	772.3	182.1	152.5
广西	1905.3	145.4	1186.6	203.6	31.3	44.2
海南	301.8	14.6	167.1	20.1	3.8	5.6
重庆	5075.8	443.8	3490.9	347.6	203.2	66.3
四川	8577.6	827.8	5446.0	657.1	295.6	203.4
贵州	1040.4	72.9	604.1	104.1	14.5	10.0
云南	2493.2	269.8	1182.6	304.2	98.6	82.5
西藏	146.2	9.2	62.0	35.1	1.0	6.0
陕西	1727.4	93.9	1116.6	185.4	23.5	42.9
甘肃	1570.9	119.5	992.2	148.2	40.0	24.1
青海	253.4	14.6	171.5	33.0	6.1	4.8
宁夏	563.7	33.5	361.3	62.4	28.9	9.6
新疆	1178.0	60.9	663.5	110.8	92.0	26.4

续表

单位:万平方米

地　　区	居民服务业用　　房	教育用房	文化、体育和娱乐用房	卫生医疗用　　房	科研用房	其他用房
全国总计	**2254.9**	**8232.3**	**1582.6**	**1335.4**	**436.4**	**5233.7**
北　　京	48.6	111.9	40.1	19.2	22.6	176.0
天　　津	9.7	68.3	17.3	24.5	10.1	98.9
河　　北	131.0	325.8	65.1	43.3	3.7	183.7
山　　西	21.1	92.7	13.0	11.6	7.0	56.8
内 蒙 古	27.8	111.9	24.1	19.2	0.8	80.4
辽　　宁	64.7	248.5	38.6	21.0	7.8	132.0
吉　　林	19.3	94.5	20.6	16.1	1.5	92.8
黑 龙 江	59.0	158.5	38.7	42.7	1.4	138.1
上　　海	17.4	153.4	39.2	58.2	9.9	121.8
江　　苏	387.3	1145.8	220.5	207.5	64.3	611.1
浙　　江	310.8	1084.6	260.1	177.6	89.4	563.0
安　　徽	116.0	395.2	50.0	44.0	9.5	149.4
福　　建	70.4	185.9	43.2	31.5	10.9	108.6
江　　西	64.4	223.5	30.5	35.2	4.6	136.9
山　　东	163.8	524.7	56.2	51.4	31.3	357.2
河　　南	46.9	323.4	49.1	57.7	11.4	118.6
湖　　北	63.2	293.9	69.6	71.8	16.2	406.1
湖　　南	105.6	482.3	71.2	80.4	8.6	277.6
广　　东	137.6	543.4	123.7	37.6	55.4	438.5
广　　西	20.3	140.1	32.5	20.3	3.0	78.0
海　　南	9.5	20.7	7.2	6.1	0.7	46.4
重　　庆	71.3	218.0	59.9	17.4	18.0	139.5
四　　川	115.0	525.3	92.2	82.9	16.8	315.5
贵　　州	13.1	132.5	18.6	22.7	1.9	45.9
云　　南	45.5	239.6	34.1	54.7	9.9	171.7
西　　藏	4.7	13.0	2.1	1.1	0.3	11.6
陕　　西	22.8	149.2	20.4	19.1	10.9	42.7
甘　　肃	35.7	118.0	16.9	29.1	5.5	41.8
青　　海	1.9	6.7	2.0	1.2	0.3	11.3
宁　　夏	8.6	29.7	8.5	5.3	0.2	15.6
新　　疆	42.0	71.3	17.3	25.1	2.6	66.1

各地区按主要用途分的地方建筑业企业房屋建筑竣工价值

单位:万元

地 区	合 计	厂房、仓库	住宅	办公用房	批发和零售用房	住宿和餐饮用房
全国总计	**107215346**	**17446746**	**57420858**	**10898798**	**2851156**	**1900155**
北 京	4753603	406528	2964967	545319	123758	40237
天 津	1196100	199429	517030	73236	72220	6121
河 北	4099307	503626	2435749	388583	100913	52326
山 西	1005543	113717	533331	127822	32223	24834
内蒙古	1198354	146088	570832	192809	43631	28587
辽 宁	3743342	589196	2178997	307154	119577	72241
吉 林	1259957	175937	712465	105020	21384	17466
黑龙江	2007745	215942	1115413	164888	53043	22317
上 海	4198805	1189235	1998613	365819	51813	24718
江 苏	17147854	3255289	9070248	1635869	398073	306669
浙 江	16950311	3713746	8068732	1883776	401088	339221
安 徽	2869100	378662	1584169	281471	90986	53064
福 建	2704589	540595	1471322	217919	32697	36737
江 西	1731369	152694	1029196	166513	53991	29136
山 东	7796392	1423743	4313840	698975	235691	124410
河 南	2479794	318791	1345484	328262	58432	44311
湖 北	3473407	538531	1901772	329422	33509	43514
湖 南	4139396	413154	2110272	612278	158549	92097
广 东	7926894	1691874	3855395	729594	149327	131274
广 西	1286545	97956	741258	164002	20609	50147
海 南	252788	12329	153945	20261	2372	5096
重 庆	3200281	294284	2090543	260504	153256	45008
四 川	5172092	549058	3072374	454262	199419	139694
贵 州	547016	44605	288831	63627	9705	6743
云 南	1790786	182610	840977	242141	82169	56859
西 藏	132508	9955	50949	36537	858	5997
陕 西	1374654	70907	835933	188541	17256	39016
甘 肃	1136402	117221	665986	118057	30171	20782
青 海	202550	14685	128198	30478	5705	4220
宁 夏	418018	29267	240745	56902	23377	10557
新 疆	1019844	57094	533297	108758	75355	26762

续表 单位:万元

地　区	居民服务业用　房	教育用房	文化、体育和娱乐用房	卫生医疗用　房	科研用房	其他用房
全国总计	**1864270**	**6764979**	**1628105**	**1247951**	**502187**	**4690150**
北　京	64282	177870	80855	44803	34586	270396
天　津	19936	89158	29394	46790	23950	118838
河　北	111504	241217	55904	37244	11680	160560
山　西	15706	70420	11803	10444	8862	56382
内蒙古	25826	90516	22504	18995	796	57770
辽　宁	59132	222155	37891	23976	5904	127118
吉　林	19159	83710	22020	11251	1172	90375
黑龙江	69119	151682	41349	41702	1137	131154
上　海	22272	200811	79119	89060	14569	162776
江　苏	342734	1010643	216423	179121	71456	661330
浙　江	288053	1080762	319447	208559	107078	539860
安　徽	71858	248229	36844	31914	5114	86790
福　建	63333	146295	46942	35364	9569	103817
江　西	42157	125453	20191	19781	3080	89178
山　东	130457	434580	56594	38276	33615	306212
河　南	25708	205248	38584	32735	8879	73361
湖　北	43431	200226	54922	61801	16895	249383
湖　南	73766	342717	57307	57031	6487	215739
广　东	109727	544154	144330	40119	69316	461785
广　西	12941	88478	28121	19575	4588	58870
海　南	6271	17400	7159	4758	1219	21979
重　庆	45826	133075	42036	13673	9264	112813
四　川	71228	326400	68122	54684	21406	215449
贵　州	6187	62236	10368	15011	1644	38060
云　南	30824	169078	27822	41644	5107	111555
西　藏	3585	11692	2901	1252	547	8234
陕　西	22572	110085	22121	17008	11107	40107
甘　肃	23360	81830	14367	20139	9393	35096
青　海	1517	4449	1783	1060	189	10265
宁　夏	6564	24303	8120	5088	173	12924
新　疆	35236	70107	22762	25092	3405	61977

各地区地方建筑业企业施工机械设备情况

地　　区	年末自有施工机械设备总台数（台）	年末自有施工机械设备总功率（千瓦）	年末自有施工机械设备净值（万元）	技术装备率（元/人）	动力装备率（千瓦/人）
全国总计	**7914257**	**127629213**	**19679201**	**8565**	**5.6**
北　京	254621	3458660	504615	11678	8.0
天　津	79700	1535807	265304	14571	8.4
河　北	443306	5499859	840545	8155	5.3
山　西	188037	2972252	485776	11594	7.1
内蒙古	93101	1813055	303499	11786	7.0
辽　宁	243197	5046462	921406	10548	5.8
吉　林	89644	1897098	316923	11998	7.2
黑龙江	168340	3898274	628881	14635	9.1
上　海	152198	1999510	502968	8359	3.3
江　苏	720407	11375823	2198000	7778	4.0
浙　江	634192	8183863	1749284	6620	3.1
安　徽	337480	4217467	599876	6915	4.9
福　建	181931	2617600	441795	8598	5.1
江　西	148950	2133085	381945	7000	3.9
山　东	596711	17787997	1366154	6513	8.5
河　南	417124	4495615	846479	9024	4.8
湖　北	394936	5392629	889167	9788	5.9
湖　南	396286	5094895	819232	7556	4.7
广　东	721283	14574720	1516040	10267	9.9
广　西	187647	2170288	276241	8455	6.6
海　南	21852	561955	73910	10484	8.0
重　庆	197455	2716183	608022	7272	3.2
四　川	423661	5545052	1036693	6784	3.6
贵　州	66538	1030021	190820	7337	4.0
云　南	199220	2766564	549645	11254	5.7
西　藏	12896	300485	56450	15287	8.1
陕　西	162072	2124436	337997	10278	6.5
甘　肃	219810	3213540	446059	10572	7.6
青　海	41534	826165	99683	12955	10.7
宁　夏	39168	814390	142424	18631	10.7
新　疆	80960	1565463	283370	20910	11.6

各地区地方建筑业企业主要生产效益指标

地　　区	建筑业企业个数（个）	计算建筑业劳动生产率的平均人数（人）	按总产值计算的劳动生产率（元/人）	人均竣工产值（元/人）	人均施工面积（平方米/人）	人均竣工面积（平方米/人）
全国总计	**57449**	**24423375**	**98606**	**72174**	**119.1**	**57.7**
北　京	2357	790390	135553	97691	120.1	49.1
天　津	1074	273202	133976	91671	97.8	46.8
河　北	2029	1023759	75523	56084	102.2	55.2
山　西	1421	427998	84317	50579	73.9	31.8
内蒙古	651	377160	86488	65788	66.7	42.0
辽　宁	2890	1055924	94967	69921	80.6	44.0
吉　林	956	359799	85761	56163	74.3	46.4
黑龙江	1756	572287	76621	61708	63.7	40.7
上　海	2526	848330	156792	112672	114.6	48.9
江　苏	5135	2989295	117740	92199	142.6	72.3
浙　江	3728	2690983	141985	97094	188.8	75.7
安　徽	1888	849057	76084	52916	94.9	54.9
福　建	1574	530659	113204	80824	136.6	65.7
江　西	1234	497073	79573	60511	122.0	67.2
山　东	5284	2220449	74988	53167	92.9	49.2
河　南	2361	845476	68759	49015	99.4	47.3
湖　北	2193	871367	82740	55908	105.6	64.8
湖　南	1846	1052892	84349	57407	111.6	57.3
广　东	3884	1483498	118491	93582	171.3	64.4
广　西	982	322987	90838	64131	142.6	59.0
海　南	149	71975	80238	50091	94.1	41.9
重　庆	2322	786790	81746	56417	126.0	64.5
四　川	3759	1534302	66249	58759	98.5	55.9
贵　州	590	241598	73033	45970	99.2	43.1
云　南	1554	474691	83721	59449	89.4	52.5
西　藏	141	30116	96561	79038	60.9	48.6
陕　西	775	334430	80362	58930	114.8	51.7
甘　肃	869	404006	54865	43035	75.5	38.9
青　海	365	87279	63564	45755	48.0	29.0
宁　夏	448	142535	68032	59136	73.7	39.5
新　疆	708	233068	108425	82805	97.0	50.5

各地区地方建筑业企业营业额

单位:万元

地区	企业营业额	在境外完成的营业额	企业总产值	#建筑业总产值
全国总计	**292693719**	**2992054**	**289701665**	**240828366**
北京	11636100	87845	11548255	10713934
天津	4270395	26877	4243518	3660245
河北	8056116	103940	7952176	7731777
山西	3779462	6897	3772565	3608740
内蒙古	3407510	17365	3390145	3261998
辽宁	10314109	102882	10211227	10027792
吉林	3124534	11405	3113128	3085664
黑龙江	4695449	43084	4652365	4384911
上海	15877162	125882	15751280	13301147
江苏	37482270	836865	36645405	35195810
浙江	39281937	200923	39081015	38207947
安徽	6866863	136582	6730281	6459994
福建	6777863	245951	6531912	6007255
江西	4179324	44849	4134475	3955373
山东	50330573	235165	50095409	16650802
河南	6280531	89869	6190662	5813387
湖北	8256605	71453	8185152	7209727
湖南	11077940	180811	10897129	8881081
广东	20137140	122385	20014755	17578062
广西	3260707	14402	3246305	2933953
海南	580715	80	580635	577514
重庆	6771766	9818	6761948	6431661
四川	10504908	117161	10387748	10164555
贵州	1850441	5650	1844791	1764469
云南	4189927	29808	4160120	3974161
西藏	311927	2361	309566	290802
陕西	2832623	76189	2756434	2687532
甘肃	2354483	30543	2323939	2216563
青海	562698	7	562692	554778
宁夏	1027592	9308	1018283	969691
新疆	2614051	5699	2608352	2527041

各地区地方建筑业企业资产构成

单位:万元

地　　区	资产合计	#流动资产小计	#长期投资	#固定资产小计	#无形及递延资产
全国总计	**234178240**	**168194283**	**11815912**	**47682381**	**5588839**
北　京	15732545	12494188	1452401	1557603	164195
天　津	4211018	3085501	241498	779216	67699
河　北	7594566	4985762	211500	2075262	278011
山　西	5301867	3320139	445849	1475077	40443
内蒙古	2840813	1895014	69473	782969	84824
辽　宁	9430483	6643174	293530	2221412	255345
吉　林	3763968	2729915	111019	843121	71248
黑龙江	5861510	3904934	284045	1570890	89377
上　海	16320090	12417076	1567700	1960702	265317
江　苏	26387300	20873836	898798	4116949	425469
浙　江	21492144	16965499	1051569	3146473	257073
安　徽	5794423	3890589	137272	1480499	269601
福　建	5902717	4461485	300894	1041392	85863
江　西	3615831	2321126	148678	979140	154303
山　东	17711468	12823021	594812	3603969	642009
河　南	6148321	3751554	165947	1945825	250643
湖　北	6349101	3785055	156420	2116147	266188
湖　南	6441655	4072541	196094	1917375	237628
广　东	24034453	18072750	1358886	4043749	417431
广　西	3521183	2263122	305726	843410	103021
海　南	679708	432375	32351	187471	27033
重　庆	5804554	4031167	243066	1355778	151537
四　川	10563214	6814788	668837	2635503	408800
贵　州	2105610	1478762	61352	476365	83156
云　南	5029326	3179067	351234	1337806	144954
西　藏	469117	236922	35437	177096	17816
陕　西	3285168	2203039	142045	851573	77785
甘　肃	2776884	1713674	68410	936386	45311
青　海	796858	477330	22712	277577	17737
宁　夏	1277383	859935	67032	319732	29112
新　疆	2934967	2010945	131327	625914	159909

各地区地方建筑业企业流动资产、无形及递延资产

单位：万元

地　区	流动资产	#存货	无形及递延资产	#无形资产
全国总计	**168194283**	**46156843**	**5588839**	**5010065**
北　京	12494188	3473852	164195	139762
天　津	3085501	725921	67699	58856
河　北	4985762	1161094	278011	266916
山　西	3320139	565209	40443	36230
内蒙古	1895014	374127	84824	80680
辽　宁	6643174	1336499	255345	228315
吉　林	2729915	279024	71248	61889
黑龙江	3904934	717525	89377	79488
上　海	12417076	3718352	265317	208156
江　苏	20873836	7069642	425469	385690
浙　江	16965499	5331996	257073	229675
安　徽	3890589	911026	269601	249378
福　建	4461485	1465543	85863	74731
江　西	2321126	648382	154303	139422
山　东	12823021	2904784	642009	566463
河　南	3751554	1057488	250643	232935
湖　北	3785055	998991	266188	225598
湖　南	4072541	957118	237628	223016
广　东	18072750	5883245	417431	351077
广　西	2263122	572136	103021	92039
海　南	432375	92793	27033	26285
重　庆	4031167	1382169	151537	135803
四　川	6814788	1975126	408800	379939
贵　州	1478762	312543	83156	80434
云　南	3179067	731189	144954	135041
西　藏	236922	38784	17816	16598
陕　西	2203039	461290	77785	70868
甘　肃	1713674	345053	45311	42851
青　海	477330	178257	17737	16672
宁　夏	859935	216536	29112	28336
新　疆	2010945	271149	159909	146922

各地区地方建筑业企业固定资产情况

单位:万元

地区	固定资产小计	固定资产原价	#生产经营用	固定资产折旧	#本年折旧	在建工程
全国总计	**47682381**	**58885115**	**43833642**	**17631950**	**2933233**	**4936762**
北京	1557603	2083585	1560173	716776	120241	164773
天津	779216	946346	634038	251586	47272	70959
河北	2075262	2568194	1914335	733032	124513	172432
山西	1475077	1816350	1370870	454284	90043	79604
内蒙古	782969	971890	802998	287655	52259	66741
辽宁	2221412	3064718	2440248	936252	134793	72924
吉林	843121	1132509	771598	352117	58759	40577
黑龙江	1570890	1974681	1606545	531436	83646	95638
上海	1960702	2635194	1372466	948761	133923	222682
江苏	4116949	5382910	4239569	1807581	302860	413039
浙江	3146473	3982438	3341679	1173662	234480	198957
安徽	1480499	1761494	1311238	506982	83551	193633
福建	1041392	1256153	958759	398791	54854	106333
江西	979140	1154054	833621	308318	44006	71994
山东	3603969	4387311	3273278	1326702	246433	365210
河南	1945825	2187411	1540516	530093	104266	224193
湖北	2116147	2529432	1729682	621509	99517	153718
湖南	1917375	2347279	1674548	708798	112685	218296
广东	4043749	4753104	3668619	1681865	240462	871051
广西	843410	910635	675461	233591	33389	152287
海南	187471	163268	103364	31836	4514	43039
重庆	1355778	1603451	1274856	444301	77335	168311
四川	2635503	3132760	2234619	890744	148926	313832
贵州	476365	584030	405301	167953	28568	38711
云南	1337806	1672964	1255921	505443	79220	135700
西藏	177096	188539	129604	46809	18308	19966
陕西	851573	1027332	754447	269335	45143	65978
甘肃	936386	1103498	791272	289844	44446	89057
青海	277577	321612	202481	83897	14431	30251
宁夏	319732	421634	324900	119928	22822	13365
新疆	625914	820341	636639	272070	47569	63511

各地区地方建筑业企业负债及所有者权益

单位:万元

地　　区	负债合计	流动负债	长期负债	所有者权益	#实收资本
全国总计	**145525749**	**138246102**	**7279647**	**88650653**	**67177449**
北　　京	11213188	10814290	398898	4517519	3160942
天　　津	2896591	2699411	197180	1314428	1132265
河　　北	4082445	3724321	358124	3512121	2664700
山　　西	3237821	2814652	423170	2064045	1871979
内 蒙 古	1664768	1528227	136541	1176045	896925
辽　　宁	5460887	5257255	203632	3969596	3100500
吉　　林	2579712	2517598	62114	1184256	1020425
黑 龙 江	3321994	3132689	189304	2539516	2203421
上　　海	10344069	9880870	463199	5976021	3409504
江　　苏	18422860	17908533	514327	7964439	5734798
浙　　江	14351931	13939040	412891	7140214	4806689
安　　徽	3426658	3219840	206819	2367765	1935181
福　　建	3576190	3483244	92945	2326527	1993379
江　　西	2066393	1934341	132053	1549438	1323003
山　　东	11178950	10695923	483027	6532518	4882140
河　　南	3181449	3019920	161529	2966872	2555070
湖　　北	3055719	2807256	248463	3293382	2599682
湖　　南	3462237	3153653	308583	2979418	2402423
广　　东	16084630	15243176	841454	7949823	5277408
广　　西	2014860	1865545	149315	1506323	1201571
海　　南	388592	326215	62377	291116	220004
重　　庆	2896353	2692407	203946	2908201	2445606
四　　川	5442231	5115690	326541	5120983	4038846
贵　　州	1329910	1234267	95644	775699	655557
云　　南	2946366	2705333	241032	2082960	1772103
西　　藏	157241	142342	14899	311877	246340
陕　　西	2039237	1905551	133686	1245931	1051768
甘　　肃	1529385	1437019	92366	1247499	1044047
青　　海	413512	391016	22496	383346	340776
宁　　夏	788809	763816	24993	488574	446564
新　　疆	1970765	1892665	78099	964202	743834

各地区地方建筑业企业实收资本

单位:万元

地区	合计	国家资本	集体资本	法人资本	个人资本	港澳台资本	外商资本
全国总计	**67177449**	**13092496**	**7847815**	**18582897**	**26958636**	**357297**	**338307**
北京	3160942	537270	246095	1321828	971995	41922	41832
天津	1132265	213556	120658	490212	280871	15395	11574
河北	2664700	533713	262832	682912	1182032	2456	756
山西	1871979	886955	110137	427195	438329	8211	1152
内蒙古	896925	168123	95797	85061	547676		268
辽宁	3100500	778209	420227	563664	1286607	10329	41464
吉林	1020425	375244	82262	283655	269557	3056	6650
黑龙江	2203421	518289	202113	578013	894350	5098	5559
上海	3409504	648912	288364	1038365	1279336	65748	88779
江苏	5734798	676108	448349	1612169	2927474	41357	29341
浙江	4806689	227480	294251	1159345	3107789	9352	8473
安徽	1935181	509949	278474	526871	610634	5409	3845
福建	1993379	305424	194410	368845	1083859	25132	15710
江西	1323003	429286	241206	311679	330028	8071	2734
山东	4882140	677563	867170	1346641	1949633	19315	21817
河南	2555070	656347	358522	601295	923369	13562	1975
湖北	2599682	624028	333200	792816	829899	8302	11437
湖南	2402423	580943	446659	628541	734900	9373	2007
广东	5277408	901539	682069	2038307	1583757	50606	21130
广西	1201571	440366	252616	271341	233722	1490	2037
海南	220004	51353	23695	78936	53947		12073
重庆	2445606	219141	216325	637194	1367534	2507	2906
四川	4038846	632152	476675	949705	1973583	3596	3135
贵州	655557	283480	118426	95367	158266	17	
云南	1772103	303457	259900	530342	677654	716	35
西藏	246340	61933	25865	104978	53034	530	
陕西	1051768	262203	192811	330397	266233		125
甘肃	1044047	245770	178394	289705	325064	3676	1438
青海	340776	90898	29447	128095	91685	596	56
宁夏	446564	125985	22796	87874	209849	60	
新疆	743834	126824	78071	221551	315973	1416	

各地区地方建筑业企业收入情况

单位:万元

地区	工程结算收入	工程结算成本	工程结算税金及附加	工程结算利润	经营费用	其他业务收入	#其他业务利润
全国总计	**220698769**	**195583161**	**7368224**	**16358452**	**1388933**	**4499034**	**826326**
北京	11022168	9656286	330026	932454	103403	291573	64590
天津	3658590	3294458	102146	244126	17859	119263	14347
河北	7359900	6443953	265399	584125	66424	101194	17751
山西	3587159	3150541	117230	279679	39709	77283	14889
内蒙古	3093738	2684166	108986	291442	9144	49451	9305
辽宁	9417244	8304791	315686	764312	32454	155096	30376
吉林	2992782	2662664	99889	211897	18332	44236	7419
黑龙江	4306804	3834461	136424	313763	22156	57325	5899
上海	14894496	13358922	418908	1017281	99385	242309	64803
江苏	26197484	23248480	888180	1916257	144568	681490	103195
浙江	32120429	29069186	1115234	1871588	64421	390121	63431
安徽	5911732	5207443	215233	454139	34917	164651	23499
福建	5565874	5001496	196774	351286	16318	85329	25684
江西	3434434	3070630	116802	233628	13374	38481	7857
山东	14563937	12629132	473960	1314358	146488	542691	70971
河南	5388449	4742743	178794	434858	32054	107399	17545
湖北	6937682	6019196	243700	601367	73419	127692	16129
湖南	8142448	7208610	296970	589935	46932	93021	22700
广东	19658801	17327242	664240	1540230	127089	487472	114336
广西	2739146	2460232	98876	167423	12616	56233	16646
海南	533674	460296	18232	46582	8564	948	554
重庆	5827735	5175263	197399	432240	22832	110379	14967
四川	9100205	8008887	307124	701928	82267	118347	26104
贵州	1773583	1597539	58460	95842	21742	27708	8828
云南	3698612	3257392	121364	284328	35529	79900	15890
西藏	279604	236406	7512	28146	7540	4957	821
陕西	2416321	2099562	78741	182430	55588	68278	13188
甘肃	2198842	1934391	73215	176959	14276	53256	14006
青海	504944	452638	15014	33258	4034	5555	1788
宁夏	933334	831665	28781	69016	3873	33916	5512
新疆	2438620	2154492	78927	193576	11625	83479	13298

各地区地方建筑业企业费用情况

单位:万元

地区	管理费用	#税金	#财产保险费	#差旅费	#工会经费	财务费用	#利息支出
全国总计	**10173103**	**375013**	**99383**	**441428**	**134434**	**1085639**	**743556**
北京	736488	9369	3239	27536	5578	78922	71572
天津	198782	5657	1173	6872	1599	16423	11870
河北	373309	16062	3150	11858	4250	31780	20500
山西	220101	6680	1633	14808	3197	21984	15187
内蒙古	154850	12582	1925	6109	2086	21733	16559
辽宁	479104	14207	3823	16297	9629	34251	20553
吉林	181807	5214	1155	7447	2023	10829	9419
黑龙江	259671	6541	1428	11734	3092	27584	17677
上海	596709	9576	2874	20452	5254	25008	24219
江苏	1137859	35423	10035	51979	18586	97246	60093
浙江	858539	38803	10213	56023	13541	136993	113564
安徽	322157	14485	3608	15020	4891	27346	17559
福建	218311	7929	1448	9420	2456	15557	11855
江西	163833	7859	2213	7489	1854	14842	8928
山东	706307	40044	8930	27442	10311	109446	73381
河南	280964	13835	4035	10965	3530	28421	15688
湖北	377407	19276	7483	14166	6137	44791	17099
湖南	333547	17711	4777	16109	4436	47279	25972
广东	953821	29581	7181	32069	10664	98737	54219
广西	137034	6323	903	5425	1717	7260	4598
海南	18245	518	18	1041	108	1033	518
重庆	255138	8464	2566	12288	2802	31049	21480
四川	461975	18624	7760	24219	6916	59607	38605
贵州	75078	3200	971	3970	1041	7709	6148
云南	188905	7077	1927	9373	2750	27951	20041
西藏	12682	1006	133	785	162	1247	559
陕西	133312	6198	1667	6439	1721	19533	12660
甘肃	119042	4733	1354	4869	1179	15369	11065
青海	26537	1024	383	1057	247	3054	1989
宁夏	50562	1440	250	2061	735	8407	6791
新疆	141030	5572	1130	6106	1943	14252	13189

各地区地方建筑业企业利润及税金情况

单位:万元

地区	利润总额	#应交所得税	税金总额	工程结算税金及附加	管理费用中的税金
全国总计	**6407394**	**1744951**	**7743236**	**7368224**	**375013**
北京	241188	75897	339394	330026	9369
天津	44705	18640	107804	102146	5657
河北	213904	68049	281461	265399	16062
山西	56560	18300	123910	117230	6680
内蒙古	125278	20097	121569	108986	12582
辽宁	283045	103327	329894	315686	14207
吉林	32821	13127	105103	99889	5214
黑龙江	36856	26085	142965	136424	6541
上海	593178	91481	428484	418908	9576
江苏	804205	238613	923603	888180	35423
浙江	980434	282729	1154037	1115234	38803
安徽	131379	36553	229718	215233	14485
福建	149073	43430	204703	196774	7929
江西	68261	21754	124661	116802	7859
山东	585990	153842	514004	473960	40044
河南	156862	35758	192629	178794	13835
湖北	212070	54494	262976	243700	19276
湖南	246497	55326	314681	296970	17711
广东	667390	167918	693822	664240	29581
广西	41597	15582	105198	98876	6323
海南	28365	6141	18750	18232	518
重庆	169922	49728	205864	197399	8464
四川	226313	64149	325748	307124	18624
贵州	22589	7053	61660	58460	3200
云南	89131	23654	128441	121364	7077
西藏	17795	2354	8518	7512	1006
陕西	43567	12875	84939	78741	6198
甘肃	63288	14467	77949	73215	4733
青海	5364	1641	16037	15014	1024
宁夏	14627	4785	30220	28781	1440
新疆	55144	17104	84499	78927	5572

各地区地方建筑业企业应收工程款及企业亏损情况

地　　区	应收工程款（万元）	#竣工工程	企业个数（个）	#亏损企业	亏损企业的比重（%）
全国总计	**43175774**	**25910530**	**57449**	**12474**	**21.7**
北　　京	3178412	1622917	2357	722	30.6
天　　津	813219	377963	1074	328	30.5
河　　北	2065704	1341938	2029	344	17.0
山　　西	1072051	640589	1421	336	23.6
内 蒙 古	864699	607636	651	88	13.5
辽　　宁	1392117	917665	2890	722	25.0
吉　　林	1249119	731340	956	274	28.7
黑 龙 江	1218644	738682	1756	586	33.4
上　　海	2061901	1066182	2526	369	14.6
江　　苏	4617768	2831142	5135	871	17.0
浙　　江	2765990	1546267	3728	366	9.8
安　　徽	1152065	728645	1888	394	20.9
福　　建	936330	562892	1574	348	22.1
江　　西	352945	215312	1234	252	20.4
山　　东	4661456	2798237	5284	1025	19.4
河　　南	713888	455671	2361	733	31.0
湖　　北	1369671	913649	2193	355	16.2
湖　　南	1370857	758209	1846	286	15.5
广　　东	3681081	2146808	3884	713	18.4
广　　西	592889	350782	982	272	27.7
海　　南	77131	55684	149	41	27.5
重　　庆	932601	568589	2322	588	25.3
四　　川	1738030	1132611	3759	874	23.3
贵　　州	282010	164452	590	194	32.9
云　　南	1166730	787717	1554	424	27.3
西　　藏	86156	52720	141	12	8.5
陕　　西	660475	363177	775	163	21.0
甘　　肃	774027	506128	869	208	23.9
青　　海	120743	73461	365	136	37.3
宁　　夏	310299	193656	448	145	32.4
新　　疆	896768	659813	708	305	43.1

各地区地方建筑业企业主要经济效益指标

地　　区	产　值 利润率 （%）	产　值 利税率 （%）	资　本 利润率 （%）	资　本 利税率 （%）	人均 利润 （元/人）	人均 利税 （元/人）	资　产 负债率 （%）
全国总计	**2.7**	**5.9**	**9.5**	**21.1**	**2623**	**5794**	**62.1**
北　　京	2.3	5.4	7.6	18.4	3051	7346	71.3
天　　津	1.2	4.2	3.9	13.5	1636	5582	68.8
河　　北	2.8	6.4	8.0	18.6	2089	4839	53.8
山　　西	1.6	5.0	3.0	9.6	1321	4217	61.1
内 蒙 古	3.8	7.6	14.0	27.5	3322	6545	58.6
辽　　宁	2.8	6.1	9.1	19.8	2681	5805	57.9
吉　　林	1.1	4.5	3.2	13.5	912	3833	68.5
黑 龙 江	0.8	4.1	1.7	8.2	644	3142	56.7
上　　海	4.5	7.7	17.4	30.0	6992	12043	63.4
江　　苏	2.3	4.9	14.0	30.1	2690	5780	69.8
浙　　江	2.6	5.6	20.4	44.4	3643	7932	66.8
安　　徽	2.0	5.6	6.8	18.7	1547	4253	59.1
福　　建	2.5	5.9	7.5	17.7	2809	6667	60.6
江　　西	1.7	4.9	5.2	14.6	1373	3881	57.1
山　　东	3.5	6.6	12.0	22.5	2639	4954	63.1
河　　南	2.7	6.0	6.1	13.7	1855	4134	51.7
湖　　北	2.9	6.6	8.2	18.3	2434	5452	48.1
湖　　南	2.8	6.3	10.3	23.4	2341	5330	53.7
广　　东	3.8	7.7	12.6	25.8	4499	9176	66.9
广　　西	1.4	5.0	3.5	12.2	1288	4545	57.2
海　　南	4.9	8.2	12.9	21.4	3941	6546	57.2
重　　庆	2.6	5.8	6.9	15.4	2160	4776	49.9
四　　川	2.2	5.4	5.6	13.7	1475	3598	51.5
贵　　州	1.3	4.8	3.4	12.9	935	3487	63.2
云　　南	2.2	5.5	5.0	12.3	1878	4583	58.6
西　　藏	6.1	9.0	7.2	10.7	5909	8737	33.5
陕　　西	1.6	4.8	4.1	12.2	1303	3843	62.1
甘　　肃	2.9	6.4	6.1	13.5	1566	3496	55.1
青　　海	1.0	3.9	1.6	6.3	615	2452	51.9
宁　　夏	1.5	4.6	3.3	10.0	1026	3146	61.8
新　　疆	2.2	5.5	7.4	18.8	2366	5992	67.1

四、按资质等级分组的建筑业企业

各地区总承包建筑业企业签订合同情况

单位:万元

地区	合同总额	上年结转合同额	本年新签合同额
全国总计	**411868190**	**148197576**	**263670614**
北京	29023586	11348138	17675448
天津	8891558	3080593	5810964
河北	13572779	4515660	9057119
山西	11207841	3719039	7488802
内蒙古	4546609	1659183	2887426
辽宁	15214882	4797043	10417840
吉林	6245384	2199590	4045793
黑龙江	5926148	1816277	4109871
上海	28804547	11922271	16882276
江苏	40740165	12225390	28514775
浙江	58504712	22389254	36115458
安徽	10543444	3018044	7525400
福建	9172322	3451919	5720403
江西	6194802	2102582	4092220
山东	23768603	7781010	15987593
河南	11586153	4099059	7487094
湖北	15802715	4855666	10947049
湖南	16082885	5738217	10344669
广东	29596173	13104424	16491749
广西	5138893	2138910	2999983
海南	816321	334869	481452
重庆	9049158	3204239	5844920
四川	18668079	6562810	12105269
贵州	4243602	1891076	2352527
云南	7239493	2424838	4814655
西藏	366037	127371	238666
陕西	9832910	3965096	5867814
甘肃	3697408	1322008	2375400
青海	1619473	715878	903595
宁夏	1375568	405936	969632
新疆	4395940	1281187	3114753

各地区总承包建筑业企业承包工程完成情况

单位:万元

地区	直接从建设单位承揽工程完成的产值	自行完成施工产值	分包出去工程的产值	从建设单位以外承揽工程完成的产值
全国总计	**249516843**	**240755232**	**8761611**	**10448236**
北京	14033225	13257935	775289	427797
天津	5049384	4783413	265971	88709
河北	8890487	8812258	78229	119116
山西	6296738	6097559	199180	165083
内蒙古	3256696	3249192	7504	59682
辽宁	10045556	9882868	162688	319841
吉林	3668224	3656446	11778	37079
黑龙江	4578116	4508142	69974	59174
上海	13956956	11729978	2226979	1861923
江苏	29677391	28868648	808743	2649543
浙江	34190669	33836129	354541	1102595
安徽	6836277	6700481	135796	183230
福建	5609060	5538835	70225	159136
江西	3973987	3876495	97492	74919
山东	17289127	16972749	316378	489235
河南	7069787	6906607	163181	257679
湖北	9560850	9068972	491878	257889
湖南	9383754	9306761	76993	287456
广东	15994233	14252818	1741415	764305
广西	2896903	2880232	16671	125755
海南	503569	501421	2148	6549
重庆	6118194	5934878	183316	169229
四川	11523344	11340170	183174	373140
贵州	2446797	2424091	22707	21223
云南	4050892	4023899	26993	86964
西藏	262740	258966	3774	3823
陕西	4865270	4758987	106283	117204
甘肃	2600957	2550926	50031	88204
青海	764126	729740	34386	32453
宁夏	978934	964262	14672	9369
新疆	3144604	3081378	63226	49936

各地区总承包建筑业总产值和竣工产值

单位:万元

地区	建筑业总产值	#装饰装修产值	#在外省完成的产值	按构成分组			竣工产值
				建筑工程产值	安装工程产值	其他产值	
全国总计	**251203469**	**8532883**	**60651266**	**223244074**	**19900287**	**8059107**	**174879820**
北京	13685732	1748799	3463827	12550029	889037	246666	8822046
天津	4872122	59524	1713713	4359795	401578	110750	2982299
河北	8931374	158669	2654867	7797403	810235	323736	6038660
山西	6262641	122142	2100226	5558208	484876	219558	3097307
内蒙古	3308874	62936	189626	2806607	430947	71320	2428161
辽宁	10202708	234953	2087312	8951009	977095	274605	6819193
吉林	3693525	57273	1045541	3256580	353238	83707	2330544
黑龙江	4567315	189399	712861	3776167	651032	140116	3721917
上海	13591901	660871	2250355	11508456	1372092	711353	9211036
江苏	31518191	625055	11085741	28985088	1980398	552705	24233968
浙江	34938723	1254581	12742348	31664239	2280497	993987	23407493
安徽	6883711	200184	1746810	6105141	569339	209232	4684158
福建	5697971	182501	1298742	5197584	366145	134243	3993123
江西	3951414	91771	598388	3472450	292865	186100	3037918
山东	17461983	680515	2129025	15003432	1953103	505448	11781489
河南	7164285	193866	1880673	6112658	801737	249890	4730067
湖北	9326861	242544	2735273	8254977	569354	502529	6106280
湖南	9594217	274331	2299153	8326486	566945	700786	6514293
广东	15017123	640743	1235810	13659479	920688	436956	11607579
广西	3005987	158936	206178	2679040	255599	71348	2132445
海南	507970	7478	9376	438471	23462	46036	313384
重庆	6104107	106275	655003	5601175	321416	181516	4219313
四川	11713310	282361	2789950	10302573	900179	510558	9135958
贵州	2445314	23027	436178	2056238	316810	72266	1672223
云南	4110863	96860	346131	3674100	320075	116688	2934688
西藏	262789	6461	1024	241996	11585	9208	220573
陕西	4876190	49838	1379377	4501447	256115	118629	3056155
甘肃	2639130	55867	444903	2188022	351097	100011	1990885
青海	762193	5685	171710	665005	79551	17637	457207
宁夏	973630	9219	48227	858870	104825	9936	838096
新疆	3131314	50220	192917	2691353	288373	151588	2361367

各地区总承包建筑业企业房屋建筑面积

地　区	房屋建筑施工面积（万平方米）	#本　年新开工	#实行投标承包面积	#本年新开工	房屋建筑竣工面积（万平方米）	房屋建筑面积竣工率（%）
全国总计	**301909.8**	**173083.7**	**237922.5**	**142756.6**	**142689.9**	**47.3**
北　京	14118.2	6135.4	12245.7	5578.2	5201.0	36.8
天　津	3293.9	1773.7	2961.9	1565.4	1532.9	46.5
河　北	10960.9	6841.5	8756.0	5958.1	5718.1	52.2
山　西	3838.2	2214.4	2883.0	1766.8	1477.2	38.5
内蒙古	2528.7	1708.8	1900.5	1426.6	1574.5	62.3
辽　宁	8541.1	5682.4	7180.2	4768.0	4596.4	53.8
吉　林	2768.4	1857.9	2520.7	1696.3	1712.1	61.8
黑龙江	3723.4	2304.6	3039.1	1963.6	2368.0	63.6
上　海	11106.4	6955.7	7931.0	4842.2	4311.0	38.8
江　苏	42431.7	26260.4	35753.9	22530.3	21309.7	50.2
浙　江	49512.5	27408.1	41093.2	23209.0	19713.5	39.8
安　徽	8112.1	5074.6	6390.7	4259.0	4585.3	56.5
福　建	7393.0	3917.5	4956.9	2806.7	3442.3	46.6
江　西	6087.5	3742.5	4982.6	3252.3	3320.3	54.5
山　东	20862.8	12714.3	15565.6	10280.4	10796.1	51.7
河　南	8810.4	4865.6	7333.4	4320.8	4055.4	46.0
湖　北	10225.1	6309.7	7820.6	5144.1	5725.4	56.0
湖　南	12414.8	7227.2	9996.3	6198.5	6205.0	50.0
广　东	25414.9	11425.0	16829.3	7747.6	9501.5	37.4
广　西	4676.1	2558.5	3550.9	2039.1	1943.3	41.6
海　南	677.5	350.5	521.3	276.5	302.4	44.6
重　庆	10067.5	5838.6	7396.8	4834.8	5114.4	50.8
四　川	15514.5	9361.6	11095.4	7364.8	8631.3	55.6
贵　州	2859.1	1285.3	2261.8	1146.7	1236.9	43.3
云　南	4232.8	2616.4	3134.5	2019.1	2465.2	58.2
西　藏	160.0	120.5	100.1	84.4	138.0	86.3
陕　西	4192.5	2196.6	3423.5	1854.7	1843.8	44.0
甘　肃	3081.6	1727.1	2571.3	1498.2	1575.6	51.1
青　海	429.7	242.5	326.2	177.9	259.4	60.4
宁　夏	1117.7	620.8	1011.8	557.4	578.6	51.8
新　疆	2757.0	1746.2	2388.0	1589.1	1455.6	52.8

各地区按主要用途分的总承包建筑业企业房屋建筑竣工面积

单位:万平方米

地区	合计	厂房、仓库	住宅	办公用房	批发和零售用房	住宿和餐饮用房
全国总计	**142689.9**	**24275.1**	**80106.8**	**12589.8**	**3733.5**	**2290.8**
北京	5201.0	485.8	3394.7	528.6	130.3	35.0
天津	1532.9	329.0	740.6	91.4	75.5	7.0
河北	5718.1	633.9	3660.4	453.3	139.9	70.1
山西	1477.2	223.4	809.6	151.9	48.3	33.5
内蒙古	1574.5	153.7	823.6	241.8	54.7	37.9
辽宁	4596.4	653.5	2905.6	325.0	119.0	75.7
吉林	1712.1	199.8	1078.1	121.7	32.5	22.5
黑龙江	2368.0	243.1	1428.5	166.9	60.2	24.2
上海	4311.0	1477.4	1965.8	306.5	69.2	31.4
江苏	21309.7	4451.4	11609.5	1819.8	510.1	291.8
浙江	19713.5	5178.5	9387.3	1876.2	465.4	349.2
安徽	4585.3	562.0	2627.7	405.4	142.7	90.6
福建	3442.3	714.2	1930.7	240.8	37.1	45.2
江西	3320.3	259.6	2104.6	312.6	106.2	48.6
山东	10796.1	1973.3	6273.6	841.8	301.9	163.2
河南	4055.4	515.0	2316.2	430.2	111.6	64.6
湖北	5725.4	805.3	3251.1	505.6	60.1	55.5
湖南	6205.0	572.2	3431.8	784.9	240.3	130.2
广东	9501.5	2570.6	4570.7	740.9	182.7	152.4
广西	1943.3	141.3	1227.3	202.3	32.0	44.1
海南	302.4	14.6	167.7	20.1	3.8	5.6
重庆	5114.4	468.7	3497.8	345.6	203.2	65.9
四川	8631.3	871.1	5453.3	651.7	293.9	200.8
贵州	1236.9	109.8	690.3	114.1	20.2	21.0
云南	2465.2	258.7	1175.4	302.6	97.3	82.0
西藏	138.0	9.2	58.8	32.9	1.0	5.2
陕西	1843.8	135.0	1159.1	193.8	23.6	59.8
甘肃	1575.6	118.9	997.3	152.7	33.9	23.9
青海	259.4	17.9	175.0	32.8	6.1	4.7
宁夏	578.6	38.8	369.9	63.5	28.9	9.6
新疆	1455.6	89.2	824.8	132.4	102.1	39.3

续表

单位:万平方米

地　区	居民服务业用房	教育用房	文化、体育和娱乐用房	卫生医疗用房	科研用房	其他用房
全国总计	**2298.2**	**8527.3**	**1616.1**	**1406.2**	**446.9**	**5399.0**
北　京	57.6	196.5	54.7	42.3	34.6	240.9
天　津	25.5	77.0	27.5	29.5	10.6	119.4
河　北	130.0	324.9	62.9	45.0	4.3	193.4
山　西	21.2	100.6	11.4	12.3	7.2	57.9
内蒙古	27.2	111.5	23.9	18.8	0.8	80.4
辽　宁	65.7	250.1	35.7	20.7	7.5	137.7
吉　林	19.3	94.7	20.6	17.4	1.5	103.9
黑龙江	60.5	163.5	39.3	43.0	1.4	137.3
上　海	16.8	167.8	45.4	59.5	9.9	161.4
江　苏	385.0	1143.7	217.7	208.1	61.5	611.2
浙　江	310.6	1082.7	242.4	177.6	89.4	554.2
安　徽	121.2	392.9	48.0	42.7	9.0	143.1
福　建	73.5	191.7	43.3	32.2	9.4	124.3
江　西	64.4	231.4	27.2	35.2	4.6	125.7
山　东	165.9	555.0	78.3	58.7	31.2	353.1
河　南	46.7	328.6	51.6	55.2	11.4	124.2
湖　北	52.8	383.6	69.9	80.4	27.7	433.4
湖　南	107.6	490.3	78.0	89.1	8.6	271.9
广　东	131.1	549.0	115.6	35.6	38.1	414.6
广　西	20.3	138.8	32.8	20.3	3.0	81.3
海　南	9.5	20.7	7.2	6.1	0.7	46.4
重　庆	71.0	220.7	63.7	20.3	18.4	139.1
四　川	115.3	528.6	93.0	86.4	17.8	319.3
贵　州	33.8	134.3	23.1	29.3	4.2	56.8
云　南	45.3	237.3	34.0	54.5	9.9	168.1
西　藏	3.4	12.7	2.1	0.8	0.3	11.6
陕　西	22.8	153.8	18.3	19.0	14.4	44.2
甘　肃	35.7	118.0	16.6	28.9	5.5	44.2
青　海	1.9	6.7	2.0	1.2	0.3	10.9
宁　夏	8.6	29.7	8.5	5.3	0.2	15.6
新　疆	47.9	90.6	21.5	30.7	3.4	73.7

各地区按主要用途分的总承包建筑业企业房屋建筑竣工价值

单位:万元

地区	合计	厂房、仓库	住宅	办公用房	批发和零售用房	住宿和餐饮用房
全国总计	**111310461**	**18376120**	**58891621**	**11544632**	**2960954**	**1968287**
北京	6618279	644210	3874361	883456	175111	59210
天津	1578601	314400	612550	137360	93496	6936
河北	4225432	598024	2439149	399232	103580	57145
山西	1153959	220591	550782	138767	31853	30439
内蒙古	1191138	146513	565414	192438	41602	28187
辽宁	3742273	598592	2160380	306130	119261	72042
吉林	1349629	231752	725939	104077	21384	17466
黑龙江	2057622	247906	1122410	163751	53102	23206
上海	4480564	1338288	2008310	407020	66835	31561
江苏	16976451	3229300	8960142	1631979	392517	301449
浙江	16618221	3467006	8043850	1870241	400549	337860
安徽	2876291	395126	1575273	281971	90565	51064
福建	2735027	507305	1498363	220722	32571	35830
江西	1743155	150001	1034098	166907	58710	28936
山东	7863751	1424833	4328165	711068	230469	124462
河南	2563022	356135	1362232	330516	71397	41593
湖北	3842424	593423	1956917	407864	35526	44624
湖南	4370993	427076	2220487	680311	158301	94166
广东	7931324	1704940	3903883	708307	151950	131684
广西	1320628	96871	777105	162183	21326	50000
海南	253301	12329	154458	20261	2372	5096
重庆	3296737	367024	2095103	265252	153230	44864
四川	5298562	637788	3092023	452328	199399	138811
贵州	726957	86049	356327	73593	17517	15426
云南	1772503	178992	834663	241096	81850	56639
西藏	123374	9955	47825	33798	858	5100
陕西	1529701	117628	893157	205477	17439	62691
甘肃	1168883	118177	676722	128217	24171	20457
青海	205420	17013	129434	30464	5705	4146
宁夏	428770	34206	245438	58022	23377	10557
新疆	1267472	104668	646661	131826	84933	36646

续表　　　　单位:万元

地　　区	居民服务业用　　房	教育用房	文化、体育和娱乐用房	卫生医疗用　　房	科研用房	其他用房
全国总计	**1913365**	**7143604**	**1686912**	**1331868**	**507398**	**4985700**
北　　京	74618	327006	95924	78268	53365	352749
天　　津	35236	99595	51249	52395	24613	150771
河　　北	110500	246203	53543	39174	12350	166533
山　　西	15725	75790	10153	11728	8911	59222
内 蒙 古	25470	90367	22334	18598	796	59420
辽　　宁	59996	224409	34613	23628	5696	137524
吉　　林	19089	84168	22020	13050	1172	109513
黑 龙 江	71278	159346	42234	42104	1137	131149
上　　海	21702	217444	94356	89683	14569	190795
江　　苏	340864	1009630	214444	176402	67738	651986
浙　　江	287913	1079686	293742	208039	107078	522256
安　　徽	76143	248172	35540	31299	5031	86107
福　　建	68901	154114	47125	37334	8699	124064
江　　西	42155	136305	18676	19781	3080	84507
山　　东	131388	463757	75912	42568	33574	297556
河　　南	25674	214313	42083	31577	8879	78624
湖　　北	37772	268734	61900	67853	31566	336245
湖　　南	75063	357270	66778	68988	6487	216067
广　　东	105000	551833	135252	38639	36028	463809
广　　西	12926	86723	28326	19545	4538	61085
海　　南	6271	17400	7159	4758	1219	21979
重　　庆	45665	137456	47978	18129	9574	112464
四　　川	71893	332984	68677	60126	22776	221758
贵　　州	23204	65731	15347	21600	2946	49218
云　　南	30698	165794	27754	41526	5107	108385
西　　藏	2141	11296	2901	933	547	8019
陕　　西	22572	117685	19230	17002	15955	40865
甘　　肃	23360	81843	14342	20049	9393	52151
青　　海	1517	4449	1783	1060	189	9660
宁　　夏	6564	24303	8120	5088	173	12924
新　　疆	42069	89798	27419	30944	4213	68296

各地区总承包建筑业企业施工机械设备情况

地　　区	年末自有施工机械设备总台数（台）	年末自有施工机械设备总功率（千瓦）	年末自有施工机械设备净值（万元）	技术装备率（元/人）	动力装备率（千瓦/人）
全国总计	**7064859**	**123171898**	**19633021**	**8950**	**5.6**
北　　京	215176	3983147	600399	13709	9.1
天　　津	64565	1737494	353516	22477	11.0
河　　北	433298	5819336	855000	8472	5.8
山　　西	165887	2964844	498380	10554	6.3
内 蒙 古	92107	2786044	292935	11357	10.8
辽　　宁	208769	4885881	890913	11174	6.1
吉　　林	88658	2007116	344250	12269	7.2
黑 龙 江	156993	3915463	621837	15367	9.7
上　　海	130145	2376640	643875	11098	4.1
江　　苏	584341	9408826	1773222	7011	3.7
浙　　江	533152	7198466	1555892	6499	3.0
安　　徽	296832	3912664	602368	7559	4.9
福　　建	142325	2389319	389553	8390	5.1
江　　西	137495	2034468	365603	6855	3.8
山　　东	539563	14947189	1377780	6919	7.5
河　　南	393600	4813183	877582	9184	5.0
湖　　北	339951	5174450	926877	10470	5.8
湖　　南	373827	5414929	836094	7769	5.0
广　　东	596458	13032620	1383317	10702	10.1
广　　西	183499	2370634	305437	9524	7.4
海　　南	17956	525152	66468	10137	8.0
重　　庆	170660	2575337	572027	7304	3.3
四　　川	394395	5905224	1186087	7853	3.9
贵　　州	69583	1135207	230799	8257	4.1
云　　南	195272	2749152	555216	11633	5.8
西　　藏	9084	234952	53342	15410	6.8
陕　　西	164609	2655292	459890	11295	6.5
甘　　肃	200521	2899416	443775	10520	6.9
青　　海	42158	852242	127136	15619	10.5
宁　　夏	36238	697190	129256	19228	10.4
新　　疆	87742	1770021	314193	18267	10.3

各地区总承包建筑业企业主要生产效益指标

地　区	建筑业企业个数（个）	计算建筑业劳动生产率的平均人数（人）	按总产值计算的劳动生产率（元/人）	人均竣工产值（元/人）	人均施工面积（平方米/人）	人均竣工面积（平方米/人）
全国总计	**32835**	**23591895**	**106479**	**74127**	**128.0**	**60.5**
北　京	734	918077	149070	96093	153.8	56.7
天　津	256	281484	173087	105949	117.0	54.5
河　北	1348	1026200	87033	58845	106.8	55.7
山　西	710	496097	126238	62433	77.4	29.8
内蒙古	548	375731	88065	64625	67.3	41.9
辽　宁	1268	966181	105598	70579	88.4	47.6
吉　林	545	368849	100137	63184	75.1	46.4
黑龙江	1099	550599	82952	67598	67.6	43.0
上　海	1236	817323	166298	112698	135.9	52.7
江　苏	2413	2666707	118191	90876	159.1	79.9
浙　江	1840	2431627	143685	96263	203.6	81.1
安　徽	1076	795480	86535	58885	102.0	57.6
福　建	784	486352	117157	82104	152.0	70.8
江　西	826	488398	80906	62202	124.6	68.0
山　东	3319	2124896	82178	55445	98.2	50.8
河　南	1471	893195	80210	52957	98.6	45.4
湖　北	1399	844702	110416	72289	121.0	67.8
湖　南	1397	1051224	91267	61969	118.1	59.0
广　东	2192	1293597	116088	89731	196.5	73.4
广　西	659	316249	95051	67429	147.9	61.4
海　南	108	67155	75641	46666	100.9	45.0
重　庆	1371	739747	82516	57037	136.1	69.1
四　川	2403	1525335	76792	59895	101.7	56.6
贵　州	471	259569	94207	64423	110.1	47.7
云　南	1029	456983	89957	64219	92.6	53.9
西　藏	124	27755	94681	79472	57.6	49.7
陕　西	669	402605	121116	75910	104.1	45.8
甘　肃	591	404207	65292	49254	76.2	39.0
青　海	255	91336	83449	50058	47.1	28.4
宁　夏	265	135892	71647	61674	82.3	42.6
新　疆	429	288343	108597	81894	95.6	50.5

各地区总承包建筑业企业营业额

单位:万元

地区	企业营业额	在境外完成的营业额	企业总产值	#建筑业总产值
全国总计	**306268011**	**5425735**	**300842276**	**251203469**
北京	16603857	1983914	14619943	13685732
天津	5770590	165616	5604974	4872122
河北	9410139	139503	9270636	8931374
山西	6660289	56781	6603508	6262641
内蒙古	3387801	16595	3371206	3308874
辽宁	10520400	127593	10392807	10202708
吉林	3916331	52238	3864093	3693525
黑龙江	4913249	47164	4866085	4567315
上海	16342653	126559	16216094	13591901
江苏	33878472	844312	33034160	31518191
浙江	35908207	196320	35711887	34938723
安徽	7526471	144338	7382133	6883711
福建	6057667	233380	5824286	5697971
江西	4166610	44468	4122142	3951414
山东	51260139	259929	51000210	17461983
河南	7652789	109043	7543746	7164285
湖北	10665145	173390	10491755	9326861
湖南	11784866	187366	11597500	9594217
广东	17255089	60279	17194810	15017123
广西	3357363	13584	3343779	3005987
海南	512908	80	512828	507970
重庆	6428389	9818	6418571	6104107
四川	12243370	249687	11993683	11713310
贵州	2543456	5564	2537892	2445314
云南	4293059	41488	4251571	4110863
西藏	283526	2361	281165	262789
陕西	5104346	82938	5021408	4876190
甘肃	2763357	30516	2732841	2639130
青海	795764	170	795594	762193
宁夏	1016883	9308	1007575	973630
新疆	3244828	11435	3233394	3131314

各地区总承包建筑业企业资产构成

单位:万元

地区	资产合计	#流动资产小计	#长期投资	#固定资产小计	#无形及递延资产
全国总计	**238748497**	**169198853**	**17520062**	**45674274**	**5285870**
北京	24920330	16394558	6173559	2015701	223450
天津	4612096	3390912	287542	832553	52988
河北	8171411	5528348	227897	2092979	267327
山西	6735761	4468303	606254	1564243	70517
内蒙古	2754379	1854872	65593	747436	76102
辽宁	8791118	6332451	294113	1936612	208274
吉林	4063988	3011681	95023	850940	88830
黑龙江	5686740	3860164	200484	1528970	85572
上海	15781121	12014545	1808330	1625758	214154
江苏	21777426	17364465	713954	3283283	357300
浙江	18118039	14366680	866126	2622400	192852
安徽	5739472	3943104	105863	1405967	267387
福建	5154715	3867134	260690	935516	78241
江西	3529000	2282381	157517	930612	145619
山东	17380697	12863802	544990	3355533	558150
河南	7046336	4553832	216594	1995265	239764
湖北	8732671	5384709	735526	2181481	393623
湖南	6670896	4302834	218063	1882509	223385
广东	20763477	15496764	1244676	3533324	353545
广西	3678169	2269969	392271	911528	98504
海南	572338	346008	23764	174456	27638
重庆	5190125	3602437	219223	1213536	132488
四川	11680691	7434856	1100334	2712983	381703
贵州	2518160	1804527	78051	538251	83715
云南	4807622	3056706	314875	1294940	128455
西藏	426334	214754	35125	161708	13373
陕西	4985115	3525344	236533	1118872	86360
甘肃	2955078	1911442	53498	934359	42856
青海	982449	612658	33278	305141	17899
宁夏	1164067	792103	66241	276121	26316
新疆	3358678	2346513	144076	711300	149483

各地区总承包建筑业企业流动资产、无形及递延资产

单位:万元

地区	流动资产	#存货	无形及递延资产	#无形资产
全国总计	**169198853**	**43581855**	**5285870**	**4810722**
北京	16394558	3757256	223450	150534
天津	3390912	683158	52988	47950
河北	5528348	1270478	267327	257302
山西	4468303	713371	70517	67133
内蒙古	1854872	364106	76102	72454
辽宁	6332451	1265786	208274	186172
吉林	3011681	388611	88830	85024
黑龙江	3860164	712520	85572	76880
上海	12014545	3310612	214154	197295
江苏	17364465	5897900	357300	325158
浙江	14366680	4562482	192852	173345
安徽	3943104	892852	267387	256809
福建	3867134	1261970	78241	67797
江西	2282381	635161	145619	134815
山东	12863802	2842487	558150	524387
河南	4553832	1195314	239764	222341
湖北	5384709	1107946	393623	357210
湖南	4302834	953654	223385	206034
广东	15496764	5171260	353545	296185
广西	2269969	562205	98504	91806
海南	346008	54148	27638	26792
重庆	3602437	1215532	132488	120964
四川	7434856	1921878	381703	360435
贵州	1804527	323928	83715	80263
云南	3056706	674022	128455	119385
西藏	214754	35830	13373	12156
陕西	3525344	722056	86360	74438
甘肃	1911442	371716	42856	41126
青海	612658	179997	17899	16195
宁夏	792103	203612	26316	25749
新疆	2346513	330008	149483	136588

各地区总承包建筑业企业固定资产情况

单位:万元

地　区	固定资产小计	固定资产原价	#生产经营用	固定资产折旧	#本年折旧	在建工程
全国总计	**45674274**	**58695137**	**44815801**	**18958667**	**3065007**	**4655452**
北　京	2015701	2831294	2136270	1046958	166554	203508
天　津	832553	1257760	931166	480596	65318	49908
河　北	2092979	2698078	2079132	835977	132977	170062
山　西	1564243	2049804	1539729	594040	118662	78026
内蒙古	747436	949687	796340	289160	53404	61764
辽　宁	1936612	2849383	2306089	988127	135869	62290
吉　林	850940	1216064	854461	413000	65615	32234
黑龙江	1528970	2023657	1669564	599160	88019	77363
上　海	1625758	2374407	1912286	980644	130971	210949
江　苏	3283283	4369890	3418457	1514091	240963	332661
浙　江	2622400	3373288	2822093	1009064	197959	154182
安　徽	1405967	1741633	1313632	532000	85479	163770
福　建	935516	1129477	877386	366064	48945	97681
江　西	930612	1121430	810866	315763	42280	68787
山　东	3355533	4239626	3214856	1371162	247956	330425
河　南	1995265	2350105	1721927	645637	134963	233974
湖　北	2181481	2883201	1810581	907134	134542	152577
湖　南	1882509	2379102	1748785	760101	121293	208542
广　东	3533324	4087934	3217515	1468382	202425	822605
广　西	911528	998981	755010	273303	36983	173085
海　南	174456	147651	94744	28670	4168	42843
重　庆	1213536	1461971	1187836	407653	70306	136011
四　川	2712983	3382601	2511139	1055463	184752	314180
贵　州	538251	673916	490804	206456	36636	48697
云　南	1294940	1647640	1263820	507670	81639	123838
西　藏	161708	173675	126739	43895	16766	18979
陕　西	1118872	1451438	1118857	453138	76197	87474
甘　肃	934359	1135981	834001	317293	45562	83443
青　海	305141	397712	242908	130276	24703	28700
宁　夏	276121	357518	277640	96826	19095	11206
新　疆	711300	940233	731169	320967	54006	75687

各地区总承包建筑业企业负债及所有者权益

单位:万元

地区	负债合计	流动负债	长期负债	所有者权益	#实收资本
全国总计	**155358809**	**146304431**	**9054378**	**83387849**	**62226505**
北京	16218059	14418094	1799966	8700432	5703432
天津	3531706	3278582	253124	1080390	931740
河北	4953593	4569672	383921	3217819	2477517
山西	4698890	4251002	447888	2036871	1858361
内蒙古	1653048	1536630	116417	1101331	841331
辽宁	5560623	5384552	176071	3230495	2510739
吉林	2964076	2883069	81007	1099913	958174
黑龙江	3420272	3243272	177001	2266468	2068562
上海	10944614	10284244	660370	4836507	2936269
江苏	15587693	15149827	437866	6189733	4330341
浙江	12250705	11918453	332252	5867334	3920172
安徽	3676928	3472394	204534	2062543	1666047
福建	3305215	3214662	90553	1849500	1565467
江西	2144503	2022497	122006	1384498	1174967
山东	11612419	11115899	496520	5768278	4267846
河南	4247990	4072641	175349	2798346	2411329
湖北	5001320	4606161	395159	3731351	2686876
湖南	3817848	3522711	295137	2853048	2320212
广东	14336068	13552278	783790	6427409	4156156
广西	2150405	1874310	276096	1527764	1148535
海南	324141	262112	62030	248197	192185
重庆	2724624	2549555	175070	2465501	2047871
四川	6511442	6166972	344469	5169249	3866322
贵州	1682749	1570453	112296	835410	660589
云南	2927444	2695401	232043	1880178	1583172
西藏	143562	129326	14236	282772	223007
陕西	3458516	3278437	180078	1526599	1266425
甘肃	1786551	1698289	88262	1168527	987634
青海	588122	565091	23031	394326	347489
宁夏	752496	729251	23245	411571	373937
新疆	2383188	2288597	94591	975490	743804

各地区总承包建筑业企业实收资本

单位：万元

地　　区	合　　计	国家资本	集体资本	法人资本	个人资本	港澳台资　本	外商资本
全国总计	**62226505**	**16612187**	**6849644**	**17975705**	**20494281**	**130621**	**164067**
北　京	5703432	3403861	185879	1592057	482930	20074	18632
天　津	931740	255476	77205	513638	83368		2052
河　北	2477517	551360	252018	678176	995709	254	
山　西	1858361	883363	96413	598866	277287	1320	1112
内蒙古	841331	187854	85139	74517	493821		
辽　宁	2510739	870020	323619	444323	855528	1756	15493
吉　林	958174	443735	66822	231690	209394	2180	4353
黑龙江	2068562	625391	176835	559801	699215	3060	4262
上　海	2936269	589309	237805	1110985	908773	28435	60962
江　苏	4330341	574809	358251	1277326	2097389	10650	11916
浙　江	3920172	196589	263302	984598	2471531	3340	812
安　徽	1666047	459804	237476	515666	449043	3947	112
福　建	1565467	285538	165086	314917	784395	7396	8134
江　西	1174967	382934	224816	302414	258969	4423	1410
山　东	4267846	689176	730044	1268156	1568010	6032	6428
河　南	2411329	659658	326433	708515	707053	9579	92
湖　北	2686876	601098	287297	1081611	704367	1700	10803
湖　南	2320212	586892	410015	665574	650111	7620	
广　东	4156156	861366	616966	1549631	1110206	13783	4204
广　西	1148535	485112	233272	255759	171805	675	1912
海　南	192185	52724	23662	68885	36914		10000
重　庆	2047871	206772	201825	511476	1127518		281
四　川	3866322	988521	429275	810642	1635451	1370	1062
贵　州	660589	337678	111946	81802	127194	1970	
云　南	1583172	301841	243545	477987	559764		35
西　藏	223007	56879	19713	103447	42967		
陕　西	1266425	354616	187669	477516	246624		
甘　肃	987634	268610	159091	303578	256355		
青　海	347489	134830	30198	109514	72488	459	
宁　夏	373937	113020	21079	78727	161111		
新　疆	743804	203350	66948	223914	248992	600	

各地区总承包建筑业企业收入情况

单位:万元

地区	工程结算收入	工程结算成本	工程结算税金及附加	工程结算利润	经营费用	其他业务收入	#其他业务利润
全国总计	**236601497**	**212131104**	**7754770**	**15610304**	**1105319**	**4735883**	**781051**
北京	15622244	14045660	454162	1042653	79769	408950	68033
天津	5037455	4628025	143232	262352	3845	83581	7716
河北	8538875	7561666	297811	625907	53491	185550	20109
山西	6433037	5806700	199578	388283	38476	108648	26468
内蒙古	3144018	2745035	114054	275602	9328	48315	9025
辽宁	9678489	8675527	317432	654921	30609	213467	29046
吉林	3617101	3268022	115994	215681	17403	48504	11273
黑龙江	4638393	4162089	152952	305604	17748	44608	5195
上海	15687889	14209180	454976	963544	60189	409745	72513
江苏	23523480	21082729	801970	1541114	97668	469285	64982
浙江	29449540	26852299	1023891	1529668	43682	246268	44748
安徽	6595574	5877953	231354	459063	27204	165332	11446
福建	5293704	4813059	186918	281765	11962	70607	20050
江西	3473089	3115415	117576	229211	10888	46401	8723
山东	15578251	13692568	500460	1264777	120446	485413	66916
河南	6951714	6193226	229151	502508	26828	112522	19703
湖北	9223429	8183523	303676	672048	64182	299524	46138
湖南	8874316	7923411	313008	597020	40876	91433	21802
广东	17080766	15276180	571152	1151230	82204	342778	82678
广西	2813039	2542760	100237	160310	9732	73851	14794
海南	459958	400862	14848	36695	7553	727	482
重庆	5527398	4955474	187194	365986	18744	94447	13801
四川	10750163	9544152	338388	795085	72537	237941	35464
贵州	2454601	2204791	79314	144555	25941	48122	13248
云南	3886178	3444609	125654	284308	31607	76595	12954
西藏	254574	216342	6688	24379	7165	4260	543
陕西	4773384	4251323	148371	308341	65348	136084	17835
甘肃	2576856	2285167	79105	198105	14479	41383	9075
青海	756391	675766	22861	54346	3418	14884	3992
宁夏	950341	857947	29635	60766	1993	19160	3332
新疆	2957251	2639643	93128	214476	10004	107499	18968

各地区总承包建筑业企业费用情况

单位:万元

地　区	管理费用	#税金	#财产保险费	#差旅费	#工会经费	财务费用	#利息支出
全国总计	**10092107**	**337056**	**90127**	**446129**	**162667**	**1166612**	**843337**
北　京	842423	9804	3222	35329	7455	125529	107359
天　津	217680	5197	1022	10206	2579	17977	15392
河　北	427933	15904	2878	14402	6165	40056	29647
山　西	324883	7691	1752	20112	5205	25707	21900
内蒙古	149013	11601	2188	6121	2179	20628	15754
辽　宁	442385	11978	3330	15906	9886	33976	22490
吉　林	187034	4776	1016	8888	2221	15658	14134
黑龙江	256656	6066	1201	11063	3712	24029	14974
上　海	625000	9037	2743	23706	7429	31579	30491
江　苏	893572	28444	7753	38130	17296	85134	55366
浙　江	686257	30526	8452	43127	11433	117306	96701
安　徽	331781	12867	3129	10968	14774	29233	19462
福　建	177663	5830	853	7360	2317	14790	11913
江　西	165281	7397	2103	7634	2041	15112	10103
山　东	706135	36399	9232	29140	12044	105492	74123
河　南	337283	15013	3678	14790	4590	33626	20317
湖　北	456905	17365	6037	22127	7366	55335	34867
湖　南	352581	16326	3997	16845	4995	51577	31674
广　东	706931	23089	5590	21281	9497	91296	51457
广　西	132535	5690	840	5414	1992	9925	6214
海　南	14056	411	11	623	106	910	424
重　庆	210076	6731	2604	10164	3287	29838	21341
四　川	527575	17731	7678	28280	11439	78161	48927
贵　州	104167	3315	982	4957	1422	9508	7545
云　南	191171	6555	1809	9358	3015	27287	19847
西　藏	11510	893	129	753	154	1177	546
陕　西	226124	7339	2433	11963	2899	30885	23166
甘　肃	135136	4760	1280	5432	1531	16928	13129
青　海	45332	1374	574	2062	628	3741	2513
宁　夏	41864	1296	212	1461	650	7538	5997
新　疆	165166	5653	1400	8528	2361	16673	15567

各地区总承包建筑业企业利润及税金情况

单位:万元

地区	利润总额	#应交所得税	税金总额	工程结算税金及附加	管理费用中的税金
全国总计	**5661011**	**1495028**	**8091826**	**7754770**	**337056**
北京	303749	71524	463967	454162	9804
天津	40776	15791	148429	143232	5197
河北	197871	61958	313715	297811	15904
山西	64866	17675	207269	199578	7691
内蒙古	118686	18182	125655	114054	11601
辽宁	212973	85962	329410	317432	11978
吉林	29492	13151	120770	115994	4776
黑龙江	32726	24307	159018	152952	6066
上海	512180	75614	464014	454976	9037
江苏	638785	189738	830414	801970	28444
浙江	782717	233296	1054417	1023891	30526
安徽	111778	27720	244221	231354	12867
福建	115067	33778	192748	186918	5830
江西	60450	19021	124973	117576	7397
山东	533824	137112	536859	500460	36399
河南	163801	32051	244164	229151	15013
湖北	220688	54031	321041	303676	17365
湖南	229879	52143	329334	313008	16326
广东	502887	127015	594241	571152	23089
广西	33194	12403	105927	100237	5690
海南	22496	5270	15259	14848	411
重庆	149541	41755	193925	187194	6731
四川	248937	60393	356119	338388	17731
贵州	41236	10090	82628	79314	3315
云南	79380	21133	132209	125654	6555
西藏	14564	2154	7581	6688	893
陕西	64835	15280	155710	148371	7339
甘肃	58997	14665	83865	79105	4760
青海	6971	1663	24236	22861	1374
宁夏	12779	4212	30931	29635	1296
新疆	54887	15942	98781	93128	5653

各地区总承包建筑业企业应收工程款及企业亏损情况

地　区	应收工程款（万元）	#竣工工程	企业个数（个）	#亏损企业	亏损企业的比重（%）
全国总计	**47249300**	**26277998**	**32835**	**5351**	**16.3**
北　京	4384351	1889152	734	183	24.9
天　津	1111891	472272	256	53	20.7
河　北	2289798	1376688	1348	180	13.4
山　西	1517013	779990	710	140	19.7
内蒙古	859395	592108	548	65	11.9
辽　宁	1681731	902125	1268	251	19.8
吉　林	1416053	788792	545	142	26.1
黑龙江	1309530	828799	1099	324	29.5
上　海	2379149	1123726	1236	137	11.1
江　苏	4159685	2444417	2413	304	12.6
浙　江	2357095	1276948	1840	146	7.9
安　徽	1374580	837912	1076	141	13.1
福　建	859573	491295	784	146	18.6
江　西	390918	213548	826	131	15.9
山　东	4893078	2924804	3319	468	14.1
河　南	949141	526390	1471	341	23.2
湖　北	1895985	1097320	1399	136	9.7
湖　南	1506009	771588	1397	167	12.0
广　东	3438282	1876038	2192	321	14.6
广　西	561987	315995	659	141	21.4
海　南	63262	46064	108	26	24.1
重　庆	912989	553134	1371	218	15.9
四　川	1997181	1161277	2403	398	16.6
贵　州	380475	198761	471	127	27.0
云　南	1137574	756106	1029	180	17.5
西　藏	73983	44485	124	11	8.9
陕　西	942807	471193	669	118	17.6
甘　肃	875972	509519	591	87	14.7
青　海	175632	88214	255	80	31.4
宁　夏	293361	176993	265	59	22.3
新　疆	1060823	742345	429	130	30.3

各地区总承包建筑业企业主要经济效益指标

地　　区	产　值 利润率 （%）	产　值 利税率 （%）	资　本 利润率 （%）	资　本 利税率 （%）	人均 利润 （元/人）	人均 利税 （元/人）	资　产 负债率 （%）
全国总计	**2.3**	**5.5**	**9.1**	**22.1**	**2400**	**5829**	**65.1**
北　　京	2.2	5.6	5.3	13.5	3309	8362	65.1
天　　津	0.8	3.9	4.4	20.3	1449	6722	76.6
河　　北	2.2	5.7	8.0	20.6	1928	4985	60.6
山　　西	1.0	4.3	3.5	14.6	1308	5486	69.8
内 蒙 古	3.6	7.4	14.1	29.0	3159	6503	60.0
辽　　宁	2.1	5.3	8.5	21.6	2204	5614	63.3
吉　　林	0.8	4.1	3.1	15.7	800	4074	72.9
黑 龙 江	0.7	4.2	1.6	9.3	594	3482	60.1
上　　海	3.8	7.2	17.4	33.2	6267	11944	69.4
江　　苏	2.0	4.7	14.8	33.9	2395	5509	71.6
浙　　江	2.2	5.3	20.0	46.9	3219	7555	67.6
安　　徽	1.6	5.2	6.7	21.4	1405	4475	64.1
福　　建	2.0	5.4	7.4	19.7	2366	6329	64.1
江　　西	1.5	4.7	5.1	15.8	1238	3797	60.8
山　　东	3.1	6.1	12.5	25.1	2512	5039	66.8
河　　南	2.3	5.7	6.8	16.9	1834	4567	60.3
湖　　北	2.4	5.8	8.2	20.2	2613	6413	57.3
湖　　南	2.4	5.8	9.9	24.1	2187	5320	57.2
广　　东	3.3	7.3	12.1	26.4	3888	8481	69.0
广　　西	1.1	4.6	2.9	12.1	1050	4399	58.5
海　　南	4.4	7.4	11.7	19.6	3350	5622	56.6
重　　庆	2.4	5.6	7.3	16.8	2022	4643	52.5
四　　川	2.1	5.2	6.4	15.6	1632	3967	55.7
贵　　州	1.7	5.1	6.2	18.8	1589	4772	66.8
云　　南	1.9	5.1	5.0	13.4	1737	4630	60.9
西　　藏	5.5	8.4	6.5	9.9	5247	7979	33.7
陕　　西	1.3	4.5	5.1	17.4	1610	5478	69.4
甘　　肃	2.2	5.4	6.0	14.5	1460	3534	60.5
青　　海	0.9	4.1	2.0	9.0	763	3417	59.9
宁　　夏	1.3	4.5	3.4	11.7	940	3217	64.6
新　　疆	1.8	4.9	7.4	20.7	1904	5329	71.0

各地区按资质等级划分的总承包建筑业企业单位数

单位:个

地区	合计	特级	一级	二级	三级及以下
全国总计	**32835**	**165**	**2366**	**8693**	**21611**
北京	734	23	175	220	316
天津	256	3	47	85	121
河北	1348	3	106	462	777
山西	710	6	64	139	501
内蒙古	548	1	30	114	403
辽宁	1268	6	110	274	878
吉林	545	1	46	124	374
黑龙江	1099	13	70	388	628
上海	1236	11	101	345	779
江苏	2413	7	150	685	1571
浙江	1840	11	143	441	1245
安徽	1076	17	52	211	796
福建	784	3	65	278	438
江西	826		49	144	633
山东	3319	4	153	710	2452
河南	1471	7	107	375	982
湖北	1399	8	86	398	907
湖南	1397	5	101	334	957
广东	2192	19	253	503	1417
广西	659	1	32	129	497
海南	108		16	52	40
重庆	1371		69	502	800
四川	2403	4	118	752	1529
贵州	471	1	26	99	345
云南	1029	3	34	224	768
西藏	124	2	2	69	51
陕西	669	4	66	206	393
甘肃	591		35	201	355
青海	255	1	9	77	168
宁夏	265		9	44	212
新疆	429	1	42	108	278

各地区按资质等级划分的总承包建筑业企业从业人员

单位:人

地　区	合　计	特　级	一　级	二　级	三级及以下
全国总计	**21936453**	**1165981**	**6173174**	**7414962**	**7182336**
北　京	437954	56270	235098	86712	59874
天　津	157276	7498	70808	49753	29217
河　北	1009175	10770	220258	469868	308279
山　西	472230	60556	171747	102553	137374
内蒙古	257926	12275	62974	80105	102572
辽　宁	797294	66138	231471	224697	274988
吉　林	280574	3435	115326	62913	98900
黑龙江	404666	24401	113961	159116	107188
上　海	580160	73799	165262	177239	163860
江　苏	2529086	233039	671996	838843	785208
浙　江	2394072	269007	880870	682666	561529
安　徽	796842	46593	128803	255223	366223
福　建	464289	5624	150631	181094	126940
江　西	533334		184289	115518	233527
山　东	1991261	34073	470694	627277	859217
河　南	955520	6172	306623	332152	310573
湖　北	885275	50056	182706	337203	315310
湖　南	1076141	62239	303963	331137	378802
广　东	1292566	47355	424265	404998	415948
广　西	320688	19039	96749	99436	105464
海　南	65567		26783	25849	12935
重　庆	783147		186379	364476	232292
四　川	1510408	15981	250323	703364	540740
贵　州	279506	9099	91868	90588	87951
云　南	477275	29761	81736	163293	202485
西　藏	34616	52	72	25918	8574
陕　西	407156	11065	144435	136342	115314
甘　肃	421823		107998	187985	125840
青　海	81399	8897	6963	31316	34223
宁　夏	67222		16670	19529	31023
新　疆	172005	2787	71453	47799	49966

各地区按资质等级划分的总承包建筑业总产值

单位:万元

地　区	合　计	特　级	一　级	二　级	三级及以下
全国总计	**251203469**	**28421956**	**105463864**	**66130781**	**51186868**
北　京	13685732	3516106	7792108	1588421	789096
天　津	4872122	923931	2872284	763727	312180
河　北	8931374	637414	3813441	2784115	1696404
山　西	6262641	1517683	3350877	731368	662714
内蒙古	3308874	215862	1271779	948236	872996
辽　宁	10202708	1082442	4015580	2610897	2493789
吉　林	3693525	192500	2213730	663521	623774
黑龙江	4567315	456910	1683307	1582027	845072
上　海	13591901	2200452	4617448	3812536	2961465
江　苏	31518191	3716873	12038969	8990446	6771903
浙　江	34938723	5195905	15847569	7987808	5907441
安　徽	6883711	1251682	1799940	1882672	1949417
福　建	5697971	138635	2589191	1852099	1118047
江　西	3951414		1794084	869502	1287828
山　东	17461983	592692	7102174	4592547	5174570
河　南	7164285	121482	3301371	2215058	1526374
湖　北	9326861	1794875	3169429	2528292	1834265
湖　南	9594217	1228586	3684374	2464062	2217196
广　东	15017123	1153333	6706621	3746377	3410792
广　西	3005987	181913	1186153	953885	684036
海　南	507970		229481	221273	57216
重　庆	6104107		2072887	2604562	1426658
四　川	11713310	648142	3905935	4360638	2798596
贵　州	2445314	135330	1380603	561930	367451
云　南	4110863	401527	1270989	1299059	1139288
西　藏	262789	910	694	219256	41928
陕　西	4876190	861613	2597978	856833	559767
甘　肃	2639130		1240671	905081	493378
青　海	762193	168072	107734	339439	146948
宁　夏	973630		370023	276321	327286
新　疆	3131314	87088	1436441	918793	688993

各地区按资质等级划分的总承包建筑业企业签订的合同额

单位:万元

地　区	合　计	特　级	一　级	二　级	三级及以下
全国总计	**411868190**	**66739742**	**189727330**	**90599678**	**64801440**
北　京	29023586	10023072	15480735	2354982	1164796
天　津	8891558	2363174	5268112	908287	351985
河　北	13572779	966100	7040070	3550028	2016582
山　西	11207841	3085369	6365991	956433	800048
内蒙古	4546609	316726	2044804	1145694	1039385
辽　宁	15214882	1911193	6807722	3564287	2931680
吉　林	6245384	363598	4390040	808897	682848
黑龙江	5926148	682362	2533988	1817872	891926
上　海	28804547	9297841	9817120	5902114	3787471
江　苏	40740165	5231341	16797588	10795908	7915328
浙　江	58504712	10641974	27467801	12054202	8340735
安　徽	10543444	2682178	3112002	2413188	2336077
福　建	9172322	203882	4553638	2933993	1480809
江　西	6194802		3106114	1388233	1700455
山　东	23768603	1394987	10623901	5690433	6059282
河　南	11586153	254373	6470705	2979416	1881659
湖　北	15802715	4307067	6109575	3198796	2187278
湖　南	16082885	3052797	6636650	3535801	2857637
广　东	29596173	2571274	15604741	6160436	5259722
广　西	5138893	519656	2061724	1519745	1037769
海　南	816321		432652	307894	75776
重　庆	9049158		3778385	3600123	1670650
四　川	18668079	2100689	7503745	5582160	3481486
贵　州	4243602	357371	2562828	787771	535633
云　南	7239493	1289821	2769311	1807158	1373203
西　藏	366037	910	724	321186	43217
陕　西	9832910	2311398	5409906	1275659	835948
甘　肃	3697408		1898688	1158822	639898
青　海	1619473	691383	245253	505180	177657
宁　夏	1375568		615196	342853	417519
新　疆	4395940	119207	2217621	1232130	826982

各地区按资质等级划分的总承包建筑业企业竣工产值

单位:万元

地区	合计	特级	一级	二级	三级及以下
全国总计	**174879820**	**15931566**	**67856377**	**49852606**	**41239272**
北京	8822046	1848398	5262830	1160953	549865
天津	2982299	412662	1749775	554781	265082
河北	6038660	314100	2139533	2196341	1388687
山西	3097307	472511	1583878	525557	515361
内蒙古	2428161	168439	755836	759844	744041
辽宁	6819193	545442	2334515	1898512	2040724
吉林	2330544		1315575	534842	480128
黑龙江	3721917	355657	1303970	1324903	737387
上海	9211036	1400906	3058949	2375586	2375595
江苏	24233968	2653567	8335930	7543835	5700636
浙江	23407493	2933460	9714549	6035816	4723668
安徽	4684158	663708	1161398	1327714	1531338
福建	3993123	59231	1764420	1367384	802088
江西	3037918		1254107	705158	1078653
山东	11781489	281531	4055311	3429203	4015444
河南	4730067	117817	1986570	1484686	1140994
湖北	6106280	1036390	1709167	1848086	1512636
湖南	6514293	748731	2231731	1723496	1810335
广东	11607579	861637	5140662	2822434	2782847
广西	2132445	131900	789679	677519	533347
海南	313384		117721	154467	41196
重庆	4219313		1276820	1841211	1101282
四川	9135958	130826	3319120	3445871	2240141
贵州	1672223	95775	919626	362738	294083
云南	2934688	248719	729507	1039330	917132
西藏	220573	910	660	176902	42102
陕西	3056155	351630	1623610	640140	440776
甘肃	1990885		860164	704864	425856
青海	457207	15724	86070	226614	128798
宁夏	838096		292842	245563	299691
新疆	2361367	81896	981855	718256	579361

各地区按资质等级划分的总承包建筑业企业房屋施工面积

单位:万平方米

地区	合计	特级	一级	二级	三级及以下
全国总计	**301909.8**	**27127.2**	**104383.4**	**87435.2**	**82964.0**
北京	14118.2	3842.7	7938.4	1653.2	683.9
天津	3293.9	276.9	1908.9	738.0	370.2
河北	10960.9	514.8	2959.8	4437.4	3048.9
山西	3838.2	503.9	1478.3	826.4	1029.5
内蒙古	2528.7	123.5	472.1	770.8	1162.2
辽宁	8541.1	611.0	2334.8	2526.2	3069.1
吉林	2768.4		1451.7	539.2	777.6
黑龙江	3723.4	99.1	1195.7	1524.2	904.4
上海	11106.4	2513.9	2354.8	3305.7	2932.0
江苏	42431.7	5352.2	15563.1	11094.7	10421.8
浙江	49512.5	7895.7	20445.8	11448.5	9722.5
安徽	8112.1	397.4	1575.3	2585.8	3553.7
福建	7393.0	182.6	2735.5	2850.1	1624.8
江西	6087.5		1577.6	1495.9	3014.0
山东	20862.8	509.1	6322.0	6337.3	7694.4
河南	8810.4	13.5	2870.9	3092.5	2833.5
湖北	10225.1	1339.9	2488.7	3213.0	3183.5
湖南	12414.8	830.6	3757.9	3538.1	4288.2
广东	25414.9	1307.1	10980.8	5854.3	7272.6
广西	4676.1		1566.8	1562.4	1546.9
海南	677.5		272.7	297.4	107.3
重庆	10067.5		3045.1	4321.5	2700.9
四川	15514.5	299.4	3167.7	6942.0	5105.4
贵州	2859.1		1005.2	897.8	956.0
云南	4232.8	268.5	789.7	1632.7	1541.9
西藏	160.0	0.1	0.5	129.7	29.7
陕西	4192.5	64.1	1786.3	1270.0	1072.1
甘肃	3081.6		989.0	1268.1	824.5
青海	429.7	3.6	77.8	151.0	197.3
宁夏	1117.7		325.7	322.4	469.6
新疆	2757.0	177.5	944.9	808.9	825.7

各地区按资质等级划分的总承包建筑业企业房屋竣工面积

单位:万平方米

地区	合计	特级	一级	二级	三级及以下
全国总计	**142689.9**	**9239.6**	**39562.0**	**45633.1**	**48255.1**
北京	5201.0	1107.2	3031.9	736.0	325.9
天津	1532.9	105.2	800.0	378.7	249.0
河北	5718.1	192.5	1208.6	2592.0	1725.0
山西	1477.2	133.0	391.4	379.4	573.3
内蒙古	1574.5	59.0	183.5	521.0	811.0
辽宁	4596.4	284.3	1037.1	1339.9	1935.1
吉林	1712.1		741.4	360.2	610.5
黑龙江	2368.0	76.4	627.4	969.1	695.1
上海	4311.0	666.2	889.0	1294.8	1461.0
江苏	21309.7	2166.3	6005.6	6401.7	6736.1
浙江	19713.5	2461.1	7253.8	5132.5	4866.1
安徽	4585.3	127.4	728.3	1452.9	2276.7
福建	3442.3	60.5	1206.1	1359.0	816.7
江西	3320.3		662.5	813.5	1844.2
山东	10796.1	148.2	2548.8	3393.0	4706.1
河南	4055.4	9.0	1011.8	1497.2	1537.4
湖北	5725.4	603.3	1019.0	1985.5	2117.5
湖南	6205.0	319.3	1458.9	1817.2	2609.6
广东	9501.5	374.0	3182.2	2591.1	3354.2
广西	1943.3		530.0	654.1	759.3
海南	302.4		94.0	169.1	39.4
重庆	5114.4		1223.6	2273.6	1617.2
四川	8631.3	91.2	1421.6	3957.6	3160.9
贵州	1236.9		366.6	394.4	475.9
云南	2465.2	141.1	324.4	1014.7	985.0
西藏	138.0	0.1		109.8	28.1
陕西	1843.8	38.6	610.3	655.1	539.8
甘肃	1575.6		406.4	681.5	487.7
青海	259.4	3.2	37.7	99.5	119.1
宁夏	578.6		142.8	174.2	261.6
新疆	1455.6	72.4	417.4	435.0	530.8

各地区按资质等级划分的总承包建筑业企业自有施工机械设备台数

单位:台

地　　区	合　　计	特　　级	一　　级	二　　级	三级及以下
全国总计	**7064859**	**230069**	**1499644**	**2473934**	**2861212**
北　　京	215176	39982	76624	37683	60887
天　　津	64565	4663	21214	19691	18997
河　　北	433298	5542	80480	198685	148591
山　　西	165887	8048	41755	39311	76773
内 蒙 古	92107	3602	16010	30411	42084
辽　　宁	208769	6379	65400	53186	83804
吉　　林	88658	1836	30418	20245	36159
黑 龙 江	156993	5344	39230	67537	44882
上　　海	130145	12624	29369	40984	47168
江　　苏	584341	36072	153521	214245	180503
浙　　江	533152	26393	144986	204310	157463
安　　徽	296832	10219	41422	82551	162640
福　　建	142325	655	32629	56401	52640
江　　西	137495		28487	25315	83693
山　　东	539563	4566	109020	177148	248829
河　　南	393600	5667	85537	142826	159570
湖　　北	339951	6328	57427	131665	144531
湖　　南	373827	16279	58445	123570	175533
广　　东	596458	6854	158882	189069	241653
广　　西	183499	1752	22260	55322	104165
海　　南	17956		4868	7886	5202
重　　庆	170660		29116	89000	52544
四　　川	394395	6100	50631	173628	164036
贵　　州	69583	2205	16898	17792	32688
云　　南	195272	8857	14682	64490	107243
西　　藏	9084	12	25	6318	2729
陕　　西	164609	3709	32290	66634	61976
甘　　肃	200521		24191	89692	86638
青　　海	42158	4974	3581	13620	19983
宁　　夏	36238		6975	8397	20866
新　　疆	87742	1407	23271	26322	36742

各地区按资质等级划分的总承包建筑业企业自有施工机械设备总功率

单位:万千瓦

地区	合计	特级	一级	二级	三级及以下
全国总计	**12317.2**	**706.8**	**3855.4**	**3970.9**	**3784.0**
北京	398.3	113.5	171.5	71.0	42.4
天津	173.7	31.5	77.5	39.6	25.1
河北	581.9	19.6	169.4	241.1	151.9
山西	296.5	25.9	131.1	58.5	81.0
内蒙古	278.6	10.3	134.8	59.3	74.2
辽宁	488.6	23.3	191.0	119.3	155.1
吉林	200.7	1.2	83.8	56.8	58.8
黑龙江	391.5	27.0	120.5	152.2	91.9
上海	237.7	37.4	92.1	73.2	35.0
江苏	940.9	104.4	247.2	347.8	241.5
浙江	719.8	45.8	216.8	254.0	203.3
安徽	391.3	28.0	105.6	121.9	135.7
福建	238.9	2.4	79.6	81.9	75.0
江西	203.4		77.5	50.4	75.5
山东	1494.7	14.3	560.7	433.6	486.2
河南	481.3	7.2	163.5	171.1	139.5
湖北	517.4	30.3	119.7	199.0	168.5
湖南	541.5	69.6	126.8	160.1	185.0
广东	1303.3	28.5	412.0	316.2	546.6
广西	237.1	8.8	41.4	92.3	94.6
海南	52.5		17.4	23.2	12.0
重庆	257.5		51.6	131.7	74.3
四川	590.5	24.8	139.4	238.6	187.8
贵州	113.5	0.1	43.2	32.7	37.5
云南	274.9	15.8	47.8	82.8	128.5
西藏	23.5			19.6	3.9
陕西	265.5	23.1	86.6	88.1	67.8
甘肃	289.9		62.1	135.3	92.6
青海	85.2	8.0	7.2	43.5	26.5
宁夏	69.7		13.3	18.7	37.6
新疆	177.0	6.1	64.6	57.5	48.9

各地区按资质等级划分的总承包建筑业企业实收资本

单位:万元

地　区	合　计	特　级	一　级	二　级	三级及以下
全国总计	**62226505**	**6608144**	**16926261**	**21652988**	**17039112**
北　京	5703432	2629704	2122382	677445	273901
天　津	931740	157342	431758	225044	117596
河　北	2477517	90526	670898	1123935	592158
山　西	1858361	409976	435848	668779	343758
内蒙古	841331	36600	162620	294878	347233
辽　宁	2510739	135187	845814	770252	759486
吉　林	958174	31000	382673	281681	262820
黑龙江	2068562	204019	488557	928458	447529
上　海	2936269	563332	771575	954968	646394
江　苏	4330341	231205	1001013	1818182	1279941
浙　江	3920172	320585	1077872	1306196	1215519
安　徽	1666047	169093	358165	504853	633936
福　建	1565467	33566	369355	709708	452839
江　西	1174967		380482	307614	486871
山　东	4267846	115800	1067691	1417829	1666526
河　南	2411329	34896	675868	946534	754031
湖　北	2686876	465903	583436	927823	709714
湖　南	2320212	165408	691895	722015	740894
广　东	4156156	296020	1338699	1342313	1179124
广　西	1148535	14342	244301	515796	374095
海　南	192185		73188	94320	24677
重　庆	2047871		432096	1061871	553904
四　川	3866322	164978	818947	1679934	1202462
贵　州	660589	30000	184997	208200	237392
云　南	1583172	92060	281811	563696	645606
西　藏	223007	150	750	175164	46942
陕　西	1266425	178353	387159	416416	284496
甘　肃	987634		257336	476576	253723
青　海	347489	30100	49571	150067	117751
宁　夏	373937		84232	115867	173839
新　疆	743804	8000	255272	266575	213956

各地区按资质等级划分的总承包建筑业企业资产

单位:万元

地区	合计	特级	一级	二级	三级及以下
全国总计	**238748497**	**31636765**	**94614642**	**65312224**	**47184866**
北京	24920330	10632893	11296621	2123491	867325
天津	4612096	750912	2696341	834856	329988
河北	8171411	514473	3936310	2431843	1288785
山西	6735761	1504006	2788507	1623426	819823
内蒙古	2754379	202556	798898	964572	788353
辽宁	8791118	813514	3673328	2288047	2016229
吉林	4063988	155751	2351909	842927	713401
黑龙江	5686740	620646	1828939	2238748	998408
上海	15781121	3456539	5722596	3926287	2675699
江苏	21777426	1373254	7549254	7708027	5146891
浙江	18118039	1927026	6149258	5579550	4462206
安徽	5739472	1007094	1627785	1551021	1553571
福建	5154715	167792	1685381	1987451	1314091
江西	3529000		1548049	846580	1134371
山东	17380697	631320	6978657	4903358	4867361
河南	7046336	123375	2971604	2262422	1688935
湖北	8732671	1989737	3055941	2207711	1479281
湖南	6670896	810955	2569843	1710307	1579791
广东	20763477	2040930	9138147	5378630	4205770
广西	3678169	147779	1220214	1320183	989994
海南	572338		285101	211258	75980
重庆	5190125		1787359	2274856	1127910
四川	11680691	975051	4096703	4021133	2587803
贵州	2518160	127653	1288033	596250	506224
云南	4807622	410530	1639268	1401326	1356498
西藏	426334	370	1109	350090	74765
陕西	4985115	917071	2415971	1006827	645246
甘肃	2955078		1381400	1011402	562275
青海	982449	178361	147424	394546	262118
宁夏	1164067		349266	396069	418732
新疆	3358678	157178	1635425	919031	647045

各地区按资质等级划分的总承包建筑业企业所有者权益

单位:万元

地　区	合　计	特　级	一　级	二　级	三级及以下
全国总计	**83387849**	**11477064**	**24154330**	**26732637**	**21023818**
北　京	8700432	4639166	2987239	757539	316488
天　津	1080390	209292	500321	240090	130687
河　北	3217819	124708	950630	1383227	759253
山　西	2036871	514907	431628	693495	396841
内蒙古	1101331	56615	228629	415945	400142
辽　宁	3230495	255583	1144410	924098	906405
吉　林	1099913	57841	416709	313711	311652
黑龙江	2266468	203389	546408	1026114	490557
上　海	4836507	1383728	1333707	1237523	881550
江　苏	6189733	381656	1851529	2331084	1625464
浙　江	5867334	590705	1789291	1822791	1664547
安　徽	2062543	224612	465345	603045	769542
福　建	1849500	73741	475949	787194	512616
江　西	1384498		472492	363082	548923
山　东	5768278	139933	1687978	1850025	2090342
河　南	2798346	39101	732100	1112179	914967
湖　北	3731351	676814	979215	1190910	884412
湖　南	2853048	190911	886383	889716	886038
广　东	6427409	797171	2133868	1906367	1590003
广　西	1527764	47029	359039	645278	476419
海　南	248197		97297	113270	37630
重　庆	2465501		544987	1256492	664022
四　川	5169249	452790	1249609	2007570	1459281
贵　州	835410	30214	272475	256515	276206
云　南	1880178	108091	342750	671996	757341
西　藏	282772	370	1109	221856	59438
陕　西	1526599	218466	481156	499726	327251
甘　肃	1168527		298444	564617	305466
青　海	394326	32741	57831	174647	129108
宁　夏	411571		77779	141319	192472
新　疆	975490	27494	358026	331218	258753

各地区按资质等级划分的总承包建筑业企业负债

单位:万元

地区	合计	特级	一级	二级	三级及以下
全国总计	**155358809**	**20157862**	**70460311**	**38579587**	**26161048**
北京	16218059	5991888	8309382	1365952	550837
天津	3531706	541620	2196019	594766	199301
河北	4953593	389765	2985680	1048617	529531
山西	4698890	989099	2356880	929930	422981
内蒙古	1653048	145941	570269	548626	388211
辽宁	5560623	557931	2528919	1363949	1109824
吉林	2964076	97910	1935201	529216	401749
黑龙江	3420272	417258	1282531	1212633	507850
上海	10944614	2072812	4388889	2688764	1794149
江苏	15587693	991599	5697726	5376943	3521426
浙江	12250705	1336321	4359967	3756759	2797658
安徽	3676928	782482	1162440	947977	784030
福建	3305215	94051	1209432	1200257	801475
江西	2144503		1075557	483498	585448
山东	11612419	491388	5290679	3053333	2777019
河南	4247990	84275	2239504	1150244	773968
湖北	5001320	1312923	2076727	1016802	594869
湖南	3817848	620043	1683460	820591	693753
广东	14336068	1243759	7004280	3472263	2615767
广西	2150405	100751	861175	674905	513575
海南	324141		187804	97987	38350
重庆	2724624		1242372	1018364	463888
四川	6511442	522261	2847095	2013564	1128523
贵州	1682749	97439	1015558	339735	230017
云南	2927444	302439	1296517	729330	599157
西藏	143562			128235	15328
陕西	3458516	698605	1934815	507101	317995
甘肃	1786551		1082956	446786	256809
青海	588122	145620	89594	219899	133010
宁夏	752496		271487	254750	226260
新疆	2383188	129684	1277399	587813	388292

各地区按资质等级划分的总承包建筑业企业总收入

单位:万元

地　区	合　计	特　级	一　级	二　级	三级及以下
全国总计	**241337380**	**30113763**	**103637655**	**61131014**	**46454948**
北　京	16031194	4653882	8952692	1578987	845634
天　津	5121035	1012130	3018470	752814	337623
河　北	8724426	576630	3862585	2641843	1643367
山　西	6541685	1675161	3504993	733311	628220
内蒙古	3192333	219585	1208755	916238	847754
辽　宁	9891957	1133720	3864009	2528907	2365321
吉　林	3665605	192500	2170078	680270	622757
黑龙江	4683001	493223	1792666	1573207	823905
上　海	16097634	3557683	5191147	4181025	3167780
江　苏	23992765	2618966	9702657	6973681	4697461
浙　江	29695807	4346327	13062569	6965465	5321446
安　徽	6760905	1378585	1818682	1760467	1803172
福　建	5364311	94011	2516543	1695166	1058590
江　西	3519490		1630716	728758	1160016
山　东	16063664	660361	6805315	4128796	4469192
河　南	7064236	160033	3332453	2149675	1422076
湖　北	9522953	1936468	3294252	2460490	1831743
湖　南	8965748	1152723	3391050	2286890	2135086
广　东	17423544	1248984	8691078	4056459	3427023
广　西	2886890	168118	1184221	932048	602502
海　南	460684		214589	194890	51205
重　庆	5621845		2118111	2251379	1252355
四　川	10988104	793449	3819430	3913125	2462099
贵　州	2502724	253337	1415082	501948	332356
云　南	3962772	453656	1334333	1157736	1017048
西　藏	258834	910	694	217706	39524
陕　西	4909467	1041158	2578395	784656	505258
甘　肃	2618239		1244485	880988	492767
青　海	771276	190646	114938	332855	132836
宁　夏	969502		389199	275631	304671
新　疆	3064750	101517	1413469	895603	654161

各地区按资质等级划分的总承包建筑业企业利税总额

单位:万元

地　区	合　计	特　级	一　级	二　级	三级及以下
全国总计	**13752837**	**1526195**	**5025735**	**3859727**	**3341180**
北　京	767716	256514	382441	78820	49941
天　津	189205	34985	103532	28903	21785
河　北	511586	20148	182428	182660	126351
山　西	272135	71446	131046	31272	38370
内蒙古	244341	6804	74689	92556	70292
辽　宁	542383	52414	199733	146303	143933
吉　林	150263	6939	80506	26624	36194
黑龙江	191744	30535	68374	52796	40038
上　海	976194	187873	251324	286117	250879
江　苏	1469198	158710	595986	420078	294424
浙　江	1837134	251845	761180	452585	371524
安　徽	355999	62689	82697	90272	120342
福　建	307815	1909	137310	100381	68215
江　西	185423		68676	37713	79035
山　东	1070683	33253	347009	289628	400793
河　南	407965	7118	159838	137736	103274
湖　北	541729	100669	129411	165030	146620
湖　南	559212	47124	197973	150968	163148
广　东	1097127	73345	424448	304607	294727
广　西	139120	7390	43378	45599	42754
海　南	37755		18142	16674	2939
重　庆	343466		106815	158747	77904
四　川	605056	29955	142605	259928	172568
贵　州	123864	7901	61503	33525	20934
云　南	211589	15502	55353	62413	78321
西　藏	22145	172	134	15973	5867
陕　西	220545	46459	93573	48954	31559
甘　肃	142862		40475	65331	37056
青　海	31206	8505	4008	14910	3784
宁　夏	43710		13614	15216	14880
新　疆	153668	5993	67534	47409	32732

各地区按资质等级划分的总承包建筑业企业利润总额

单位:万元

地　区	合　计	特　级	一　级	二　级	三级及以下
全国总计	**5661011**	**631043**	**1770589**	**1709122**	**1550258**
北　京	303749	133721	117825	28527	23675
天　津	40776	8224	20088	3980	8483
河　北	197871	1623	54913	76761	64573
山　西	64866	22614	21594	6836	13822
内蒙古	118686	433	25047	56912	36295
辽　宁	212973	18992	79618	58890	55472
吉　林	29492	2350	11334	3895	11914
黑龙江	32726	12796	7442	2926	9562
上　海	512180	90260	110486	159268	152167
江　苏	638785	65772	277389	178241	117383
浙　江	782717	105325	304826	202214	170353
安　徽	111778	19685	15893	26397	49803
福　建	115067	177	51061	38310	25518
江　西	60450		20056	11549	28845
山　东	533824	10814	140661	147714	234636
河　南	163801	2900	50685	63880	46336
湖　北	220688	49137	29436	72995	69120
湖　南	229879	14270	88027	58858	68723
广　东	502887	27867	169253	154350	151417
广　西	33194	2151	5913	11036	14094
海　南	22496		10474	11219	803
重　庆	149541		42700	74165	32676
四　川	248937	16289	34600	123119	74930
贵　州	41236	1024	18152	16310	5750
云　南	79380	2522	13788	23467	39603
西　藏	14564	158	91	10071	4245
陕　西	64835	17137	14690	21618	11389
甘　肃	58997		7094	35076	16827
青　海	6971	1790	987	5405	-1211
宁　夏	12779		1364	6466	4949
新　疆	54887	3010	25104	18667	8106

各地区按资质等级划分的总承包建筑业企业工程结算利润

单位:万元

地区	合计	特级	一级	二级	三级及以下
全国总计	**15610304**	**1614624**	**5992355**	**4337289**	**3666037**
北京	1042653	280317	568582	115903	77851
天津	262352	41271	151030	45088	24963
河北	625907	28062	260549	195517	141780
山西	388283	98435	189131	47195	53523
内蒙古	275602	20069	78888	98430	78215
辽宁	654921	48420	270896	172681	162925
吉林	215681	14153	120775	37393	43362
黑龙江	305604	47169	107292	91485	59659
上海	963544	162967	266230	296113	238235
江苏	1541114	132488	608080	459724	340821
浙江	1529668	166978	605291	406578	350821
安徽	459063	93716	116933	103675	144740
福建	281765	4326	136666	82631	58143
江西	229211		98009	47658	83544
山东	1264777	40408	430921	350663	442785
河南	502508	11572	205262	167543	118131
湖北	672048	108806	181206	205648	176389
湖南	597020	66362	215075	150732	164852
广东	1151230	63156	455475	332619	299980
广西	160310	8246	58503	53695	39866
海南	36695		14824	18990	2882
重庆	365986		104315	175828	85844
四川	795085	65666	225536	300835	203049
贵州	144555	4353	84516	35195	20491
云南	284308	26090	90345	78120	89753
西藏	24379	172	113	18834	5261
陕西	308341	53497	147745	64444	42655
甘肃	198105		79816	74220	44069
青海	54346	17348	7829	21451	7717
宁夏	60766		15487	23372	21908
新疆	214476	10579	97037	65034	41825

各地区按资质等级划分的总承包建筑业企业税金总额

单位:万元

地区	合计	特级	一级	二级	三级及以下
全国总计	**8091826**	**895153**	**3255146**	**2150605**	**1790923**
北京	463967	122793	264615	50293	26265
天津	148429	26761	83445	24922	13302
河北	313715	18525	127515	105899	61778
山西	207269	48832	109452	24436	24548
内蒙古	125655	6371	49642	35644	33998
辽宁	329410	33421	120115	87413	88461
吉林	120770	4589	69172	22729	24281
黑龙江	159018	17739	60932	49871	30477
上海	464014	97613	140839	126850	98713
江苏	830414	92938	318598	241837	177041
浙江	1054417	146521	456354	250372	201171
安徽	244221	43004	66804	63874	70539
福建	192748	1732	86249	62070	42696
江西	124973		48620	26163	50190
山东	536859	22439	206349	141914	166157
河南	244164	4218	109153	73856	56938
湖北	321041	51531	99976	92035	77499
湖南	329334	32854	109946	92110	94425
广东	594241	45478	255196	150257	143310
广西	105927	5239	37465	34563	28659
海南	15259		7668	5456	2135
重庆	193925		64115	84582	45228
四川	356119	13666	108006	136809	97639
贵州	82628	6877	43352	17215	15184
云南	132209	12980	41565	38946	38717
西藏	7581	14	44	5902	1622
陕西	155710	29322	78883	27336	20170
甘肃	83865		33381	30255	20230
青海	24236	6715	3021	9505	4995
宁夏	30931		12250	8750	9931
新疆	98781	2983	42430	28742	24626

各地区按资质等级划分的总承包建筑业企业工程结算收入

单位:万元

地　区	合　计	特　级	一　级	二　级	三级及以下
全国总计	**236601497**	**29467579**	**100963145**	**60202177**	**45968595**
北　京	15622244	4570826	8667520	1550786	833112
天　津	5037455	1001988	2960976	748202	326289
河　北	8538875	566480	3710384	2630080	1631932
山　西	6433037	1646223	3438459	724826	623530
内蒙古	3144018	204934	1191831	906175	841079
辽　宁	9678489	1124926	3708459	2498171	2346933
吉　林	3617101	192500	2135802	671731	617067
黑龙江	4638393	491656	1776956	1549291	820490
上　海	15687889	3407451	5017446	4118275	3144718
江　苏	23523480	2534100	9466070	6892608	4630702
浙　江	29449540	4327025	12954216	6899210	5269089
安　徽	6595574	1355776	1729957	1716054	1793787
福　建	5293704	93577	2473294	1677983	1048850
江　西	3473089		1607788	721069	1144233
山　东	15578251	658909	6540207	3958107	4421029
河　南	6951714	160020	3257957	2125363	1408373
湖　北	9223429	1888587	3092467	2429509	1812867
湖　南	8874316	1141530	3354626	2260615	2117544
广　东	17080766	1194571	8518913	3983043	3384239
广　西	2813039	167073	1135236	914193	596538
海　南	459958		214420	194420	51118
重　庆	5527398		2058081	2228758	1240559
四　川	10750163	766662	3684970	3862198	2436332
贵　州	2454601	253269	1383883	490056	327393
云　南	3886178	449706	1306341	1129134	1000996
西　藏	254574	910	694	214094	38876
陕　西	4773384	1003191	2500489	770706	498998
甘　肃	2576856		1224764	867393	484700
青　海	756391	180312	114032	331600	130448
宁　夏	950341		374881	273566	301894
新　疆	2957251	85377	1362030	864962	644882

各地区按资质等级划分的总承包建筑业企业管理费用

单位:万元

地区	合计	特级	一级	二级	三级及以下
全国总计	**10092107**	**1113800**	**4309298**	**2617825**	**2051184**
北京	842423	235288	452987	99526	54622
天津	217680	32045	128986	39733	16917
河北	427933	24846	209577	117247	76263
山西	324883	79308	167917	38861	38797
内蒙古	149013	20322	53983	34610	40098
辽宁	442385	32207	198424	108400	103355
吉林	187034	11467	106201	35949	33417
黑龙江	256656	27044	98482	83269	47860
上海	625000	132388	232870	161822	97920
江苏	893572	68835	328562	278664	217513
浙江	686257	54640	274045	190705	166868
安徽	331781	68769	96339	79035	87639
福建	177663	3099	89661	47274	37629
江西	165281		75247	36601	53434
山东	706135	31822	284867	191350	198097
河南	337283	8768	156418	103355	68743
湖北	456905	64147	165241	128085	99432
湖南	352581	47455	125459	93079	86588
广东	706931	53360	307975	189930	155666
广西	132535	5816	59772	39550	27397
海南	14056		3959	8296	1801
重庆	210076		63511	97896	48668
四川	527575	34213	201956	176726	114680
贵州	104167	2032	64569	21852	15714
云南	191171	19081	71656	51775	48660
西藏	11510	9	17	9925	1560
陕西	226124	34737	124370	40068	26950
甘肃	135136		72038	38179	24919
青海	45332	15791	6814	14043	8683
宁夏	41864		13340	13578	14946
新疆	165166	6314	74056	48443	36353

各地区按资质等级划分的总承包建筑业企业财务费用

单位:万元

地区	合计	特级	一级	二级	三级及以下
全国总计	**1166612**	**131932**	**492621**	**296531**	**245528**
北京	125529	37131	79712	6900	1786
天津	17977	3872	9661	2933	1511
河北	40056	1714	20914	10783	6647
山西	25707	2518	16095	4061	3033
内蒙古	20628	1991	4241	9296	5100
辽宁	33976	559	16221	10483	6713
吉林	15658	507	10207	2014	2929
黑龙江	24029	7818	5953	7361	2898
上海	31579	－6	18261	8396	4928
江苏	85134	9345	30198	25551	20040
浙江	117306	18052	42085	33185	23985
安徽	29233	5688	8664	5436	9446
福建	14790	1149	8195	4518	929
江西	15112		6443	2410	6260
山东	105492	2799	39270	30379	33044
河南	33626	47	13998	10186	9394
湖北	55335	10444	15856	14032	15002
湖南	51577	4082	19565	11896	16034
广东	91296	1521	46804	24303	18669
广西	9925	903	4360	2164	2499
海南	910		550	222	138
重庆	29838		8882	13330	7627
四川	78161	10684	23261	23045	21171
贵州	9508	1189	5726	1344	1249
云南	27287	2529	7414	8746	8598
西藏	1177	5	5	966	201
陕西	30885	5411	13479	6088	5907
甘肃	16928		4439	7706	4784
青海	3741	835	310	1667	930
宁夏	7538		1441	3347	2750
新疆	16673	1147	10414	3785	1327

各地区按资质等级划分的总承包建筑业企业应收工程款

单位:万元

地　区	合　计	特　级	一　级	二　级	三级及以下
全国总计	**47249300**	**5076549**	**22834658**	**10889202**	**8448892**
北　京	4384351	1177788	2765443	333126	107994
天　津	1111891	167239	719782	190240	34631
河　北	2289798	156725	1111309	703101	318663
山　西	1517013	317464	831750	191771	176028
内蒙古	859395	57102	262566	312182	227544
辽　宁	1681731	210921	750806	367511	352493
吉　林	1416053	42957	876222	277388	219486
黑龙江	1309530	123685	575650	405064	205131
上　海	2379149	635229	864011	468917	410992
江　苏	4159685	175731	1730319	1318846	934789
浙　江	2357095	249248	1088747	481708	537393
安　徽	1374580	335992	393454	364926	280208
福　建	859573	4141	423312	300931	131188
江　西	390918		223288	67680	99950
山　东	4893078	120471	2636805	1109209	1026592
河　南	949141	19515	507448	251505	170674
湖　北	1895985	406624	774392	418486	296484
湖　南	1506009	180134	624045	335467	366363
广　东	3438282	314796	1846966	609893	666626
广　西	561987	27566	207221	145517	181683
海　南	63262		23734	29037	10492
重　庆	912989		397429	319266	196294
四　川	1997181	96397	835569	573339	491875
贵　州	380475	5849	200664	97512	76450
云　南	1137574	69141	408963	315895	343575
西　藏	73983	118	36	55457	18372
陕　西	942807	65656	605264	145124	126763
甘　肃	875972		458435	285114	132423
青　海	175632	31569	30786	78256	35022
宁　夏	293361		109150	81100	103111
新　疆	1060823	84491	551093	255634	169606

各地区专业承包建筑业企业签订合同情况

单位:万元

地区	合同总额	上年结转合同额	本年新签合同额
全国总计	**50123514**	**12369322**	**37754193**
北京	3862297	1120247	2742050
天津	2246904	664308	1582596
河北	1337218	304892	1032326
山西	1205970	324195	881775
内蒙古	283851	102168	181684
辽宁	2767965	631460	2136505
吉林	423764	53444	370321
黑龙江	701446	143705	557741
上海	3953833	1133137	2820696
江苏	5836469	1110297	4726172
浙江	4897670	1127050	3770620
安徽	1134724	191745	942979
福建	1365177	357219	1007958
江西	905040	284566	620473
山东	2257112	414645	1842467
河南	1599957	455573	1144384
湖北	3032766	520122	2512644
湖南	925248	218955	706292
广东	6083977	1809368	4274609
广西	361776	94968	266808
海南	93176	54280	38896
重庆	943464	199992	743472
四川	1859068	486327	1372742
贵州	115864	32708	83156
云南	424071	99731	324340
西藏	29812	12530	17282
陕西	524739	167514	357225
甘肃	372411	128026	244385
青海	113224	23687	89536
宁夏	134961	32563	102398
新疆	329561	69900	259661

各地区专业承包建筑业企业承包工程完成情况

单位:万元

地　　区	直接从建设单位承揽工程完成的产值	自行完成施工产值	分包出去工程的产值	从建设单位以外承揽工程完成的产值
全国总计	**36349143**	**35307943**	**1041200**	**3703099**
北　京	2560868	2519501	41367	364358
天　津	1586493	1445524	140969	219422
河　北	1054632	1045531	9101	63487
山　西	831483	826592	4890	36517
内蒙古	234580	231419	3160	4798
辽　宁	2228406	2205544	22862	43229
吉　林	395909	390373	5536	27208
黑龙江	579429	575079	4350	17438
上　海	2871178	2715872	155306	580229
江　苏	4497124	4370214	126910	667758
浙　江	3745539	3679504	66035	338210
安　徽	905594	889340	16254	114506
福　建	984881	979356	5525	38995
江　西	640513	628219	12294	38060
山　东	2091053	2072001	19052	156077
河　南	957650	947851	9799	59211
湖　北	1715025	1656754	58271	137723
湖　南	643849	638124	5725	46573
广　东	3811340	3541186	270155	450090
广　西	248284	247605	679	33052
海　南	76603	75906	697	1958
重　庆	743359	723479	19881	75189
四　川	1306480	1293951	12529	86568
贵　州	107185	105312	1873	3903
云　南	358543	355176	3366	16480
西　藏	26168	26168		1846
陕　西	328831	323345	5486	31232
甘　肃	295178	281017	14160	18706
青　海	116023	114186	1836	10026
宁　夏	130623	130534	89	7749
新　疆	276323	273279	3044	12500

各地区专业承包建筑业总产值和竣工产值

单位:万元

地　　区	建筑业总产值	#装饰装修产值	#在外省完成的产值	按构成分组			竣工产值
				建筑工程产值	安装工程产值	其他产值	
全国总计	**39011042**	**9584839**	**6304990**	**22122896**	**13269535**	**3618611**	**27783908**
北　　京	2883859	1220616	268838	1830249	930360	123250	1883629
天　　津	1664946	198664	257011	926991	595801	142154	980618
河　　北	1109018	164225	316045	385901	422813	300305	825461
山　　西	863109	109707	169283	480537	261450	121122	486692
内 蒙 古	236217	18325	9439	142762	71858	21598	203399
辽　　宁	2248773	594837	266102	1151075	1014725	82973	1659124
吉　　林	417582	68164	17187	159548	231269	26765	205424
黑 龙 江	592517	107516	70135	234702	318738	39077	338515
上　　海	3296102	1109423	302238	1768830	1211484	315788	2193548
江　　苏	5037972	1204152	951103	3334554	1349489	353929	4228163
浙　　江	4017714	1058252	717715	2336198	1440976	240540	3136599
安　　徽	1003846	222547	177671	557308	290299	156240	687577
福　　建	1018352	233886	108215	575078	354327	88947	672583
江　　西	666279	92692	178356	442909	129663	93708	453155
山　　东	2228079	405152	187846	1146334	750514	331231	1729257
河　　南	1007062	134776	328615	636488	288745	81829	654951
湖　　北	1794477	246835	402692	1012453	434383	347642	924534
湖　　南	684698	107484	127757	339244	261507	83946	377025
广　　东	3991276	1474198	876121	2298637	1444112	248527	3149293
广　　西	280656	49497	14065	151863	116571	12222	222980
海　　南	77864	58667	42688	30506	44874	2484	53583
重　　庆	798668	239833	38945	417082	287426	94160	463968
四　　川	1380519	232839	281007	746538	469069	164912	1066206
贵　　州	109215	14456	803	57235	39241	12739	66625
云　　南	371657	79523	8640	256520	92546	22591	245527
西　　藏	28014	413		24992	1968	1054	17459
陕　　西	354576	26432	145562	211526	109476	33574	188317
甘　　肃	299724	36918	15737	164104	110807	24813	230415
青　　海	124212	11907	5102	59669	52777	11766	94691
宁　　夏	138283	18803	17585	97753	34132	6399	125040
新　　疆	285779	44101	2489	145315	108137	32328	219551

各地区专业承包建筑业企业房屋建筑面积

地　区	房屋建筑施工面积（万平方米）	#本　年新开工	#实行投标承包面积	#本年新开工	房屋建筑竣工面积（万平方米）	房屋建筑面积竣工率（%）
全国总计	**9075.9**	**6364.9**	**5781.9**	**3972.1**	**4674.2**	**51.5**
北　京	306.2	137.5	235.1	103.9	56.7	18.5
天　津	212.5	149.0	72.2	54.3	85.8	40.4
河　北	208.3	150.2	125.4	115.6	118.5	56.9
山　西	87.8	64.3	54.2	45.8	48.4	55.1
内蒙古	33.1	25.8	30.1	23.6	29.2	88.2
辽　宁	264.6	213.7	176.6	150.4	154.8	58.5
吉　林	54.4	40.1	39.0	34.0	37.8	69.4
黑龙江	54.1	43.8	29.1	22.6	46.1	85.3
上　海	412.4	351.2	183.9	164.5	246.0	59.7
江　苏	742.5	540.0	473.3	393.8	450.8	60.7
浙　江	1470.0	1279.1	1056.1	526.0	667.1	45.4
安　徽	258.6	192.8	137.6	104.0	173.2	67.0
福　建	194.2	126.7	77.1	47.8	144.7	74.5
江　西	123.0	59.5	90.7	48.9	79.7	64.9
山　东	777.6	529.0	443.9	338.3	467.0	60.1
河　南	276.1	191.5	198.8	158.3	131.5	47.6
湖　北	1547.2	982.4	1043.0	775.4	921.7	59.6
湖　南	108.2	76.3	52.1	44.0	45.7	42.2
广　东	1065.5	660.6	743.0	462.3	333.2	31.3
广　西	33.6	25.3	17.1	10.4	12.6	37.5
海　南	0.2	0.2				
重　庆	116.9	37.5	32.2	25.0	53.2	45.5
四　川	382.5	261.0	261.6	184.4	206.7	54.0
贵　州	32.7	14.9	9.9	8.3	14.3	43.8
云　南	60.6	45.9	24.8	23.4	38.0	62.7
西　藏	23.3	22.1	20.9	19.3	8.2	35.2
陕　西	97.3	59.3	65.5	35.2	40.5	41.7
甘　肃	67.9	30.8	44.0	22.3	30.4	44.8
青　海	8.6	8.6	5.7	5.7	3.9	45.1
宁　夏	1.0	0.6	0.3	0.3	0.8	84.9
新　疆	55.3	45.3	38.8	24.1	27.8	50.2

各地区按主要用途分的专业承包建筑业企业房屋建筑竣工面积

单位:万平方米

地区	合计	厂房、仓库	住宅	办公用房	批发和零售用房	住宿和餐饮用房
全国总计	**4674.2**	**1901.2**	**1752.6**	**343.4**	**69.3**	**54.8**
北京	56.7	25.6	15.2	4.8		0.3
天津	85.8	66.1	5.1	6.1	0.9	0.1
河北	118.5	20.1	69.1	9.5	1.3	
山西	48.4	13.5	22.5	3.9	1.0	
内蒙古	29.2	1.2	17.4	0.4	1.7	0.5
辽宁	154.8	33.3	87.8	18.7	7.4	
吉林	37.8	12.5	17.1	8.1		
黑龙江	46.1	5.1	32.1	3.8		1.2
上海	246.0	103.5	121.9	7.4	0.6	0.3
江苏	450.8	187.1	184.3	31.6	4.2	5.9
浙江	667.1	590.9	31.8	13.0	1.0	1.6
安徽	173.2	86.7	47.1	7.4	2.0	3.3
福建	144.7	88.4	41.3	8.1	0.3	0.9
江西	79.7	22.7	33.0	3.6	1.0	1.0
山东	467.0	192.5	179.7	37.2	7.6	0.3
河南	131.5	33.5	53.1	12.8	9.3	5.8
湖北	921.7	208.9	463.8	78.3	11.1	19.0
湖南	45.7	17.6	13.4	2.7	0.4	0.2
广东	333.2	75.5	121.1	44.2	2.4	4.8
广西	12.6	6.1	2.6	2.4		0.1
海南						
重庆	53.2	15.7	24.8	5.8	0.1	0.4
四川	206.7	59.8	99.6	15.5	7.1	6.6
贵州	14.3		8.8	1.5		
云南	38.0	15.2	11.3	2.4	1.3	0.6
西藏	8.2		3.2	2.3		0.9
陕西	40.5	6.9	17.1	6.1		0.6
甘肃	30.4	4.0	17.0	1.1	6.1	0.2
青海	3.9	0.1	2.8	0.4		0.1
宁夏	0.8	0.5	0.4			
新疆	27.8	8.2	8.4	4.3	2.7	0.1

续表

单位:万平方米

地　　区	居民服务业用　　房	教育用房	文化、体育和娱乐用房	卫生医疗用　　房	科研用房	其他用房
全国总计	**42.1**	**148.6**	**77.6**	**31.0**	**35.5**	**218.1**
北　　京	1.0	0.1	4.0	4.8	0.2	0.8
天　　津	1.1	2.0	3.0			1.4
河　　北	2.7	7.9	2.7	0.1		5.1
山　　西		0.1	2.1	0.5	0.1	4.6
内 蒙 古	0.6	2.4	0.2	0.4		4.5
辽　　宁		0.7	4.0	0.3	0.3	2.4
吉　　林						
黑 龙 江	0.8	1.4	0.3			1.4
上　　海	0.7	0.5	1.3	2.3		7.6
江　　苏	2.4	13.7	5.3	1.0	2.7	12.5
浙　　江	0.2	2.0	17.7			9.0
安　　徽	1.7	8.6	2.0	1.3	0.6	12.8
福　　建	0.4	0.3	0.4	1.3	1.5	1.9
江　　西	0.1	0.1	3.5			14.8
山　　东	4.8	16.5	2.7	1.1	0.2	24.4
河　　南	1.4	8.8	2.2	2.5		2.1
湖　　北	15.0	57.9	10.6	11.2	5.8	40.0
湖　　南		0.8		0.3		10.3
广　　东	6.5	3.9	8.1	2.1	24.1	40.7
广　　西		1.4				
海　　南						
重　　庆	0.3	1.5	3.5			1.2
四　　川	0.4	5.0	1.1	0.6		11.0
贵　　州		3.4	0.2	0.3		
云　　南	0.2	2.3	0.1	0.1		4.3
西　　藏	1.3	0.3		0.3		0.1
陕　　西	0.1	5.1	2.1	0.2		2.2
甘　　肃		0.2	0.4	0.1		1.2
青　　海						0.4
宁　　夏						
新　　疆	0.4	1.7	0.2	0.4		1.5

各地区按主要用途分的专业承包建筑业企业房屋建筑竣工价值

单位:万元

地　　区	合　　计	厂房、仓库	住宅	办公用房	批发和零售用房	住宿和餐饮用房
全国总计	**2996767**	**966775**	**1216864**	**251302**	**44223**	**26501**
北　京	50368	8399	15921	5883		1066
天　津	41788	30131	2650	3721	904	26
河　北	92106	10769	54403	6142	406	
山　西	30822	7777	15948	2183	699	2
内蒙古	21483	1127	12692	669	2030	400
辽　宁	88735	15267	51624	12452	1990	420
吉　林	25726	8414	13911	3331		
黑龙江	35129	3375	24964	3893		474
上　海	199497	68652	108624	6240	811	250
江　苏	346739	104518	148024	27807	7843	5220
浙　江	355530	269062	25169	13931	538	1678
安　徽	91437	36859	32504	4315	645	2000
福　建	74351	40221	25018	4202	127	908
江　西	36814	10386	15242	1990	410	500
山　东	288401	88943	117576	22254	6638	60
河　南	65557	15143	26132	6621	4425	2718
湖　北	494635	83092	275719	51116	4675	1210
湖　南	28078	8122	10937	2567	249	123
广　东	337759	89435	108481	40128	1250	2814
广　西	10241	2886	2398	2924	11	147
海　南						
重　庆	31051	7409	17195	2963	26	144
四　川	130453	36306	60950	10097	2834	4361
贵　州	6513		4394	620		
云　南	27125	7092	10200	1711	320	351
西　藏	9134		3124	2739		897
陕　西	30586	5717	12317	4746		294
甘　肃	22527	2851	11508	692	6000	324
青　海	4243	119	3276	169		74
宁　夏	589	376	213			
新　疆	19353	4329	5753	5197	1393	42

续表 单位:万元

地　　区	居民服务业用　　房	教育用房	文化、体育和娱 乐 用 房	卫生医疗用　　房	科研用房	其他用房
全国总计	**28525**	**98471**	**82871**	**29392**	**50274**	**201570**
北　　京	412	135	10902	6679	172	799
天　　津	668	1573	1500		2	613
河　　北	1508	5028	2970	71		10810
山　　西	18	93	1850	170	30	2054
内 蒙 古	356	1865	170	397		1778
辽　　宁		515	4000	348	208	1911
吉　　林	70					
黑 龙 江	785	859	170			609
上　　海	580	466	1576	3704		8594
江　　苏	1870	13390	5654	4530	4930	22955
浙　　江	140	1075	25705	520		17713
安　　徽	908	4962	1304	615	203	7122
福　　建	190	229	182	1148	870	1258
江　　西	54	50	1680			6501
山　　东	4605	13937	2816	1133	65	30375
河　　南	1000	4889	1625	1158		1847
湖　　北	8314	30367	5486	5413	4516	24727
湖　　南	26	938		125		4991
广　　东	4840	2222	9078	1480	39211	38820
广　　西	15	1755	20	30	50	5
海　　南						
重　　庆	162	754	1648			750
四　　川	162	3955	1060	803		9925
贵　　州		1253	88	159		
云　　南	126	3284	68	118		3856
西　　藏	1444	396		320		215
陕　　西	90	3167	2891	90		1273
甘　　肃		151	271	90		640
青　　海						605
宁　　夏						
新　　疆	184	1164	158	292	18	823

各地区专业承包建筑业企业施工机械设备情况

地区	年末自有施工机械设备总台数(台)	年末自有施工机械设备总功率(千瓦)	年末自有施工机械设备净值(万元)	技术装备率(元/人)	动力装备率(千瓦/人)
全国总计	**1401527**	**22668605**	**3612223**	**11780**	**7.4**
北京	86397	833381	151800	10954	6.0
天津	36268	763085	267987	31550	9.0
河北	45774	694669	134809	11605	6.0
山西	46315	872359	138841	13666	8.6
内蒙古	6655	147482	27530	14064	7.5
辽宁	64329	1176076	236871	11829	5.9
吉林	20699	346878	50309	9877	6.8
黑龙江	31215	522518	91120	14029	8.0
上海	49123	560377	160489	11238	3.9
江苏	155909	2228886	494669	14241	6.4
浙江	111921	1171864	252921	9522	4.4
安徽	51806	588153	87618	7225	4.9
福建	46081	387839	68879	9032	5.1
江西	18931	310337	52311	9483	5.6
山东	84603	4232227	230404	9419	17.3
河南	56532	774054	160221	13796	6.7
湖北	101915	1441338	236905	12761	7.8
湖南	41933	531799	88731	11482	6.9
广东	138623	2086965	227766	10202	9.3
广西	16418	168317	22137	7636	5.8
海南	3963	38346	7588	13522	6.8
重庆	30308	270680	60514	7241	3.2
四川	61599	624254	118699	8535	4.5
贵州	5651	90365	8886	4470	4.5
云南	14534	275778	48624	12429	7.0
西藏	3812	65533	3107	13451	28.4
陕西	17343	307829	32526	10753	10.2
甘肃	29300	590539	57409	14646	15.1
青海	5998	116135	18286	15534	9.9
宁夏	6819	182468	30815	19476	11.5
新疆	10753	268074	43454	23682	14.6

各地区专业承包建筑业企业主要生产效益指标

地　　区	建筑业企业个数（个）	计算建筑业劳动生产率的平均人数（人）	按总产值计算的劳动生产率（元/人）	人均竣工产值（元/人）	人均施工面积（平方米/人）	人均竣工面积（平方米/人）
全国总计	**26183**	**3294135**	**118426**	**84344**	**27.6**	**14.2**
北　京	1811	199220	144758	94550	15.4	2.8
天　津	895	99851	166743	98208	21.3	8.6
河　北	751	113292	97890	72861	18.4	10.5
山　西	780	93445	92365	52083	9.4	5.2
内蒙古	116	23535	100368	86424	14.1	12.4
辽　宁	1717	214564	104807	77325	12.3	7.2
吉　林	451	57554	72555	35692	9.5	6.6
黑龙江	716	80097	73975	42263	6.7	5.8
上　海	1375	178015	185159	123223	23.2	13.8
江　苏	2760	387666	129956	109067	19.2	11.6
浙　江	1901	280854	143053	111681	52.3	23.8
安　徽	841	118109	84993	58215	21.9	14.7
福　建	817	82802	122986	81228	23.4	17.5
江　西	437	47871	139182	94662	25.7	16.7
山　东	2058	262459	84892	65887	29.6	17.8
河　南	951	104554	96320	62642	26.4	12.6
湖　北	897	178597	100476	51767	86.6	51.6
湖　南	484	76379	89645	49362	14.2	6.0
广　东	1759	244062	163535	129037	43.7	13.7
广　西	338	28958	96918	77001	11.6	4.3
海　南	46	5501	141545	97407	0.3	
重　庆	975	80769	98883	57444	14.5	6.6
四　川	1450	146591	94175	72733	26.1	14.1
贵　州	142	19179	56945	34739	17.1	7.5
云　南	543	39499	94093	62160	15.4	9.6
西　藏	17	2361	118651	73946	98.7	34.7
陕　西	157	27833	127394	67659	34.9	14.6
甘　肃	323	40026	74882	57566	17.0	7.6
青　海	123	13646	91025	69391	6.3	2.8
宁　夏	196	20628	67037	60616	0.5	0.4
新　疆	356	26218	109001	83741	21.1	10.6

各地区专业承包建筑业企业营业额

单位:万元

地区	企业营业额	在境外完成的营业额	企业总产值	#建筑业总产值
全国总计	**42041868**	**275642**	**41766227**	**39011042**
北京	3042962	6602	3036359	2883859
天津	1886453	16774	1869679	1664946
河北	1171978	5665	1166313	1109018
山西	885412	628	884784	863109
内蒙古	303602	1070	302532	236217
辽宁	2331300	1415	2329886	2248773
吉林	424614	700	423914	417582
黑龙江	620702	85	620617	592517
上海	3692479	10435	3682044	3296102
江苏	5298319	49082	5249237	5037972
浙江	4133375	8923	4124452	4017714
安徽	1042698	3660	1039038	1003846
福建	1445479	15371	1430108	1018352
江西	697720	2373	695347	666279
山东	2317624	4008	2313617	2228079
河南	1111533	8390	1103143	1007062
湖北	1873746	23826	1849920	1794477
湖南	826293	14635	811658	684698
广东	4394279	80795	4313484	3991276
广西	295700	1474	294226	280656
海南	77884		77884	77864
重庆	849761		849761	798668
四川	1418034	6564	1411470	1380519
贵州	112730	86	112644	109215
云南	452648	2214	450434	371657
西藏	28401		28401	28014
陕西	380934	10585	370348	354576
甘肃	336245	215	336030	299724
青海	125988		125988	124212
宁夏	153790		153790	138283
新疆	309188	68	309120	285779

各地区专业承包建筑业企业资产构成

单位:万元

地区	资产合计	#流动资产小计	#长期投资	#固定资产小计	#无形及递延资产
全国总计	**46897750**	**34066881**	**1950587**	**9820845**	**904779**
北京	3644010	2948348	167672	472563	47718
天津	1989727	1405569	44448	496256	32906
河北	1288030	897116	39394	320044	28822
山西	1180291	809511	18506	321563	23357
内蒙古	258763	163480	7211	77943	9917
辽宁	2457449	1676329	65671	655665	57056
吉林	552925	357832	34778	149498	10045
黑龙江	1057234	688825	128648	231876	7058
上海	4457760	3295214	137229	953991	61408
江苏	5672523	4365154	220252	986265	84790
浙江	3869670	2940288	206704	634481	67715
安徽	1059436	726023	51202	246022	34284
福建	1190328	944022	55551	176246	10841
江西	644544	452290	21866	151308	17825
山东	2962048	2001857	149657	700856	102165
河南	1160478	757209	28158	339590	28457
湖北	1953287	1246897	61231	583688	45832
湖南	871678	602597	28641	217619	20849
广东	4768459	3738049	188967	742046	76101
广西	386774	281806	23027	70852	10869
海南	125341	101247	8875	15022	191
重庆	979828	698969	36338	220244	22380
四川	1886018	1322260	81777	431451	47829
贵州	189980	137823	16912	33318	1829
云南	603935	401136	46544	133455	18778
西藏	42783	22168	312	15388	4442
陕西	368559	267311	8830	83295	7237
甘肃	513474	335987	28439	141889	6068
青海	110258	66116	6183	36524	1164
宁夏	235926	142300	9918	80158	3484
新疆	416237	273152	27645	101731	13361

各地区专业承包建筑业企业流动资产、无形及递延资产

单位:万元

地　区	流动资产	#存货	无形及递延资产	#无形资产
全国总计	**34066881**	**9109638**	**904779**	**709750**
北　京	2948348	949368	47718	39915
天　津	1405569	409673	32906	28284
河　北	897116	190332	28822	27030
山　西	809511	169462	23357	21366
内蒙古	163480	29721	9917	9361
辽　宁	1676329	357620	57056	51399
吉　林	357832	49817	10045	3836
黑龙江	688825	163254	7058	5266
上　海	3295214	1084910	61408	19509
江　苏	4365154	1350250	84790	76593
浙　江	2940288	825212	67715	58967
安　徽	726023	144589	34284	24229
福　建	944022	264070	10841	8869
江　西	452290	112253	17825	13398
山　东	2001857	422013	102165	58449
河　南	757209	192402	28457	26522
湖　北	1246897	327342	45832	37734
湖　南	602597	138966	20849	19629
广　东	3738049	880529	76101	64726
广　西	281806	59393	10869	6128
海　南	101247	39308	191	120
重　庆	698969	203890	22380	18160
四　川	1322260	374083	47829	39225
贵　州	137823	40300	1829	903
云　南	401136	110183	18778	17494
西　藏	22168	2954	4442	4442
陕　西	267311	53348	7237	6670
甘　肃	335987	71207	6068	5224
青　海	66116	23576	1164	896
宁　夏	142300	31678	3484	3205
新　疆	273152	37934	13361	12201

各地区专业承包建筑业企业固定资产情况

单位:万元

地区	固定资产小计	固定资产原价	#生产经营用	固定资产折旧	#本年折旧	在建工程
全国总计	**9820845**	**12793354**	**8996582**	**4084239**	**738780**	**814707**
北京	472563	613270	460269	211096	41105	61849
天津	496256	647284	529875	207104	41389	46759
河北	320044	438137	314467	142646	31153	15651
山西	321563	397927	305387	113227	22512	26199
内蒙古	77943	87703	67354	25714	4121	7109
辽宁	655665	900529	706980	276580	45502	24281
吉林	149498	185116	113259	54654	13104	11679
黑龙江	231876	281568	229728	75180	15684	20499
上海	953991	1357528	412579	486895	65676	47444
江苏	986265	1251905	1014978	387036	73184	85632
浙江	634481	784425	658010	237246	49105	51907
安徽	246022	290288	225629	80989	15809	30310
福建	176246	239357	171539	78326	14429	11708
江西	151308	200416	143369	65534	9785	6262
山东	700856	896266	667232	281105	49208	63099
河南	339590	446888	310913	150591	33759	30249
湖北	583688	705663	490001	188407	35701	55674
湖南	217619	295075	209393	100892	16864	17716
广东	742046	1005143	725485	345329	59423	60384
广西	70852	91898	68553	31315	5473	8705
海南	15022	17505	10132	4181	660	1263
重庆	220244	256036	189426	74876	13208	33233
四川	431451	561514	341791	187327	32419	47254
贵州	33318	38668	25069	11557	2351	4969
云南	133455	180775	128560	64633	10341	13857
西藏	15388	14864	2865	2914	1542	987
陕西	83295	111103	81276	35228	7015	6098
甘肃	141889	192000	157978	60384	10293	9620
青海	36524	47563	30883	13706	2553	2061
宁夏	80158	116038	93045	39765	6905	3003
新疆	101731	140902	110559	49801	8509	9248

各地区专业承包建筑业企业负债及所有者权益

单位:万元

地区	负债合计	流动负债	长期负债	所有者权益	#实收资本
全国总计	**27045982**	**26005372**	**1040610**	**19851768**	**15520451**
北京	2316223	2274470	41753	1327787	1174552
天津	1177466	1153429	24037	812261	586807
河北	654927	634655	20272	633103	445646
山西	667364	626250	41114	512927	463554
内蒙古	140524	114064	26460	118239	91321
辽宁	1272137	1231890	40247	1185312	984720
吉林	283110	269475	13635	269815	223353
黑龙江	551009	525169	25840	506224	401773
上海	2487699	2434519	53181	1970061	963169
江苏	3730827	3645580	85247	1941696	1552093
浙江	2431920	2341675	90245	1437750	999863
安徽	539919	516700	23218	519518	421409
福建	605921	598751	7171	584406	516094
江西	358846	331495	27350	285698	246541
山东	1655230	1567065	88164	1306819	1072335
河南	586671	549391	37280	573807	512702
湖北	1049108	981341	67767	904180	739077
湖南	519457	482285	37172	352221	297916
广东	2941392	2832593	108799	1827067	1371931
广西	202882	196183	6699	183892	150276
海南	72476	72079	397	52864	32429
重庆	454320	422263	32057	525508	485942
四川	1015647	933212	82436	870371	755650
贵州	103752	95376	8375	86228	80025
云南	310893	293083	17810	293042	267977
西藏	13679	13016	663	29104	23333
陕西	236721	228262	8459	131838	110992
甘肃	271522	260202	11320	241952	212353
青海	46049	43767	2282	64209	59437
宁夏	124336	122473	1863	111590	104995
新疆	223957	214660	9297	192280	172185

各地区专业承包建筑业企业实收资本

单位:万元

地　　区	合　　计	国家资本	集体资本	法人资本	个人资本	港澳台资　本	外商资本
全国总计	**15520451**	**2062127**	**1194376**	**5135909**	**6697492**	**246879**	**183667**
北　京	1174552	113826	86660	409613	507036	31018	26401
天　津	586807	68232	54956	224591	213989	15395	9645
河　北	445646	61726	27775	163028	190159	2202	756
山　西	463554	82460	22289	189337	162537	6891	40
内蒙古	91321	9937	10659	11768	58689		268
辽　宁	984720	216911	128798	171160	432717	9163	25971
吉　林	223353	52863	16799	84086	66433	876	2296
黑龙江	401773	54545	36080	109389	198424	2038	1297
上　海	963169	116532	71389	331169	370926	43627	29526
江　苏	1552093	136614	91329	442689	833329	30707	17425
浙　江	999863	69962	30949	249021	636258	6012	7661
安　徽	421409	58823	41028	154494	161786	1462	3815
福　建	516094	32342	29415	128501	300525	17736	7576
江　西	246541	68185	20791	81234	71359	3648	1323
山　东	1072335	117315	149072	387189	390086	13284	15390
河　南	512702	75542	38457	176148	216689	3983	1883
湖　北	739077	133470	55579	286720	251279	7082	4948
湖　南	297916	79711	39225	90134	85085	1753	2007
广　东	1371931	132847	66135	641924	475666	38433	16926
广　西	150276	13848	19632	53629	62228	815	125
海　南	32429	724	764	11836	17033		2073
重　庆	485942	51246	14500	173145	241849	2576	2625
四　川	755650	130780	57775	214725	348072	2226	2073
贵　州	80025	25917	7003	13566	33522	17	
云　南	267977	24870	17615	105399	119377	716	
西　藏	23333	5054	6152	1531	10067	530	
陕　西	110992	25015	11092	49970	24790		125
甘　肃	212353	46731	20518	70910	69081	3676	1438
青　海	59437	8925	2359	28450	19511	137	56
宁　夏	104995	27121	2447	23156	52212	60	
新　疆	172185	20054	17139	57397	76779	816	

各地区专业承包建筑业企业收入情况

单位:万元

地区	工程结算收入	工程结算成本	工程结算税金及附加	工程结算利润	经营费用	其他业务收入	#其他业务利润
全国总计	**38173626**	**32195234**	**1186265**	**4340538**	**451589**	**1418871**	**247902**
北京	2947221	2493502	84123	326802	42794	59633	18925
天津	1748621	1477822	45263	209181	16355	82632	8679
河北	1136841	940949	43303	133241	19349	30873	4584
山西	878427	752761	28242	84204	13220	23618	1152
内蒙古	221710	181355	7644	31491	1220	2360	521
辽宁	2128664	1787941	67455	257705	15563	64191	13902
吉林	417738	339057	13076	61085	4520	6815	1806
黑龙江	602945	509403	17985	69223	6335	24992	2314
上海	3544789	3037997	90346	370019	46428	89568	16987
江苏	4323458	3667951	136899	470278	48330	247750	41117
浙江	3626473	3069778	114470	420894	21332	151396	20163
安徽	938573	779863	34048	110243	14419	51689	11020
福建	1025588	870340	35213	113195	6841	30301	6907
江西	593071	519853	18217	51146	3856	11990	1940
山东	2061197	1682910	61980	278655	37652	100474	12128
河南	973274	835509	30202	98170	9393	35487	3455
湖北	1781496	1486844	57994	202871	33788	49378	3226
湖南	678561	562697	22305	86150	7409	21043	4881
广东	4453156	3770672	146003	488475	48006	178536	37991
广西	290278	237693	10034	39440	3112	9268	4275
海南	83777	65917	3744	13005	1111	238	87
重庆	775115	647738	24917	96205	6255	28061	3991
四川	1307937	1104627	43517	144491	15302	34412	8369
贵州	111299	94768	3858	10668	2005	4338	1519
云南	356645	295721	11679	42980	6265	13343	3268
西藏	25030	20064	824	3767	375	697	278
陕西	330080	284463	9344	30364	5910	12893	3402
甘肃	314401	267110	8668	34321	4301	25067	5512
青海	61739	54115	1888	4551	1184	1206	406
宁夏	139610	115249	3875	18487	1999	15710	2577
新疆	295913	240568	9149	39234	6962	10914	2523

各地区专业承包建筑业企业费用情况

单位:万元

地区	管理费用	#税金	#财产保险费	#差旅费	#工会经费	财务费用	#利息支出
全国总计	**3001805**	**83825**	**23530**	**145403**	**28740**	**157119**	**99137**
北京	271329	3695	1016	10716	1290	3630	1507
天津	128680	3840	613	3812	1085	3975	1531
河北	89784	3724	988	4462	1307	5245	2874
山西	67902	1449	584	4840	711	4940	3858
内蒙古	18653	1240	30	410	154	2143	1625
辽宁	189025	5301	1460	7958	2184	7766	3398
吉林	49395	1284	251	1558	549	1183	844
黑龙江	56520	1689	523	3248	503	5093	4175
上海	246662	3770	935	8951	1382	3100	4609
江苏	322329	7808	2666	17106	3074	17419	9522
浙江	222535	8938	2197	15673	2727	21342	18222
安徽	77059	2690	599	5715	1096	5080	2946
福建	76878	2834	735	3783	629	2324	1713
江西	38269	885	225	1977	503	3119	2284
山东	164695	6914	1726	7574	1319	17159	10230
河南	71073	1949	796	4108	931	6081	3738
湖北	137558	4697	2462	5464	2390	10433	3222
湖南	64318	3170	1210	4057	774	3348	1215
广东	328569	7775	1883	13994	2433	15485	9254
广西	29890	1001	175	1538	327	658	374
海南	5194	142	8	420	8	99	62
重庆	66650	2249	383	3844	453	3042	1857
四川	120759	2734	863	6321	1254	6298	4070
贵州	10113	312	62	440	144	408	225
云南	35228	963	231	1676	294	1754	1453
西藏	1172	113	3	33	8	69	13
陕西	27626	1019	200	1485	328	1437	971
甘肃	29708	622	356	1464	414	2146	1390
青海	5486	157	44	246	49	366	156
宁夏	16193	308	59	924	167	853	755
新疆	32555	555	247	1608	254	1122	1045

各地区专业承包建筑业企业利润及税金情况

单位:万元

地　区	利润总额	#应交所得税	税金总额	工程结算税金及附加	管理费用中的税金
全国总计	**1531457**	**425018**	**1270090**	**1186265**	**83825**
北　京	75829	25617	87818	84123	3695
天　津	85167	32167	49103	45263	3840
河　北	48330	15984	47027	43303	3724
山　西	13584	6124	29691	28242	1449
内蒙古	8479	2459	8885	7644	1240
辽　宁	80547	22739	72756	67455	5301
吉　林	12899	4567	14360	13076	1284
黑龙江	12124	5942	19674	17985	1689
上　海	156523	27667	94116	90346	3770
江　苏	181892	52988	144707	136899	7808
浙　江	214608	58192	123408	114470	8938
安　徽	41209	10398	36737	34048	2690
福　建	42276	11874	38047	35213	2834
江　西	13327	4212	19102	18217	885
山　东	114147	29076	68893	61980	6914
河　南	27961	8354	32151	30202	1949
湖　北	63402	15989	62692	57994	4697
湖　南	25827	6553	25475	22305	3170
广　东	186255	46781	153778	146003	7775
广　西	15522	4149	11035	10034	1001
海　南	7739	1508	3886	3744	142
重　庆	31292	9196	27166	24917	2249
四　川	27386	9652	46251	43517	2734
贵　州	2267	671	4170	3858	312
云　南	11041	3332	12642	11679	963
西　藏	3230	199	936	824	113
陕　西	5103	1962	10363	9344	1019
甘　肃	9476	2483	9290	8668	622
青　海	-908	358	2045	1888	157
宁　夏	4000	1431	4183	3875	308
新　疆	10926	2396	9704	9149	555

各地区专业承包建筑业企业应收工程款及企业亏损情况

地　　区	应收工程款（万元）	#竣工工程	企业个数（个）	#亏损企业	亏损企业的比重（%）
全国总计	**6393243**	**4126394**	**26183**	**7426**	**28.4**
北　　京	461480	253707	1811	583	32.2
天　　津	259866	139860	895	285	31.8
河　　北	271590	216037	751	176	23.4
山　　西	191361	110355	780	208	26.7
内 蒙 古	39659	33382	116	25	21.6
辽　　宁	210030	148443	1717	488	28.4
吉　　林	123331	83346	451	147	32.6
黑 龙 江	116072	74444	716	273	38.1
上　　海	388604	240304	1375	244	17.7
江　　苏	764708	513843	2760	575	20.8
浙　　江	466058	294325	1901	220	11.6
安　　徽	150957	104962	841	259	30.8
福　　建	194149	130790	817	203	24.8
江　　西	62025	38567	437	125	28.6
山　　东	524013	345027	2058	572	27.8
河　　南	124372	77794	951	401	42.2
湖　　北	417257	265510	897	240	26.8
湖　　南	122702	83745	484	127	26.2
广　　东	685033	420631	1759	400	22.7
广　　西	57495	46835	338	132	39.1
海　　南	18228	13979	46	16	34.8
重　　庆	121026	72337	975	375	38.5
四　　川	231639	146634	1450	495	34.1
贵　　州	13742	8762	142	73	51.4
云　　南	86657	58790	543	250	46.0
西　　藏	12173	8235	17	1	5.9
陕　　西	60201	35863	157	50	31.8
甘　　肃	79623	57732	323	134	41.5
青　　海	12578	9234	123	60	48.8
宁　　夏	28342	23627	196	89	45.4
新　　疆	98273	69299	356	200	56.2

各地区专业承包建筑业企业主要经济效益指标

地区	产值利润率（%）	产值利税率（%）	资本利润率（%）	资本利税率（%）	人均利润（元/人）	人均利税（元/人）	资产负债率（%）
全国总计	**3.9**	**7.2**	**9.9**	**18.1**	**4649**	**8505**	**57.7**
北京	2.6	5.7	6.5	13.9	3806	8214	63.6
天津	5.1	8.1	14.5	22.9	8529	13447	59.2
河北	4.4	8.6	10.8	21.4	4266	8417	50.8
山西	1.6	5.0	2.9	9.3	1454	4631	56.5
内蒙古	3.6	7.4	9.3	19.0	3603	7378	54.3
辽宁	3.6	6.8	8.2	15.6	3754	7145	51.8
吉林	3.1	6.5	5.8	12.2	2241	4736	51.2
黑龙江	2.0	5.4	3.0	7.9	1514	3970	52.1
上海	4.7	7.6	16.3	26.0	8793	14080	55.8
江苏	3.6	6.5	11.7	21.0	4692	8425	65.8
浙江	5.3	8.4	21.5	33.8	7641	12035	62.8
安徽	4.1	7.8	9.8	18.5	3489	6599	51.0
福建	4.2	7.9	8.2	15.6	5106	9701	50.9
江西	2.0	4.9	5.4	13.2	2784	6774	55.7
山东	5.1	8.2	10.6	17.1	4349	6974	55.9
河南	2.8	6.0	5.5	11.7	2674	5749	50.6
湖北	3.5	7.0	8.6	17.1	3550	7060	53.7
湖南	3.8	7.5	8.7	17.2	3381	6717	59.6
广东	4.7	8.5	13.6	24.8	7631	13932	61.7
广西	5.5	9.5	10.3	17.7	5360	9171	52.5
海南	9.9	14.9	23.9	35.8	14069	21133	57.8
重庆	3.9	7.3	6.4	12.0	3874	7238	46.4
四川	2.0	5.3	3.6	9.7	1868	5023	53.9
贵州	2.1	5.9	2.8	8.0	1182	3356	54.6
云南	3.0	6.4	4.1	8.8	2795	5996	51.5
西藏	11.5	14.9	13.8	17.9	13682	17648	32.0
陕西	1.4	4.4	4.6	13.9	1833	5557	64.2
甘肃	3.2	6.3	4.5	8.8	2367	4689	52.9
青海	-0.7	0.9	-1.5	1.9	-665	834	41.8
宁夏	2.9	5.9	3.8	7.8	1939	3967	52.7
新疆	3.8	7.2	6.3	12.0	4167	7869	53.8

各地区按资质等级划分的专业承包建筑业企业单位数

单位:个

地　区	合　计	一　级	二　级	三级及以下
全国总计	**26183**	**1656**	**7438**	**17089**
北　京	1811	180	513	1118
天　津	895	57	146	692
河　北	751	45	212	494
山　西	780	24	209	547
内蒙古	116	6	32	78
辽　宁	1717	75	401	1241
吉　林	451	25	130	296
黑龙江	716	46	271	399
上　海	1375	125	371	879
江　苏	2760	144	736	1880
浙　江	1901	91	283	1527
安　徽	841	38	197	606
福　建	817	71	358	388
江　西	437	37	127	273
山　东	2058	86	540	1432
河　南	951	54	440	457
湖　北	897	84	391	422
湖　南	484	34	120	330
广　东	1759	226	479	1054
广　西	338	10	84	244
海　南	46	13	20	13
重　庆	975	41	291	643
四　川	1450	58	493	899
贵　州	142	1	66	75
云　南	543	27	194	322
西　藏	17	2	10	5
陕　西	157	15	47	95
甘　肃	323	23	134	166
青　海	123	2	28	93
宁　夏	196	4	56	136
新　疆	356	12	59	285

各地区按资质等级划分的专业承包建筑业企业从业人员

单位：人

地 区	合 计	一 级	二 级	三级及以下
全国总计	**3066325**	**625175**	**1138898**	**1302252**
北 京	138582	46836	35905	55841
天 津	84941	20141	22451	42349
河 北	116168	19651	55364	41153
山 西	101599	23326	33926	44347
内 蒙 古	19574	3199	6966	9409
辽 宁	200250	30713	69030	100507
吉 林	50933	12025	18045	20863
黑 龙 江	64951	8116	33549	23286
上 海	142807	35339	43932	63536
江 苏	347345	70197	132008	145140
浙 江	265624	59958	70485	135181
安 徽	121268	18785	43784	58699
福 建	76258	13348	39666	23244
江 西	55160	17045	16691	21424
山 东	244620	22996	82531	139093
河 南	116132	30720	52791	32621
湖 北	185646	33104	109520	43022
湖 南	77279	14027	29119	34133
广 东	223248	71180	76137	75931
广 西	28991	3416	10608	14967
海 南	5612	2770	1844	998
重 庆	83572	11118	36086	36368
四 川	139065	25720	54059	59286
贵 州	19879	890	8670	10319
云 南	39122	5963	15824	17335
西 藏	2310	480	1204	626
陕 西	30249	11527	8395	10327
甘 肃	39197	8147	18004	13046
青 海	11772	1382	2446	7944
宁 夏	15822	1163	5116	9543
新 疆	18349	1893	4742	11714

各地区按资质等级划分的专业承包建筑业总产值

单位:万元

地　区	合　计	一　级	二　级	三级及以下
全国总计	**39011042**	**13849191**	**12523651**	**12638200**
北　京	2883859	1326881	740328	816650
天　津	1664946	910438	269140	485368
河　北	1109018	420389	422721	265908
山　西	863109	366281	242866	253962
内蒙古	236217	52134	111772	72311
辽　宁	2248773	638983	728156	881635
吉　林	417582	114527	162552	140503
黑龙江	592517	121496	301448	169573
上　海	3296102	1368589	896328	1031184
江　苏	5037972	1600811	1771834	1665327
浙　江	4017714	1221988	1109092	1686634
安　徽	1003846	236849	366951	400046
福　建	1018352	384047	379275	255030
江　西	666279	390953	127070	148256
山　东	2228079	276762	805767	1145550
河　南	1007062	523542	318388	165132
湖　北	1794477	450951	990595	352931
湖　南	684698	208796	233094	242808
广　东	3991276	1942219	1005167	1043891
广　西	280656	47883	121981	110793
海　南	77864	30373	39864	7628
重　庆	798668	212585	283028	303054
四　川	1380519	496726	505099	378693
贵　州	109215	1449	50617	57149
云　南	371657	101469	139605	130583
西　藏	28014	1906	21455	4652
陕　西	354576	186853	110062	57662
甘　肃	299724	85909	131657	82157
青　海	124212	46820	17826	59566
宁　夏	138283	26819	45109	66355
新　疆	285779	53765	74805	157210

各地区按资质等级划分的专业承包建筑业企业签订的合同额

单位:万元

地区	合计	一级	二级	三级及以下
全国总计	**50123514**	**19821012**	**15974211**	**14328291**
北京	3862297	1985948	960493	915857
天津	2246904	1230659	355433	660812
河北	1337218	558381	480190	298647
山西	1205970	626010	282990	296971
内蒙古	283851	73465	126248	84139
辽宁	2767965	927638	856580	983747
吉林	423764	113406	165127	145232
黑龙江	701446	134659	353896	212891
上海	3953833	1610885	1198524	1144423
江苏	5836469	2057628	1975981	1802859
浙江	4897670	1604573	1342705	1950392
安徽	1134724	278106	416981	439637
福建	1365177	623284	454220	287673
江西	905040	580844	161305	162891
山东	2257112	322571	786790	1147752
河南	1599957	1035827	395298	168831
湖北	3032766	655667	1992602	384496
湖南	925248	322857	313726	288664
广东	6083977	3132636	1571816	1379525
广西	361776	77294	160786	123696
海南	93176	31923	53435	7818
重庆	943464	271017	331317	341130
四川	1859068	883003	571280	404785
贵州	115864	888	50266	64710
云南	424071	117024	155671	151377
西藏	29812	2286	22433	5093
陕西	524739	322174	122658	79907
甘肃	372411	97996	165863	108552
青海	113224	44439	18106	50679
宁夏	134961	31091	39422	64448
新疆	329561	66833	92071	170657

各地区按资质等级划分的专业承包建筑业企业竣工产值

单位:万元

地区	合计	一级	二级	三级及以下
全国总计	**27783908**	**8912154**	**9343726**	**9528028**
北京	1883629	764967	488559	630104
天津	980618	390870	219792	369957
河北	825461	282733	330803	211924
山西	486692	214768	121941	149983
内蒙古	203399	49979	104538	48882
辽宁	1659124	437844	547717	673564
吉林	205424	53536	86601	65287
黑龙江	338515	68032	175961	94522
上海	2193548	740123	654297	799128
江苏	4228163	1429071	1464714	1334379
浙江	3136599	886879	870602	1379119
安徽	687577	180075	257461	250041
福建	672583	161048	315133	196402
江西	453155	222821	100927	129408
山东	1729257	180798	635902	912557
河南	654951	291036	253657	110258
湖北	924534	141659	639875	143000
湖南	377025	68104	162520	146401
广东	3149293	1495994	821930	831369
广西	222980	40555	89855	92570
海南	53583	11162	38609	3812
重庆	463968	77153	169227	217588
四川	1066206	382896	380509	302800
贵州	66625	717	20768	45140
云南	245527	53437	104927	87163
西藏	17459	1800	11006	4652
陕西	188317	97599	55912	34805
甘肃	230415	69126	100572	60717
青海	94691	46006	12227	36459
宁夏	125040	26819	41728	56492
新疆	219551	44548	65456	109548

各地区按资质等级划分的专业承包建筑业企业房屋施工面积

单位:万平方米

地区	合计	一级	二级	三级及以下
全国总计	**9075.9**	**2184.6**	**3965.4**	**2925.9**
北京	306.2	229.9	20.5	55.7
天津	212.5	99.5	45.3	67.7
河北	208.3	24.4	139.0	44.9
山西	87.8	36.0	4.0	47.8
内蒙古	33.1	6.3	15.3	11.6
辽宁	264.6	12.1	150.2	102.3
吉林	54.4	0.7	13.7	40.1
黑龙江	54.1	11.9	30.4	11.8
上海	412.4	67.6	93.9	250.8
江苏	742.5	90.7	295.3	356.5
浙江	1470.0	840.3	388.4	241.2
安徽	258.6	68.0	106.0	84.5
福建	194.2	4.6	150.1	39.5
江西	123.0	8.0	41.5	73.4
山东	777.6	23.7	242.9	511.0
河南	276.1	26.2	205.3	44.7
湖北	1547.2	208.4	1010.6	328.3
湖南	108.2	16.4	20.7	71.1
广东	1065.5	344.0	531.4	190.1
广西	33.6		16.9	16.7
海南	0.2			0.2
重庆	116.9	7.6	65.3	44.0
四川	382.5	26.4	209.8	146.2
贵州	32.7		24.1	8.6
云南	60.6	9.3	29.1	22.3
西藏	23.3	16.1	2.9	4.3
陕西	97.3	6.1	49.3	41.9
甘肃	67.9		41.7	26.2
青海	8.6	0.1		8.4
宁夏	1.0			1.0
新疆	55.3	0.4	21.7	33.2

各地区按资质等级划分的专业承包建筑业企业房屋竣工面积

单位:万平方米

地区	合计	一级	二级	三级及以下
全国总计	**4674.2**	**775.1**	**2237.4**	**1661.7**
北京	56.7	13.2	17.3	26.3
天津	85.8	46.8	22.7	16.3
河北	118.5	6.3	86.1	26.1
山西	48.4	18.3	0.8	29.3
内蒙古	29.2	6.3	13.0	9.9
辽宁	154.8	10.6	70.4	73.7
吉林	37.8		9.7	28.1
黑龙江	46.1	11.9	24.6	9.6
上海	246.0	61.0	41.8	143.2
江苏	450.8	52.0	176.4	222.4
浙江	667.1	253.1	255.2	158.7
安徽	173.2	34.1	75.3	63.8
福建	144.7	1.5	115.9	27.4
江西	79.7	8.0	19.8	52.0
山东	467.0	20.7	141.8	304.5
河南	131.5	16.4	94.2	21.0
湖北	921.7	82.2	688.8	150.7
湖南	45.7	7.6	14.1	24.0
广东	333.2	79.6	168.4	85.2
广西	12.6		4.0	8.5
海南				
重庆	53.2	7.6	29.2	16.4
四川	206.7	24.8	99.8	82.1
贵州	14.3		8.9	5.5
云南	38.0	9.2	16.0	12.9
西藏	8.2	1.0	2.9	4.3
陕西	40.5	2.4	18.4	19.7
甘肃	30.4		16.2	14.2
青海	3.9	0.1		3.7
宁夏	0.8			0.8
新疆	27.8	0.4	5.9	21.5

各地区按资质等级划分的专业承包建筑业企业自有施工机械设备台数

单位:台

地　区	合　计	一　级	二　级	三级及以下
全国总计	**1401527**	**339349**	**550548**	**511630**
北　京	86397	31507	24900	29990
天　津	36268	13433	8075	14760
河　北	45774	10074	20475	15225
山　西	46315	6952	17517	21846
内蒙古	6655	879	2923	2853
辽　宁	64329	13533	21778	29018
吉　林	20699	6911	6803	6985
黑龙江	31215	8252	15220	7743
上　海	49123	18620	15232	15271
江　苏	155909	34064	66984	54861
浙　江	111921	21555	31852	58514
安　徽	51806	8793	21640	21373
福　建	46081	14250	21297	10534
江　西	18931	4747	7322	6862
山　东	84603	9664	31368	43571
河　南	56532	17085	26601	12846
湖　北	101915	14803	63533	23579
湖　南	41933	8664	17221	16048
广　东	138623	59631	42580	36412
广　西	16418	2314	6682	7422
海　南	3963	2098	841	1024
重　庆	30308	4013	16097	10198
四　川	61599	10283	25476	25840
贵　州	5651	148	1654	3849
云　南	14534	3316	5997	5221
西　藏	3812	3012	741	59
陕　西	17343	3518	9400	4425
甘　肃	29300	4585	12818	11897
青　海	5998	333	2144	3521
宁　夏	6819	745	2985	3089
新　疆	10753	1567	2392	6794

各地区按资质等级划分的专业承包建筑业企业自有施工机械设备总功率

单位:万千瓦

地区	合计	一级	二级	三级及以下
全国总计	**2266.9**	**498.9**	**752.5**	**1015.4**
北京	83.3	26.0	27.0	30.4
天津	76.3	29.4	17.6	29.3
河北	69.5	21.4	32.4	15.6
山西	87.2	14.6	21.3	51.3
内蒙古	14.7	3.5	5.0	6.3
辽宁	117.6	26.5	34.7	56.4
吉林	34.7	8.5	12.7	13.5
黑龙江	52.3	18.4	19.7	14.1
上海	56.0	12.6	18.3	25.1
江苏	222.9	49.3	92.1	81.5
浙江	117.2	24.3	37.7	55.2
安徽	58.8	12.5	26.0	20.4
福建	38.8	11.2	15.9	11.6
江西	31.0	12.8	10.9	7.4
山东	423.2	10.7	65.2	347.3
河南	77.4	32.4	27.2	17.8
湖北	144.1	26.6	85.9	31.6
湖南	53.2	13.7	17.2	22.2
广东	208.7	65.6	88.7	54.4
广西	16.8	2.9	7.4	6.5
海南	3.8	2.8	0.3	0.8
重庆	27.1	7.7	10.5	8.9
四川	62.4	15.9	21.4	25.1
贵州	9.0	0.3	2.4	6.3
云南	27.6	8.3	7.6	11.7
西藏	6.6	5.2	1.3	0.1
陕西	30.8	5.9	10.5	14.3
甘肃	59.1	16.7	24.8	17.5
青海	11.6	1.6	1.7	8.3
宁夏	18.2	3.5	5.5	9.2
新疆	26.8	7.7	3.9	15.2

各地区按资质等级划分的专业承包建筑业企业实收资本

单位:万元

地区	合计	一级	二级	三级及以下
全国总计	**15520451**	**3123253**	**6279718**	**6117480**
北京	1174552	356039	420175	398338
天津	586807	165864	135513	285430
河北	445646	86496	207993	151157
山西	463554	61995	195842	205717
内蒙古	91321	13067	40367	37887
辽宁	984720	177872	338027	468821
吉林	223353	45760	82242	95351
黑龙江	401773	63008	217179	121586
上海	963169	214640	374297	374232
江苏	1552093	268947	623926	659219
浙江	999863	174748	295988	529127
安徽	421409	54545	169310	197554
福建	516094	96421	272862	146812
江西	246541	62800	95689	88052
山东	1072335	104873	443322	524140
河南	512702	130672	259566	122464
湖北	739077	139710	420080	179288
湖南	297916	54409	116564	126944
广东	1371931	413192	493174	465564
广西	150276	12465	61831	75980
海南	32429	14686	11666	6078
重庆	485942	111197	198720	176026
四川	755650	132553	376239	246858
贵州	80025	1500	48978	29546
云南	267977	38083	121885	108010
西藏	23333	2744	14172	6418
陕西	110992	33575	45207	32210
甘肃	212353	58740	95714	57899
青海	59437	5218	17906	36312
宁夏	104995	11638	33026	60331
新疆	172185	15801	52257	104128

各地区按资质等级划分的专业承包建筑业企业资产

单位:万元

地区	合计	一级	二级	三级及以下
全国总计	**46897750**	**12960329**	**16789067**	**17148354**
北京	3644010	1417798	1002372	1223840
天津	1989727	846579	394540	748608
河北	1288030	440589	530612	316829
山西	1180291	329735	386987	463570
内蒙古	258763	66679	104622	87461
辽宁	2457449	572069	811053	1074327
吉林	552925	152334	194548	206044
黑龙江	1057234	150015	462092	445126
上海	4457760	1300396	1676063	1481301
江苏	5672523	1383527	2104928	2184068
浙江	3869670	978558	1084611	1806502
安徽	1059436	200704	377639	481093
福建	1190328	229662	619861	340805
江西	644544	251350	199365	193828
山东	2962048	336022	1207727	1418298
河南	1160478	446262	461852	252364
湖北	1953287	622368	896269	434651
湖南	871678	216060	284202	371415
广东	4768459	1719338	1633180	1415941
广西	386774	58422	134710	193642
海南	125341	56288	57623	11429
重庆	979828	219989	375477	384362
四川	1886018	457311	857818	570889
贵州	189980	2352	90706	96921
云南	603935	106521	248322	249092
西藏	42783	3283	31720	7781
陕西	368559	170435	112618	85505
甘肃	513474	134467	223391	155617
青海	110258	10880	26034	73344
宁夏	235926	32768	70879	132279
新疆	416237	47568	127246	241423

各地区按资质等级划分的专业承包建筑业企业所有者权益

单位:万元

地区	合计	一级	二级	三级及以下
全国总计	**19851768**	**4137863**	**8130853**	**7583052**
北京	1327787	424952	442229	460606
天津	812261	320285	152664	339312
河北	633103	180294	262324	190485
山西	512927	58602	216760	237565
内蒙古	118239	22630	53436	42173
辽宁	1185312	229665	428948	526699
吉林	269815	56566	97855	115393
黑龙江	506224	74073	243056	189095
上海	1970061	296747	1144793	528522
江苏	1941696	353618	760118	827959
浙江	1437750	297139	404373	736239
安徽	519518	76718	197646	245154
福建	584406	111622	302167	170618
江西	285698	75915	110177	99607
山东	1306819	120949	532589	653281
河南	573807	155381	275767	142659
湖北	904180	155124	516464	232591
湖南	352221	64344	140244	147633
广东	1827067	578321	637942	610803
广西	183892	22662	73431	87799
海南	52864	27873	18039	6952
重庆	525508	105050	212109	208349
四川	870371	145401	429445	295525
贵州	86228	1020	51516	33692
云南	293042	42075	133513	117454
西藏	29104	3083	19349	6673
陕西	131838	42749	50770	38318
甘肃	241952	57812	111829	72310
青海	64209	5218	18606	40385
宁夏	111590	11717	35687	64186
新疆	192280	20260	57006	115014

各地区按资质等级划分的专业承包建筑业企业负债

单位:万元

地　区	合　计	一　级	二　级	三级及以下
全国总计	**27045982**	**8822467**	**8658213**	**9565302**
北　京	2316223	992846	560144	763233
天　津	1177466	526294	241876	409296
河　北	654927	260295	268289	126344
山　西	667364	271133	170227	226005
内蒙古	140524	44050	51186	45288
辽　宁	1272137	342404	382105	547628
吉　林	283110	95767	96692	90650
黑龙江	551009	75942	219036	256031
上　海	2487699	1003650	531271	952779
江　苏	3730827	1029909	1344809	1356109
浙　江	2431920	681419	680238	1070263
安　徽	539919	123987	179993	235939
福　建	605921	118040	317694	170187
江　西	358846	175436	89189	94221
山　东	1655230	215073	675139	765018
河　南	586671	290881	186085	109705
湖　北	1049108	467244	379805	202059
湖　南	519457	151716	143958	223783
广　东	2941392	1141017	995237	805138
广　西	202882	35760	61278	105844
海　南	72476	28414	39585	4477
重　庆	454320	114939	163368	176013
四　川	1015647	311910	428373	275364
贵　州	103752	1332	39191	63229
云　南	310893	64446	114809	131638
西　藏	13679	200	12371	1108
陕　西	236721	127686	61848	47187
甘　肃	271522	76654	111561	83307
青　海	46049	5662	7428	32958
宁　夏	124336	21052	35192	68093
新　疆	223957	27308	70240	126409

各地区按资质等级划分的专业承包建筑业企业总收入

单位:万元

地　区	合　计	一　级	二　级	三级及以下
全国总计	**39592497**	**13697693**	**12796570**	**13098234**
北　京	3006854	1350553	764286	892015
天　津	1831253	956645	342643	531965
河　北	1167714	445795	456263	265656
山　西	902045	379878	238622	283545
内蒙古	224070	52084	101718	70267
辽　宁	2192855	622558	705452	864846
吉　林	424553	120404	159550	144600
黑龙江	627937	115849	306589	205499
上　海	3634358	1367202	1070107	1197048
江　苏	4571208	1360412	1539440	1671356
浙　江	3777869	1075845	1059318	1642706
安　徽	990262	226477	355579	408206
福　建	1055889	367573	430015	258302
江　西	605061	316145	135009	153908
山　东	2161671	269151	822055	1070464
河　南	1008761	533457	294028	181276
湖　北	1830875	504210	990740	335924
湖　南	699604	209289	232273	258042
广　东	4631691	2188122	1206998	1236571
广　西	299546	56268	128091	115187
海　南	84015	32139	42383	9493
重　庆	803176	209619	305434	288123
四　川	1342349	453736	507509	381104
贵　州	115636	1860	54502	59274
云　南	369988	102294	128895	138798
西　藏	25726	1906	19488	4332
陕　西	342973	200376	88347	54250
甘　肃	339467	87611	155041	96815
青　海	62945	8482	11973	42490
宁　夏	155320	26104	49575	79641
新　疆	306827	55649	94647	156532

各地区按资质等级划分的专业承包建筑业企业利税总额

单位:万元

地　区	合　计	一　级	二　级	三级及以下
全国总计	**2801547**	**821648**	**899186**	**1080714**
北　京	163646	62440	42980	58227
天　津	134270	85636	17344	31290
河　北	95356	37960	34375	23022
山　西	43275	11955	13380	17940
内蒙古	17363	2342	9210	5811
辽　宁	153303	53931	43396	55976
吉　林	27259	5083	13103	9073
黑龙江	31798	5452	11737	14610
上　海	250639	69433	68301	112906
江　苏	326600	76361	103559	146679
浙　江	338016	73251	93775	170991
安　徽	77946	16256	27367	34324
福　建	80323	24015	32702	23606
江　西	32429	16455	8027	7947
山　东	183040	15493	75864	91684
河　南	60112	27711	21498	10903
湖　北	126093	27282	70375	28436
湖　南	51302	10013	19444	21845
广　东	340034	142454	78778	118802
广　西	26556	3559	11404	11594
海　南	11625	3008	7651	967
重　庆	58459	14721	22009	21729
四　川	73636	17761	31395	24480
贵　州	6436	-416	3963	2889
云　南	23682	5369	9181	9132
西　藏	4167	292	3448	427
陕　西	15466	7299	6613	1553
甘　肃	18766	3252	8120	7394
青　海	1137	-1439	898	1678
宁　夏	8183	1578	2549	4056
新　疆	20630	3142	6742	10746

各地区按资质等级划分的专业承包建筑业企业利润总额

单位:万元

地　区	合　计	一　级	二　级	三级及以下
全国总计	**1531457**	**401773**	**483763**	**645922**
北　京	75829	25283	20505	30040
天　津	85167	64267	6900	13999
河　北	48330	18034	16830	13466
山　西	13584	669	5317	7598
内蒙古	8479	683	5200	2596
辽　宁	80547	34062	19350	27135
吉　林	12899	1141	8014	3744
黑龙江	12124	1687	1563	8874
上　海	156523	35954	40701	79868
江　苏	181892	33708	54854	93330
浙　江	214608	39364	61676	113568
安　徽	41209	7471	13800	19939
福　建	42276	11581	16294	14401
江　西	13327	6252	4302	2773
山　东	114147	7697	49887	56563
河　南	27961	11172	11509	5280
湖　北	63402	12634	34178	16590
湖　南	25827	2881	10281	12665
广　东	186255	68863	40718	76674
广　西	15522	1718	7224	6579
海　南	7739	941	6219	580
重　庆	31292	7061	11447	12784
四　川	27386	3344	14286	9756
贵　州	2267	-469	1838	898
云　南	11041	2038	4561	4442
西　藏	3230	235	2710	286
陕　西	5103	1511	4135	-543
甘　肃	9476	941	4195	4341
青　海	-908	-1544	371	265
宁　夏	4000	988	1182	1831
新　疆	10926	1608	3716	5603

各地区按资质等级划分的专业承包建筑业企业工程结算利润

单位:万元

地　区	合　计	一　级	二　级	三级及以下
全国总计	**4340538**	**1217156**	**1424793**	**1698588**
北　京	326802	114722	92934	119146
天　津	209181	111103	31198	66880
河　北	133241	46908	51557	34776
山　西	84204	21814	29049	33341
内蒙古	31491	7217	16197	8077
辽　宁	257705	79461	80272	97971
吉　林	61085	16323	22806	21956
黑龙江	69223	9048	32195	27980
上　海	370019	101026	111897	157096
江　苏	470278	104355	152306	213617
浙　江	420894	88588	109722	222584
安　徽	110243	22976	36521	50747
福　建	113195	28042	48950	36202
江　西	51146	23985	13548	13613
山　东	278655	31672	116631	130353
河　南	98170	39326	37514	21329
湖　北	202871	53885	96524	52462
湖　南	86150	19252	30240	36659
广　东	488475	188339	123810	176326
广　西	39440	4426	16088	18926
海　南	13005	3510	7982	1513
重　庆	96205	21990	35896	38318
四　川	144491	33244	64344	46902
贵　州	10668	-397	6532	4533
云　南	42980	10735	14751	17494
西　藏	3767	132	3174	461
陕　西	30364	15706	8413	6245
甘　肃	34321	9441	13463	11417
青　海	4551	-1449	1922	4079
宁　夏	18487	4061	5895	8532
新　疆	39234	7717	12463	19054

各地区按资质等级划分的专业承包建筑业企业税金总额

单位:万元

地 区	合 计	一 级	二 级	三级及以下
全国总计	**1270090**	**419875**	**415423**	**434792**
北 京	87818	37157	22475	28187
天 津	49103	21369	10444	17291
河 北	47027	19925	17546	9556
山 西	29691	11286	8064	10342
内蒙古	8885	1659	4010	3215
辽 宁	72756	19869	24046	28841
吉 林	14360	3943	5089	5329
黑龙江	19674	3765	10173	5736
上 海	94116	33479	27600	33038
江 苏	144707	42653	48706	53349
浙 江	123408	33887	32099	57422
安 徽	36737	8785	13567	14385
福 建	38047	12435	16407	9205
江 西	19102	10203	3725	5174
山 东	68893	7796	25976	35121
河 南	32151	16539	9989	5623
湖 北	62692	14648	36198	11846
湖 南	25475	7132	9163	9180
广 东	153778	73591	38060	42128
广 西	11035	1840	4180	5015
海 南	3886	2067	1432	387
重 庆	27166	7660	10562	8945
四 川	46251	14417	17109	14724
贵 州	4170	53	2125	1991
云 南	12642	3331	4620	4690
西 藏	936	58	738	141
陕 西	10363	5789	2478	2096
甘 肃	9290	2312	3925	3054
青 海	2045	105	526	1414
宁 夏	4183	591	1367	2225
新 疆	9704	1535	3026	5144

各地区按资质等级划分的专业承包建筑业企业工程结算收入

单位:万元

地　区	合　计	一　级	二　级	三级及以下
全国总计	**38173626**	**13432389**	**12330991**	**12410246**
北　京	2947221	1325190	745796	876235
天　津	1748621	944591	305105	498925
河　北	1136841	432466	449660	254714
山　西	878427	373942	228447	276038
内蒙古	221710	51854	101249	68608
辽　宁	2128664	619478	688221	820964
吉　林	417738	120081	156450	141207
黑龙江	602945	111224	303528	188193
上　海	3544789	1349633	1052930	1142226
江　苏	4323458	1325791	1459947	1537721
浙　江	3626473	1036376	1014837	1575260
安　徽	938573	220265	348046	370262
福　建	1025588	363620	410771	251197
江　西	593071	314933	133395	144743
山　东	2061197	264519	806991	989687
河　南	973274	525581	287954	159739
湖　北	1781496	483694	967407	330396
湖　南	678561	200519	227955	250087
广　东	4453156	2148851	1123728	1180577
广　西	290278	55955	123040	111284
海　南	83777	31983	42301	9493
重　庆	775115	208357	292714	274044
四　川	1307937	449552	495090	363295
贵　州	111299	1859	54090	55350
云　南	356645	102077	127460	127109
西　藏	25030	1882	18946	4202
陕　西	330080	192744	83931	53405
甘　肃	314401	86795	133811	93795
青　海	61739	8466	11922	41351
宁　夏	139610	26104	45074	68432
新　疆	295913	54008	90196	151709

各地区按资质等级划分的专业承包建筑业企业管理费用

单位:万元

地区	合计	一级	二级	三级及以下
全国总计	**3001805**	**830711**	**998428**	**1172666**
北京	271329	99540	77324	94465
天津	128680	48409	23881	56390
河北	89784	31905	34035	23844
山西	67902	20115	21615	26172
内蒙古	18653	2821	11325	4507
辽宁	189025	45323	65010	78692
吉林	49395	14716	16184	18495
黑龙江	56520	7178	28012	21330
上海	246662	74654	80958	91050
江苏	322329	71011	106550	144768
浙江	222535	42506	56820	123209
安徽	77059	16769	23201	37088
福建	76878	16894	36196	23788
江西	38269	16136	10459	11674
山东	164695	23403	64880	76411
河南	71073	27543	25944	17586
湖北	137558	42388	60668	34502
湖南	64318	16441	22004	25873
广东	328569	121987	88809	117773
广西	29890	3263	11843	14784
海南	5194	2509	1755	930
重庆	66650	14068	24900	27681
四川	120759	31291	50973	38495
贵州	10113	67	4919	5127
云南	35228	8437	11560	15231
西藏	1172	22	854	296
陕西	27626	14786	5952	6888
甘肃	29708	7822	14860	7026
青海	5486	98	1518	3870
宁夏	16193	2782	5478	7933
新疆	32555	5825	9940	16790

各地区按资质等级划分的专业承包建筑业企业财务费用

单位:万元

地　区	合　计	一　级	二　级	三级及以下
全国总计	**157119**	**47695**	**60398**	**49026**
北　京	3630	4415	952	-1736
天　津	3975	1260	1579	1137
河　北	5245	1135	2912	1199
山　西	4940	1436	1540	1964
内蒙古	2143	1668	172	303
辽　宁	7766	2925	2766	2075
吉　林	1183	317	523	343
黑龙江	5093	382	1324	3388
上　海	3100	-338	771	2667
江　苏	17419	5593	8053	3774
浙　江	21342	9061	5870	6411
安　徽	5080	1164	1893	2024
福　建	2324	576	864	884
江　西	3119	1650	674	795
山　东	17159	1847	8519	6793
河　南	6081	2520	2476	1085
湖　北	10433	1411	6221	2801
湖　南	3348	555	1052	1741
广　东	15485	5434	5640	4412
广　西	658	88	301	269
海　南	99	102	-2	-1
重　庆	3042	1233	1263	547
四　川	6298	974	2331	2993
贵　州	408	-6	114	301
云　南	1754	386	743	625
西　藏	69	8	54	7
陕　西	1437	583	380	474
甘　肃	2146	924	764	459
青　海	366	12	35	319
宁　夏	853	266	301	286
新　疆	1122	117	315	690

各地区按资质等级划分的专业承包建筑业企业应收工程款

单位:万元

地区	合计	一级	二级	三级及以下
全国总计	**6393243**	**2234219**	**2224772**	**1934252**
北京	461480	215468	121298	124713
天津	259866	160152	42845	56869
河北	271590	130716	80694	60181
山西	191361	81569	53609	56182
内蒙古	39659	13410	15667	10581
辽宁	210030	65206	78863	65961
吉林	123331	36509	55475	31346
黑龙江	116072	31415	59299	25358
上海	388604	149302	134785	104517
江苏	764708	213233	295230	256245
浙江	466058	159292	110076	196690
安徽	150957	32070	63562	55325
福建	194149	46816	102090	45243
江西	62025	32363	14290	15373
山东	524013	55397	205354	263263
河南	124372	48656	50173	25543
湖北	417257	146930	201703	68624
湖南	122702	39024	39355	44324
广东	685033	337356	186969	160708
广西	57495	11997	22604	22893
海南	18228	12533	2548	3147
重庆	121026	36932	47023	37071
四川	231639	78757	86602	66280
贵州	13742	305	9579	3858
云南	86657	31049	29359	26250
西藏	12173	131	11409	633
陕西	60201	30582	19772	9846
甘肃	79623	17729	42395	19499
青海	12578		3010	9569
宁夏	28342	4580	10583	13180
新疆	98273	14739	28552	54982

各地区劳务分包建筑业企业生产经营情况

地　　区	建筑业总产值	营业收入	工程结算税金及附加	利润总额	从业人员劳动报酬	劳动、失业保险费
全国总计	**2043389**	**1743137**	**52693**	**55441**	**770723**	**15451**
北　　京	145952	154979	1756	7052	21675	32
天　　津	36563	45708	1575	188	9465	389
河　　北	107817	96029	2964	6514	49434	1107
山　　西	11621	10786	424	304	5667	81
内 蒙 古	1464	1454	51	-136	400	20
辽　　宁	33088	37509	1347	-978	8612	608
吉　　林	3852	3891	124	127	912	62
黑 龙 江	12756	11250	329	66	2418	164
上　　海	80335	68500	1799	1804	17308	892
江　　苏	627383	434007	17606	10717	201763	4412
浙　　江	156820	166731	5194	4991	78459	1270
安　　徽	88785	86632	2576	3071	51338	1037
福　　建	77140	72779	1187	93	47621	134
江　　西	5191	4628	172	73	1077	26
山　　东	144739	117836	3909	6758	22642	835
河　　南	115359	73389	1415	8423	40216	1795
湖　　北	84856	77719	1412	796	39953	783
湖　　南	66436	62694	4110	1404	36247	674
广　　东	10156	12201	352	32	6803	399
广　　西	12985	9302	304	50	8342	101
海　　南						
重　　庆	64451	53803	1245	1383	34375	168
四　　川	118401	107559	1777	2762	72603	322
贵　　州	14	243	5	7	77	
云　　南	2631	3214	59	106	2342	7
西　　藏						
陕　　西	873	873	42	58	506	
甘　　肃	6516	2692	104	41	816	22
青　　海	1361	735	23	-29	161	
宁　　夏	2971	2992	134	9	417	11
新　　疆	22875	23004	700	-245	9076	103

各地区劳务分包建筑业企业个数和人员情况

地区	企业个数（个）	计算劳动生产率的平均人数（人）	年末从业人数（人）	#管理人员	#工程技术人员	#现场施工工人
全国总计	**3104**	**670215**	**778979**	**58020**	**57414**	**616313**
北京	81	16150	16589	1692	1743	13079
天津	141	10720	10245	1026	879	8485
河北	185	52303	67492	5824	5150	50127
山西	88	6152	6662	854	706	5216
内蒙古	11	455	459	155	61	245
辽宁	168	9590	7866	1205	1129	5474
吉林	45	940	938	156	146	512
黑龙江	95	3562	5227	668	559	2436
上海	65	10782	7283	603	553	5983
江苏	670	181091	187869	14949	11727	159232
浙江	228	51795	70864	4240	5226	61755
安徽	127	45216	70113	4051	5020	51703
福建	90	39356	45488	1030	869	35846
江西	21	1218	1365	115	222	807
山东	348	28863	30393	3263	3912	23243
河南	130	41034	43384	3633	3812	36682
湖北	100	27359	33947	2630	2202	25560
湖南	139	24460	38249	3819	3740	20694
广东	35	2835	5215	252	188	2744
广西	15	12997	14624	155	108	13111
海南						
重庆	57	26204	32872	1581	1369	28948
四川	121	66472	74173	5148	7077	59156
贵州	1	50	87	12	4	38
云南	11	1610	1639	108	210	1527
西藏						
陕西	7	423	452	84	68	141
甘肃	28	1412	1566	181	325	984
青海	4	274	123	35	21	51
宁夏	20	529	483	113	121	281
新疆	73	6363	3312	438	267	2253

五、各行业建筑业企业

各行业建筑业企业签订合同情况

单位:万元

行　　业	合同总额	上年结转合同额	本年新签合同额
总　　计	**461991704**	**160566898**	**301424807**
房屋和土木工程建筑业	406667872	145442040	261225832
房屋工程建筑	267591633	94359563	173232070
土木工程建筑	139076239	51082477	87993762
铁路道路隧道桥梁	91177988	34292356	57016132
水利和港口	21161362	8871242	12290120
工矿	12590878	4354487	8236391
架线和管道	9456093	2348641	7107452
其他	4689919	1346250	3343669
建筑安装业	37385031	11174637	26210394
建筑装饰业	12244216	2639021	9605195
其他建筑业	5694585	1311200	4383385

各行业建筑业企业承包工程完成情况

单位:万元

行　　业	直接从建设单位承揽工程完成的产值	自行完成施工产值	分包出去工程的产值	从建设单位以外承揽工程完成的产值
总　　计	**285865987**	**276063175**	**9802811**	**14151335**
房屋和土木工程建筑业	246634146	238677194	7956952	10479031
房屋工程建筑	169509510	165738968	3770542	6472629
土木工程建筑	77124636	72938226	4186410	4006402
铁路道路隧道桥梁	47586006	45791039	1794967	2296636
水利和港口	11178729	10228846	949883	606978
工矿	7170506	6435597	734909	510144
架线和管道	7874026	7337942	536084	357912
其他	3315369	3144802	170567	234732
建筑安装业	25456618	23927365	1529253	2114868
建筑装饰业	9723485	9536673	186813	910459
其他建筑业	4051738	3921944	129794	646977

各行业建筑业总产值和竣工产值

单位:万元

行　　业	建筑业总产值	#装饰装修产值	#在外省完成的产值
总　　计	**290214510**	**18117723**	**66956255**
房屋和土木工程建筑业	249156225	8144479	59735733
房屋工程建筑	172211598	7548086	37096682
土木工程建筑	76944628	596393	22639051
铁路道路隧道桥梁	48087675	247766	15124528
水利和港口	10835823	110794	3309362
工矿	6945741	70885	2401412
架线和管道	7695853	77805	1259244
其他	3379534	89143	544505
建筑安装业	26042233	960944	4800535
建筑装饰业	10447132	8896790	1687976
其他建筑业	4568921	115510	732011

续表

单位:万元

行　　业	按构成分组			竣工产值
	建筑工程产值	安装工程产值	其他产值	
总　　计	**245366970**	**33169823**	**11677718**	**202663728**
房屋和土木工程建筑业	225345020	15789207	8021999	173818371
房屋工程建筑	159930602	7564898	4716098	126153818
土木工程建筑	65414418	8224309	3305901	47664553
铁路道路隧道桥梁	45908755	598414	1580506	29611645
水利和港口	9743141	440634	652049	5891426
工矿	4156990	2402949	385803	3949535
架线和管道	2797714	4524927	373212	6121451
其他	2807819	257384	314331	2090497
建筑安装业	9508852	15265202	1268178	18344342
建筑装饰业	7750746	1325795	1370591	7302536
其他建筑业	2762352	789619	1016950	3198478

各行业建筑业企业房屋建筑面积

行业	房屋建筑施工面积（万平方米）	#本年新开工	#实行投标承包面积	#本年新开工	房屋建筑竣工面积（万平方米）	房屋建筑面积竣工率（%）
总计	**310985.7**	**179448.6**	**243704.4**	**146728.6**	**147364.0**	**47.4**
房屋和土木工程建筑业	300291.7	172769.9	236569.5	142018.0	141785.6	47.2
房屋工程建筑	291155.3	167220.9	229660.9	138112.5	138018.3	47.4
土木工程建筑	9136.4	5549.0	6908.6	3905.5	3767.3	41.2
铁路道路隧道桥梁	3405.0	1994.8	2595.3	1483.8	1496.3	43.9
水利和港口	755.4	451.6	578.1	350.5	344.5	45.6
工矿	2284.5	1516.2	1906.6	930.9	731.8	32.0
架线和管道	838.6	563.4	626.1	435.9	281.7	33.6
其他	1852.9	1023.0	1202.5	704.4	912.9	49.3
建筑安装业	9705.1	6047.1	6586.6	4305.3	5053.8	52.1
建筑装饰业	159.2	99.9	79.7	52.8	64.4	40.5
其他建筑业	829.7	531.7	468.7	352.5	460.3	55.5

各行业建筑业企业施工机械设备情况

行业	年末自有施工机械设备总台数（台）	年末自有施工机械设备总功率（千瓦）	年末自有施工机械设备净值（万元）	技术装备率（元/人）	动力装备率（千瓦/人）
总计	**8466386**	**145840503**	**23245244**	**9297**	**5.8**
房屋和土木工程建筑业	6986442	123876218	20197835	9265	5.7
房屋工程建筑	5640605	75016775	11501077	6567	4.3
土木工程建筑	1345837	48859443	8696759	20291	11.4
铁路道路隧道桥梁	652899	29138352	5153506	21046	11.9
水利和港口	301692	9401556	1922025	28353	13.9
工矿	150629	4273354	736405	17933	10.4
架线和管道	161023	3452153	555799	11320	7.0
其他	79594	2594028	329023	12767	10.1
建筑安装业	822798	12046543	1831652	9093	6.0
建筑装饰业	503861	4173979	503265	5980	5.0
其他建筑业	153285	5743763	712492	20488	16.5

按主要用途分的各行业建筑业企业房屋建筑竣工面积

单位:万平方米

行业	合计	厂房、仓库	住宅	办公用房	批发和零售用房	住宿和餐饮用房
总计	**147364.0**	**26176.3**	**81859.4**	**12933.3**	**3802.8**	**2345.6**
房屋和土木工程建筑业	141785.6	24656.1	79193.1	12409.7	3645.1	2266.8
房屋工程建筑	138018.3	23502.8	77627.3	12130.1	3578.0	2223.8
土木工程建筑	3767.3	1153.3	1565.8	279.6	67.1	43.0
铁路道路隧道桥梁	1496.3	327.6	784.7	120.2	19.6	10.1
水利和港口	344.5	75.5	173.1	31.6	13.8	2.4
工矿	731.8	465.7	162.8	41.9	3.2	9.5
架线和管道	281.7	98.1	104.9	32.4	8.8	9.4
其他	912.9	186.4	340.4	53.4	21.8	11.6
建筑安装业	5053.8	1335.6	2508.3	458.9	144.1	69.2
建筑装饰业	64.4	4.5	23.2	17.3	5.0	2.4
其他建筑业	460.3	180.1	134.8	47.4	8.6	7.2

续表

单位:万平方米

行业	居民服务业用房	教育用房	文化、体育和娱乐用房	卫生医疗用房	科研用房	其他用房
总计	**2340.3**	**8675.9**	**1693.8**	**1437.2**	**482.4**	**5617.1**
房屋和土木工程建筑业	2279.9	8442.4	1642.8	1385.2	468.4	5396.1
房屋工程建筑	2231.9	8299.5	1609.2	1362.6	458.6	4994.5
土木工程建筑	48.1	142.9	33.6	22.6	9.8	401.6
铁路道路隧道桥梁	26.0	57.6	8.2	12.7	3.2	126.6
水利和港口	3.1	25.3	2.7	2.1		14.9
工矿	3.1	20.7	8.7	1.6	1.6	13.0
架线和管道	1.3	6.0	3.3	1.1	0.4	16.1
其他	14.6	33.3	10.8	5.1	4.6	231.1
建筑安装业	58.2	221.3	43.2	51.0	13.6	150.3
建筑装饰业	0.5	0.2	2.8			8.6
其他建筑业	1.6	12.1	5.0	1.0	0.4	62.1

按主要用途分的各行业建筑业企业房屋建筑竣工价值

单位:万元

行业	合计	厂房、仓库	住宅	办公用房	批发和零售用房	住宿和餐饮用房
总计	**114307228**	**19342894**	**60108485**	**11795934**	**3005177**	**1994788**
房屋和土木工程建筑业	110097788	18252668	58204337	11326346	2891408	1932384
房屋工程建筑	106877633	17135330	57002611	11049293	2823717	1889652
土木工程建筑	3220155	1117338	1201726	277053	67691	42732
铁路道路隧道桥梁	1216597	212917	626517	111211	12901	9206
水利和港口	275711	66276	120963	26214	13165	2219
工矿	778156	538923	116076	64169	2527	10216
架线和管道	266904	111944	81690	29530	7761	7286
其他	682787	187278	256480	45929	31337	13806
建筑安装业	3788694	978928	1784982	417095	103764	55823
建筑装饰业	73159	4166	25232	22392	4901	2293
其他建筑业	347587	107132	93935	30102	5105	4288

续表

单位:万元

行业	居民服务业用房	教育用房	文化、体育和娱乐用房	卫生医疗用房	科研用房	其他用房
总计	**1941890**	**7242075**	**1769783**	**1361260**	**557672**	**5187269**
房屋和土木工程建筑业	1898201	7061151	1718260	1327359	537609	4948066
房屋工程建筑	1854098	6936511	1678378	1301771	527515	4678758
土木工程建筑	44103	124640	39883	25587	10093	269308
铁路道路隧道桥梁	23877	44272	8528	12386	4512	150270
水利和港口	2844	26060	2442	2079		13449
工矿	3039	18833	8348	3015	1222	11790
架线和管道	709	4154	3446	1808	420	18157
其他	13635	31322	17120	6300	3939	75643
建筑安装业	41987	172704	37386	32617	17871	145537
建筑装饰业	399	266	2201	578	1211	9521
其他建筑业	1304	7954	11936	707	981	84144

各行业建筑业企业主要生产效益指标

行业	建筑业企业个数（个）	计算劳动生产率的平均人数（人）	按总产值计算的劳动生产率（元/人）	人均竣工产值（元/人）	人均施工面积（平方米/人）	人均竣工面积（平方米/人）
总计	**59018**	**26886030**	**107942**	**75379**	**115.7**	**54.8**
房屋和土木工程建筑业	34839	23453692	106233	74111	128.0	60.5
房屋工程建筑	25205	18479916	93189	68265	157.6	74.7
土木工程建筑	9634	4973776	154701	95832	18.4	7.6
铁路道路隧道桥梁	4366	2974836	161648	99540	11.4	5.0
水利和港口	1500	738775	146673	79746	10.2	4.7
工矿	540	441396	157359	89478	51.8	16.6
架线和管道	1755	535619	143681	114287	15.7	5.3
其他	1473	283150	119355	73830	65.4	32.2
建筑安装业	9391	2149582	121150	85339	45.1	23.5
建筑装饰业	11937	922216	113283	79185	1.7	0.7
其他建筑业	2851	360540	126724	88714	23.0	12.8

各行业建筑业企业营业额

单位：万元

行业	企业营业额	在境外完成的营业额	企业总产值	#建筑业总产值
总计	**348309879**	**5701377**	**342608502**	**290214510**
房屋和土木工程建筑业	302974243	5321985	297652258	249156225
房屋工程建筑	220033871	3541399	216492472	172211598
土木工程建筑	82940372	1780585	81159787	76944628
铁路道路隧道桥梁	51180199	951038	50229161	48087675
水利和港口	12067425	582758	11484666	10835823
工矿	7715818	165678	7550140	6945741
架线和管道	8402997	54926	8348071	7695853
其他	3573933	26184	3547749	3379534
建筑安装业	29216521	164342	29052179	26042233
建筑装饰业	11055907	25707	11030200	10447132
其他建筑业	5063208	189343	4873865	4568921

各行业建筑业企业资产构成

单位:万元

行　　业	资产合计	#流动资产小计	#长期投资	#固定资产小计	#无形及递延资产
总　　计	**285646246**	**203265734**	**19470648**	**55495119**	**6190649**
房屋和土木工程建筑业	237159973	167231926	16907666	46733022	5279142
房屋工程建筑	148696841	107527694	8806770	28104661	3641558
土木工程建筑	88463132	59704232	8100896	18628361	1637585
铁路道路隧道桥梁	53992704	37130029	5068203	10715002	855167
水利和港口	13260164	7709900	1611065	3411379	443111
工矿	6902065	4646634	630747	1466463	120735
架线和管道	10506091	7402990	667435	2260812	148576
其他	3802109	2814679	123446	774704	69995
建筑安装业	31387622	23544101	1576134	5497316	604014
建筑装饰业	11025716	8623190	349284	1843996	183897
其他建筑业	6072936	3866517	637564	1420786	123595

各行业建筑业企业流动资产、无形及递延资产

单位:万元

行　　业	流动资产	#存货	无形及递延资产	#无形资产
总　　计	**203265734**	**52691493**	**6190649**	**5520472**
房屋和土木工程建筑业	167231926	42846595	5279142	4764224
房屋工程建筑	107527694	29933536	3641558	3308705
土木工程建筑	59704232	12913059	1637585	1455519
铁路道路隧道桥梁	37130029	8138700	855167	777283
水利和港口	7709900	1350876	443111	386905
工矿	4646634	859177	120735	108818
架线和管道	7402990	1907038	148576	119059
其他	2814679	657268	69995	63455
建筑安装业	23544101	6590800	604014	509923
建筑装饰业	8623190	2349440	183897	138599
其他建筑业	3866517	904658	123595	107726

各行业建筑业企业固定资产情况

单位:万元

行业	固定资产小计	固定资产原价	#生产经营用	固定资产折旧	#本年折旧	在建工程
总计	**55495119**	**71488491**	**53812383**	**23042906**	**3803787**	**5470159**
房屋和土木工程建筑业	46733022	60157755	45486493	19372620	3147227	4595106
房屋工程建筑	28104661	33298793	24845293	9399450	1501088	3256831
土木工程建筑	18628361	26858963	20641200	9973171	1646139	1338275
铁路道路隧道桥梁	10715002	15235332	12187678	5568500	983868	821770
水利和港口	3411379	5187845	4009239	2099272	296217	267415
工矿	1466463	2256501	1843879	865578	139675	59730
架线和管道	2260812	3158987	1818971	1116782	167700	136473
其他	774704	1020298	781433	323040	58679	52888
建筑安装业	5497316	7211061	5335875	2398367	413802	554782
建筑装饰业	1843996	2206101	1440817	620306	120764	199545
其他建筑业	1420786	1913574	1549197	651613	121994	120726

各行业建筑业企业负债及所有者权益

单位:万元

行业	负债合计	流动负债	长期负债	所有者权益	#实收资本
总计	**182404791**	**172309803**	**10094988**	**103239617**	**77746956**
房屋和土木工程建筑业	152663225	143693469	8969757	84494909	62522455
房屋工程建筑	94755523	90241026	4514497	53939480	40450631
土木工程建筑	57907703	53452443	4455260	30555429	22071825
铁路道路隧道桥梁	35544881	32848865	2696016	18447823	13506068
水利和港口	8524976	7367758	1157218	4735188	3252027
工矿	4939192	4651833	287360	1962873	1696156
架线和管道	6512030	6298189	213841	3994061	2413552
其他	2386623	2285799	100825	1415485	1204021
建筑安装业	20522399	19864808	657590	10865224	8538515
建筑装饰业	5791098	5569501	221598	5234617	4551977
其他建筑业	3428069	3182026	246044	2644867	2134008

各行业建筑业企业实收资本

单位:万元

行业	合计	国家资本	集体资本	法人资本	个人资本	港澳台资本	外商资本
总计	**77746956**	**18674314**	**8044020**	**23111614**	**27191773**	**377500**	**347735**
房屋和土木工程建筑业	62522455	16520287	6850733	17936224	20909483	136286	169442
房屋工程建筑	40450631	6854182	5678363	11319577	16398607	88495	111407
土木工程建筑	22071825	9666104	1172371	6616647	4510876	47791	58036
铁路道路隧道桥梁	13506068	6325023	579516	3782368	2778052	23918	17194
水利和港口	3252027	1563820	122229	1122359	440781	1375	1463
工矿	1696156	896614	87493	495647	188525	1761	26117
架线和管道	2413552	570593	278579	887508	654597	18118	4157
其他	1204021	310054	104554	328766	448922	2620	9105
建筑安装业	8538515	1411110	871186	3028790	3091518	68936	66976
建筑装饰业	4551977	212256	205340	1449820	2440706	147510	96346
其他建筑业	2134008	530661	116761	696779	750067	24769	14971

各行业建筑业企业收入情况

单位:万元

行业	工程结算收入	工程结算成本	工程结算税金及附加	工程结算利润	经营费用	其他业务收入	#其他业务利润
总计	**274775122**	**244326338**	**8941034**	**19950842**	**1556909**	**6154754**	**1028953**
房屋和土木工程建筑业	234261776	209662798	7676777	15783618	1138584	4749050	751889
房屋工程建筑	154589679	139171144	5266498	9428355	723682	2634670	429339
土木工程建筑	79672097	70491654	2410279	6355264	414901	2114380	322550
铁路道路隧道桥梁	48864245	43789865	1489916	3374847	209617	731261	132586
水利和港口	11901478	10483076	354784	1015364	48255	429478	53348
工矿	7429901	6561350	212639	630350	25561	289563	31204
架线和管道	7989045	6594517	242660	1051416	100452	555703	88272
其他	3487429	3062845	110280	283286	31017	108375	17139
建筑安装业	26292476	22574918	811400	2655214	250945	1140300	211823
建筑装饰业	9889937	8390797	322384	1052030	124727	151421	42447
其他建筑业	4330933	3697825	130474	459980	42653	113983	22794

各行业建筑业企业费用情况

单位:万元

行　　业	管理费用	#税金	#财　产 保险费	#差旅费	#工会经费	财务费用	#利息支出
总　　计	**13093912**	**420881**	**113657**	**591533**	**191407**	**1323730**	**942474**
房屋和土木工程建筑业	10025626	333390	90949	449005	157474	1160631	834509
房屋工程建筑	5726607	226900	51374	236815	83158	761559	535989
土木工程建筑	4299019	106491	39575	212191	74316	399072	298520
铁路道路隧道桥梁	2184188	59921	22853	112680	38486	252453	202465
水利和港口	689785	13320	6072	34108	10148	94479	60350
工矿	483475	10690	3286	26181	10648	26972	22176
架线和管道	731874	16854	5735	29744	9570	11703	4001
其他	209697	5706	1629	9477	5465	13465	9529
建筑安装业	1998435	56660	13528	87175	27228	89732	59887
建筑装饰业	748765	20752	5263	37751	3590	44192	28506
其他建筑业	321086	10079	3918	17602	3115	29175	19573

各行业建筑业企业利润及税金情况

单位:万元

行　　业	利润总额	#应交所得税	税金总额	工程结算 税金及附加	管理费用 中的税金
总　　计	**7192468**	**1920046**	**9361916**	**8941034**	**420881**
房屋和土木工程建筑业	5826232	1562050	8010167	7676777	333390
房屋工程建筑	3687315	1002611	5493398	5266498	226900
土木工程建筑	2138917	559440	2516769	2410279	106491
铁路道路隧道桥梁	1207751	300057	1549836	1489916	59921
水利和港口	277533	64030	368103	354784	13320
工矿	149100	46584	223330	212639	10690
架线和管道	419566	126480	259514	242660	16854
其他	84967	22288	115986	110280	5706
建筑安装业	894078	235122	868060	811400	56660
建筑装饰业	315817	85715	343137	322384	20752
其他建筑业	156342	37159	140553	130474	10079

各行业总承包和专业承包企业应收工程款及企业亏损情况

行业	应收工程款（万元）	#竣工工程	企业个数（个）	#亏损企业	亏损企业的比重（%）
总计	**53642543**	**30404392**	**59018**	**12777**	**21.6**
房屋和土木工程建筑业	46744742	26074292	34839	5770	16.6
房屋工程建筑	31803273	18187645	25205	3807	15.1
土木工程建筑	14941470	7886646	9634	1963	20.4
铁路道路隧道桥梁	9334133	4996904	4366	828	19.0
水利和港口	2198789	952341	1500	304	20.3
工矿	1340814	629576	540	111	20.6
架线和管道	1253117	760482	1755	313	17.8
其他	814617	547344	1473	407	27.6
建筑安装业	4645089	2818436	9391	2428	25.9
建筑装饰业	1504114	1026073	11937	3781	31.7
其他建筑业	748598	485591	2851	798	28.0

各行业总承包和专业承包企业主要经济效益指标

行业	产值利润率（%）	产值利税率（%）	资本利润率（%）	资本利税率（%）	人均利润（元/人）	人均利税（元/人）	资产负债率（%）
总计	**2.5**	**5.7**	**9.3**	**21.3**	**2675**	**6157**	**63.9**
房屋和土木工程建筑业	2.3	5.6	9.3	22.1	2484	5900	64.4
房屋工程建筑	2.1	5.3	9.1	22.7	1995	4968	63.7
土木工程建筑	2.8	6.1	9.7	21.1	4300	9361	65.5
铁路道路隧道桥梁	2.5	5.7	8.9	20.4	4060	9270	65.8
水利和港口	2.6	6.0	8.5	19.9	3757	8739	64.3
工矿	2.1	5.4	8.8	22.0	3378	8438	71.6
架线和管道	5.5	8.8	17.4	28.1	7833	12678	62.0
其他	2.5	5.9	7.1	16.7	3001	7097	62.8
建筑安装业	3.4	6.8	10.5	20.6	4159	8198	65.4
建筑装饰业	3.0	6.3	6.9	14.5	3425	7145	52.5
其他建筑业	3.4	6.5	7.3	13.9	4336	8235	56.4